데스노트에
이름을 **쓰면**
살인죄일까?

데스노트에 이름을 쓰면 살인죄일까?

대중문화 속 법률을 바라보는
어느 오타쿠의 시선

| 김지룡·갈릴레오SNC 지음 |

CONTENTS

서문 _7

01:
〈데스노트〉로 알아보는 형법

1. 로봇은 살인을 해도 죄가 되지 않을까? 〈공각기동대〉 _17
2. 데스노트에 이름을 쓰면 살인죄일까? 〈데스노트〉 _43
3. 40인의 도적은 죽어 마땅할까? 〈알리바바와 40인의 도적〉 _61
4. 왕따는 얼마나 심각한 범죄일까? 〈LIFE〉 _79
5. 괴물로 변신해 소동을 피운 헐크는 유죄일까? 〈헐크〉 _103
6. 태권 V는 도로를 달릴 수 있을까? 〈로보트 태권 V〉 _119
7. 해리 포터는 마음껏 하늘을 날아도 될까? 〈해리 포터〉 _139

02:
〈스파이더 맨〉으로 알아보는 민법

1. 포켓몬스터의 주인은 누구일까? 〈포켓몬스터〉 _153
2. 도박 빚은 영혼을 팔아서라도 갚아야 할까? 〈타짜〉 _179

3. 손오공은 할아버지를 살해한 패륜 소년일까? 〈드래곤볼〉 _197

4. 스파이더맨이 부순 건물은 누가 보상할까? 〈스파이더맨〉 _219

5. 라이어게임에서 보낸 돈은 보관할 의무가 있을까? 〈라이어게임〉 _241

6. 태권 V를 아버지로부터 물려받을 수 있을까? 〈로보트 태권 V〉 _261

03:
〈트랜스포머〉로 알아보는 헌법

1. 트랜스포머를 죽이는 것은 살인죄일까? 〈트랜스포머〉 _279

2. 홍길동에게 빼앗긴 재산은 누가 배상할까? 〈홍길동전〉 _291

3. E.T.는 나라에서 가져갈 수 있을까? 〈E.T.〉 _299

4. 영웅 그룹의 숫자는 왜 꼭 홀수일까? 〈삼국지〉 _311

5. 피터팬은 웬디와 결혼할 수 있을까? 〈피터팬〉 _331

서문

법률 세계를 여행하는 히치하이커를 위한 안내서

말싸움을 벌이다 일방적으로 폭행을 당했을 때, 큰돈을 빌려간 친구가 이유 없이 돈을 갚지 않을 때, 마트에서 음식을 샀는데 이물질이 섞여 나왔을 때, 회사에서 사전 통보 없이 해고 통지를 받았을 때, 사람들은 머릿속으로 '법'을 떠올린다. 법의 보호 기능을 알고 있는 것이다.

법은 사람들을 보호하기 위한 것, 나아가 사회정의를 지키기 위한 것이다. 정당한 권리를 누리고 부당한 일로부터 보호를 받으며 평온하게 살아갈 수 있게 해주는 것이 바로 법이다.

그런데 이렇게 고마운 법인데도 왠지 모를 거부감이 느껴지고는 한다. 법을 어기면 처벌을 받거나 책임을 져야 하는 부분 때문일 것이다. 법을 잘 모르므로 내 행동이 법을 어긴 것은 아닐지 불안감이 들기도 하고, 법을 몰라 억울한 일을 당하지나 않을지 의심이 되기도 한다.

법을 알게 되면 억울한 일을 덜 당할 것이고, 좀 더 당당하게 권리를 주장할 수 있을 것이고, 법적인 책임을 진다는 것이 그리 두렵게 느껴지지 않을 것이다. 그러나 현재 시중에 나와 있는 법 관련 책들은 마치 외계어로 쓰인 것처럼 이해하기 힘들고 재미도 없어서 읽기가 힘들다는 평이 많다. 그나마 조금 쉽게 느껴지는 책들은 생활 주변에서 일어나는 잡다한 사건에 대해 두서없이 나열하고 있어서 더 헷갈리기만 한다.

'과연 법이란 전문적인 과정을 밟지 않으면 공부하기 힘든 것일까?'

이런 의문에 대한 해결책을 찾는 것이 이 책의 출발점이었다. 어떻게 하면 딱딱하고 어려운 법을 재미있게 공부할 수 있을까? 사람들이 좋아하고 재미있어 하는 영화, 드라마, 애니메이션, 만화 같은 대중문화와 섞어놓으면 어떨까? 해결책에 서광이 비치기 시작했다. 누구에게나 익숙한 대중문화를 이용해 황당하지만 재미있는 질문을 던지면 법을 흥미롭게 공부할 수 있겠다 싶었다.

영화는 스파이더맨이 악당을 해치우는 장면에서 막을 내린다. 영화 속에서는 해피엔딩이지만 만약 이런 일이 현실에서 일어난다면 어떨까? 스파이더맨과 악당이 싸우는 과정에서 죽거나 다친 사람들과 부서진 건물, 자동차에 대한 법적 책임은 누가 져야 할까? 스파이더맨일까 악당일까 아니면 정부일까?

영웅을 응원하는 관객의 입장에서는 스파이더맨에게 아무 잘못도 없고, 따라서 책임도 없다고 생각할 것이다. 과연 현실에서도 그럴까?

이런 의문은 대중문화 속에서 얼마든지 찾아낼 수 있다. 로봇이 사람을 죽였다면 처벌할 수 있을까? 데스노트를 주워 이름을 적었다면 살인죄일까? 해리 포터가 빗자루를 타고 날아갈 때 속도위반 딱지를 끊을 수 있을까? 일본 드라마 〈라이어게임〉처럼 누가 억지로 떠맡긴 돈을 잃어버렸다면 물어줘야 할까?

영화는 인간의 상상력이 꽃을 피운 결과로 만들어진 가공의 이야기다. 따라서 그 속에서 벌어지는 일들은 지극히 비현실적인 경우가 많다. 그래서 현실의 법을 영화의 설정에 대입시키면 의외의 결과가 나오기 일쑤다. 영화 속 스파이더맨은 세계를 구한 영웅이지만, 현실의 법을 적용하면 감옥에 가거나 과도한 손해배상으로 파산 위기에 처할 수도 있다.

법은 정의를 지키기 위한 것이다. 그런데 왜 법은 정의를 지키는 영웅을 처벌하고 책임을 물으려는 것일까?

법은 사람들이 더불어 살기 위해 만들어낸 규칙이다. 인간 사회에 꼭 필요한 것이기에 역사도 무척 길다. 가장 오래된 법이라고 말하는 〈함무라비 법전〉은 기원 전 1750년에 만들어졌다. 약 4천 년의 역사를 지닌 셈이다. 법은 그런 오랜 세월을 거치면서 좀 더 사람들에게 행복을 보장할 수 있는 방향으로 개선에 개선을 거듭했다.

그러나 아무리 현실에 맞게 개선되었다고는 하지만, 현재의 법에 스파이더맨처럼 초능력을 발휘해 세상을 구하는 영웅에 대한 조항은 없다. 그래서 슈퍼히어로의 행동에 현실의 법을 들이대면, 법은 우리의 상식과 어긋나는 판단을 내릴 수밖에 없고 따라서 법적으로 문제가 될 소지가 많다. 그러나 이 책이 그들을 비난하기 위해 써진 것은 아니다. 법률이 왜 그런 판단을 할 수밖에 없는지 그 이유를 통해 법을 재미있게 알아보자는 것이다.

법을 잘 알면 알수록 사람은 더욱 평화롭고 행복하게 살 수 있다. 음식점에서 내 옷인 줄 알고 다른 사람의 옷을 입고 온 경우에 절도죄에 해당하는지, 창문을 열었는데 갑자기 분 바람 때문에 동료의 물건이 떨어졌다면 손해배상을 해야 하는지, 기르는 개가 다른 사람을 물어 상처를 입혔다면 상해죄를 책임져야 하는지, 일상에서 실제로 벌어질 수 있는 일에 대해 자신 있게 판단하고 행동할 수 있기 때문이다.

법을 아는 것의 이득은 일상생활에 그치지 않는다. 법은 우리 사회를 지탱하고 유지하는 가장 근본이 되는 골격이다. 이제까지 지구에서 살았던 모든 인류가 다른 사람과 어울리며 평화롭게 살기 위해 필사적으로 생각하고 시행착오를 통해 고쳐온 결과가 현재의 법인 것이다. 한마디로 법은 인류의 위대한 지혜를 모은 결정체라고 할 수 있다. 법을 공부한다는 것은 그런 지혜를 접하고 익히는 일이다.

이런 위대한 지혜에 대중문화를 들이대는 것이 약간은 불경스럽게 느껴지기도 하지만, 이것이 법을 가장 재미있게 알아갈 수 있는 방법이라는 확신에는 변함이 없다. 스파이더맨, 트랜스포머, 하울의 움직이는 성을 친구 삼아 지혜롭고 오묘한 법의 세계에 들어가 보자. 무엇을 상상하든 그보다 더 재미있는 것을 발견할 수 있을 것이다!

2011년 봄
책임 크리에이터 김지룡

01

〈데스노트〉로 알아보는
형법

들어가는 글
형법 이야기

'법'이라는 말을 들으면 함께 '처벌'이라는 단어가 연상되는데 이는 '형법' 때문이다. 법은 개인의 작은 잘못까지 들춰 처벌한다는 선입견 때문에 법에 대해 부정적인 감정을 지닌 사람들도 많다. 그러나 형법은 되도록 사람을 처벌하지 않으려고 노력한다. 개인이 법을 어겼다 하더라도 그 행위를 범죄로 보지 않으려 하거나, 범죄로 인식되더라도 처벌하지 않을 이유를 찾는다.

이처럼 형법이 관대한 것은 법의 이념 때문이다. 흔히 법이라고 부르는 것은 '법률'을 말하는데 대부분 입법기관인 국회에서 제정한 것이다. 법을 제정하는 데는 원칙이 있는데 그중 중요한 것이 '정의의 실현'이다. 형법은 물론 모든 법이 사회 정의를 실현하기 위해 제정된 것이다.

근대 시민사회 이후의 형법은 국민에게 행동의 자유를 주는 것을 목적으로 만들어지고 가다듬어져 왔다. 형법을 알게 되면 형법이 세상을 더 자유롭게 하기 위해 만들어진 법이라는 점을 깨달아 더 이상 두렵게만 느껴지지는 않을 것이다. 오히려 친근감을 갖게 될 수도 있다. 범죄자 성향만 아니라면 말이다.

'이런 이런 일을 하면 너를 벌하겠다!'라는 형법이 어떻게 사람을 더 자유롭게 한다는 건지 어리둥절하게 느껴질 수도 있다. 그렇다면 이렇게 생각하면 어떨까? 형법은 '어떤 일을 하면 처벌하겠다'는 선언이 담긴 법률이다. 거꾸로 말하면 형법이 미리 말해둔 '어떤 일'에 포함되지 않는 행위는 아무리 해도 처벌받지 않는다. 또한 형법에 의거해 처벌을 하려면 먼저 '그런 행동을 하면 이런 처벌을 받습니다'라는 규칙을 정해 국민들에게 알려야 한다. 이 개념을 잘 이해하면 형법이 사람을 자유롭게 한다는 역설을 쉽게 받아들일 수 있을 것이다.

형법이 지금의 모습을 띠기 전까지 인류는 온갖 지혜를 형법에 담아왔다. 형법을 아는 것은 인류가 축적해온 지혜를 접하는 일이자, 그런 지혜의 배경이 되는 논리적 사고를 배울 기회이기도 하다. 한마디로 놀랍고, 아름답고, 즐거운 일이다.

원더풀 월드, 형법! 그 세계로 들어가 보자.

로봇은 살인을 해도
죄가 되지 않을까?

〈공각기동대〉 속 형법

쿠사나기 소좌. 우리식으로 말하면 쿠사나기 소령. 〈공각기동대〉의 여주인공이다. 매력적인 외모에도 불구하고 그녀에게 사랑을 느끼는 남자 팬들은 많지 않다. 오프닝 화면에서 쿠사나기 소좌가 만들어지는 과정을 너무 적나라하게 본 탓일까(그녀는 사람이 아니라 안드로이드다)?

〈공각기동대〉에서는 일급 프로그래머를 국외로 빼돌리려는 외교관이 악당으로 등장한다. 공인된 스파이라 할 수 있는 외교관에게 함부로 총을 들이밀 수 없는 상황에서 온몸을 광학미채(光學迷彩, 투명하게 보이는 기술)로 둘러싼 쿠사나기 소좌가 나타난다. 외교관의 머리통에 9미리 파라블럼 탄을 먹이는 쿠사나기! 분수처럼 쏟아지는 피와 뇌수! 쿠사나기는 유유히 사라지고 다음 날 그녀가 소속된 9과에 들이닥친 검사들!

"쿠사나기 소좌! 당신을 살인 혐의로 체포한다!"

"그게 무슨……."

"광학미채로 얼굴을 가리기 전 CCTV에 당신 얼굴이 찍혔어. 권총 탄도검사도 끝난 상황이고. 아…… 아쉽게도 초연반응(총을 쏘면 화약의 폭발로 이산화질소가 발생하는데, 이것이 묻은 손이나 옷을 적셔 다이페닐아민을 작용시키면 자주색이 나타난다)까지 검사했으면 좋았겠지만 몸을 한 번 교체해서……. 어쨌든 살인죄로 긴급체포한다. 당신은 변호사를 선임할 권리가 있고……."

이때 9과의 아라마키 부장이 검찰들을 제지하고 나선다.

"쿠사나기 소좌는…… 사람이 아니다. 로봇이야, 로봇! 로봇한테 살인죄를 어떻게 적용할 텐가?"

"사람이 아니라고요?"

"이렇게 보면 사람처럼 보이지? 그러나 속이 티타늄에 카본파이버투성이야. 뇌도 없다니까. 로봇이야, 로봇! 괜한 데 힘 빼지 말고 어서 꺼져."

아라마키 부장의 말에 검사들은 망연자실한 얼굴로 검찰청으로 돌아간다.

로봇은 살인을 해도 죄가 되지 않는다는 말인가?

위법한 일에는 반드시 책임이 따른다
— 민사책임과 형사책임

법을 어기는 것 즉, 법에서 하지 말라고 명시한 일을 행하는 것을 '위법'이라 한다. 그렇다면 법에서 금지하는 일은 어떤 것일까? 많은 사람이 함께 모여 평화롭게 살기 위해서는 '해도 되는 일'과 '해서는 안 되는 일'을 구별할 필요가 있다. 하면 안 되는 일 중에서 '사회적으로 도저히 용납할 수 없는 일'이 법에서 하지 말라는 일이자 위법이다. 그런 일을 멋대로 하도록 내버려두면 사회정의가 무너지고, 사람들이 평온하게 살 수 없기 때문이다.

사람을 때리는 일, 다른 사람의 물건을 일부러 망가뜨리는 짓은 해서는 안 되는, 사회적으로 도저히 용납할 수 없는 행동이다. 이런 것이 바로 위법이다.

그러나 전철에서 핸드폰 벨 소리를 크게 울리게 하거나 큰 목소리로 통화하는 것은 어떨까? 공공장소에서는 핸드폰을 진동 모드로 해놓고 통화는 소곤소곤 작은 목소리로 짧게 하는 것이 예의이다. 하지만 꼭 이렇게 하지 않았다고 해도 법은 처벌하지 않는다. 해서는 안 되는 일이지만 사회적으로 도저히 용납할 수 없는 일은 아니기 때문이다.

법은 관대하다. 웬만한 일로는 처벌하지 않으려 한다. 개인적으로 처리해도 될 작은 일까지 법이 간섭하고 벌을 내리면 사람들은 숨이 막혀서 평온하게 살기 힘들기 때문이다. 법은 정의를 지키기 위한 것이지만, 지나치게 엄격해지면 오히려 정의를 지킬 수 없게 된다. 법에

표 1-1 민법과 형법의 차이

	관련 법률	사건	책임	재판
재산 관련 다툼	민법	민사사건	민사책임	민사소송
몹쓸 짓	형법	형사사건	형사책임	형사소송

서 처벌을 하는 것은 정말로 '용납할 수 없는 일'에 한해서다.

위법한 일이 벌어지면 피해자가 생긴다. 법을 어긴 사람은 자신이 한 일로 발생된 피해에 대해 책임을 져야 한다. 책임은 크게 두 가지로 나뉜다. 하나는 다른 사람의 재산에 피해를 입힌 것에 대한 책임이고, 또 하나는 사회에서 말하는 '몹쓸 짓'에 대한 책임이다. 재산에 피해를 입힌 것은 보상 책임이 따르고, 사람을 때리거나 물건을 훔친 것 같은 몹쓸 짓에는 처벌이라는 책임이 따른다. 위법한 일에 대한 책임을 두 가지로 나누는 것은 다루는 법률이 다르기 때문이다. 재산 피해는 민법이 담당하고 몹쓸 짓은 형법이 담당한다.

민법은 주로 재산에 관한 일을 다루는 법률이다. 어떤 물건이 누구의 것인지, 거리에서 주운 물건을 마음대로 가져도 되는지, 어떤 사람이 죽으면서 남긴 재산은 누구에게 물려줄 것인지 모두 민법에서 다룬다. 재산을 둘러싸고 다툼이 벌어지는 일은 흔히 생긴다. 물건은 하나인데 두 사람이 서로 자기 물건이라고 다투거나, 자기 재산에 피해를 입혔다며 손해를 물어내라고 하는 일 등이다. 이런 식으로 재산을 둘러싸고 벌어지는 다툼은 민사사건이라고 한다. 이런 일로 재판을 하는 것은 민사소송이라 부른다. 손해를 물어줘야 하는 책임은 민사책임이라고 한다.

다른 사람을 때리거나 흉기로 해치거나 도둑질을 하는 등의 몹쓸 짓은 형법이 담당한다. 형법은 어떤 일이 처벌을 받을 몹쓸 짓이고, 어떤 벌을 받아야 하는지 정해놓은 법이다. 도둑질이나 폭행 같은 몹쓸 짓이 벌어지는 일을 형사사건이라고 부른다. 그런 일로 재판을 하는 것은 형사소송, 몹쓸 짓에 대한 책임은 형사책임이라고 한다.

폭력을 썼을 때는 어떤 책임을 질까?
– 법에서 말하는 정의

간단한 문제 하나를 풀어보자.

문제1 실수로 다른 사람의 핸드폰을 망가뜨렸다. 이 일에 책임을 지는 것을 무엇이라고 할까?
① 민사책임　　　② 형사책임

답은 1번 민사책임이다. 만일 답을 맞추지 못했다면 앞의 글을 다시 읽어보자. 한 문제 더 풀어보자. 이번에는 주관식이다. 간단해 보이지만 함정이 있다.

문제2 사람을 때려서 다치게 한 사람은 어떤 책임을 져야 할까?

혹시 형사책임이라고 답하지 않았는가? 만약 그렇다면 함정에 빠진 것이다. 그래도 실망하지는 말자. 법을 처음 공부하는 사람이라면 99% 틀리는 문제니까. 정답은 형사책임, 민사책임이다. 두 가지 책임을 모두 져야 한다. 사람을 때리는 일은 몹쓸 짓이므로 그에 대한 벌을 받는 것이 형사책임이다. 그리고 사람이 다치면 치료비가 든다. 몹쓸 짓을 한 사람은 그 책임까지 져야 한다. 치료비를 물어주는 것이 민사책임이다.

마지막으로 문제를 하나 더 풀어보자.

문제3 도둑질을 한 사람은 어떤 책임을 져야 할까?

이것 역시 답은 형사책임, 민사책임 두 가지다. 도둑질은 형법의 절도죄에 해당하는데, 절도는 몹쓸 짓이므로 벌을 받는 것이 형사책임이다. 그러나 그것으로 끝나는 것이 아니다. 훔친 물건을 주인에게 돌려주거나, 훔친 물건에 해당하는 돈을 물어줘야 한다. 이것이 민사책임이다.

깡패나 조직폭력배 중에는 위법한 일을 하면서 '경찰에 잡히면 감옥에 갔다 오면 그만'이라고 가볍게 생각하는 사람들이 많다. 하지만 법은 그렇게 간단하지 않다. 위법한 일로 손해를 입은 사람이 최대한 피해를 보상받는 것이 법이 말하는 정의이다.

정의라는 말에는 여러 뜻이 있는데, 법에서 말하는 정의는 흔히 생각하는 '절대적으로 올바른 가치'라는 의미는 아니다. 이때의 정의란

'같은 것은 같게 다른 것은 다르게' 대우하는 것이다. 사회 구성원 각자가 받아야 할 정당한 몫을 지켜주는 것이 정의라는 의미다. 남에게 부당한 이유로 피해를 입힌 사람이 있다면 이를 처벌하는 것은 정의로운 일이며, 남에게 부당한 피해를 입힌 자가 있음에도 이를 처벌하지 않는 것은 정의롭지 않은 일이다.

    범죄로 피해를 입은 사람에게는 보상을 받을 권리를, 피해를 입힌 사람에게는 보상을 해줄 책임을 나눠주는 것이 '각자가 받아야 할 정당한 몫'이다. 그래서 대부분의 형사책임에는 민사책임이 뒤따른다.

    재산에 대한 피해를 보상해주는 것을 법에서는 배상이라고 부른다. 다른 사람의 재산에 입힌 손해를 보상해주는 것은 그래서 손해배상이다. 민법은 주로 재산 관계를 다루므로 민사책임은 대부분 손해배상을 해주는 일이다.

사이보그는 유죄, 로봇은 무죄?
– 법적 권리와 의무의 주체

앞서 등장한 〈공각기동대〉 에피소드로 돌아가 보자. 정말 로봇은 사람을 죽여도 살인죄가 아닐까? 그럴 수도 있고 아닐 수도 있다. 로봇의 종류에 따라 다른 법적 판단이 나올 수 있다.

    그렇다면 먼저 로봇에 대한 이야기를 잠깐 해보자. 로봇이라는 말을 처음 사용한 것은 체코의 극작가 카렐 차페크(karel čapek)다. 그는 사람을 대신해 일을 해주는 인조인간을 로봇이라고 불렀다.

국어사전에서는 로봇을 이렇게 정의한다. 첫째, 인간과 비슷한 형태를 가지고 걷기도 하고 말도 하는 기계 장치. 둘째, 어떤 작업이나 조작을 자동적으로 하는 기계 장치. 두번째 정의에 의하면 세탁기나 청소기, 공장의 자동화 장치도 로봇에 속하지만 사람들은 로봇 하면 대개 첫번째 정의를 떠올린다. 인간과 비슷한 형태를 가져야 로봇이라고 생각하는 것이다. 사람과 얼마나 닮았는지에 따라 로봇, 휴머노이드(Humanoid), 안드로이드(Android)로 나눈다.

〈스타워즈〉의 R2D2처럼 사람과 닮기는 했지만 사지가 불완전하

〈공각기동대〉의 쿠사나기 소좌의 모습. 정말 로봇은 사람을 죽여도 살인죄가 아닌 것일까?

거나 몸의 비율이 사람과 많이 다른 것은 로봇이라고 부른다.

팔다리가 있고 머리와 몸통, 사지의 비율이 인간과 흡사한 지능형 로봇을 휴머노이드라고 부른다. 일본의 혼다가 만든 '아시모'나 한국의 카이스트에서 개발된 '휴보'가 이에 속한다. 트랜스포머 역시 휴머노이드로 부를 수 있다.

안드로이드는 행동과 겉모습이 인간과 닮아 구별이 가지 않는 로봇이다. 터미네이터 같은 로봇이 여기 속하는데 현

스타워즈의 R2D2처럼 사람과 닮기는 했지만 사지가 불완전하거나 몸의 비율이 사람과 많이 다른 것은 로봇이라고 부른다.

실에서는 아직 존재하지 않는다. 터미네이터는 껍질을 벗기면 금속으로 만든 기계가 들어 있다. 그런데 영화 〈블레이드 러너〉에 등장하는 안드로이드는 피부나 장기 조직까지 인간의 것과 닮았다. 이런 로봇까지 만들 필요가 있을까 싶을 정도다(비용대비 효과를 보자면 〈블레이드 러너〉에 나오는 안드로이드는 5년 밖에 사용되지 않는 로봇이 아닌가?). 안드로이드와 비슷한 것으로 사이보그(Cyborg)가 있는데 인간의 몸 일부를 기계 장치로 대체한 것이다. 대표적인 예로는 로보캅이나 〈공각기동대〉의 경찰들을 들 수 있다(로봇을 단순한 쇳덩어리로 봤는데 이렇게

나열해보니 나름 족보가 있고 심오한 맛도 있다 하겠다).

　로봇의 종류 중에서 법적으로 의미가 있는 것은 오로지 사이보그 뿐이다. 사이보그를 제외한 로봇은 법적으로 인간이 아니지만 사이보그는 인간이기 때문이다. 로보캅처럼 뇌를 제외한 나머지 부분을 기계로 바꾸었다 해도 사이보그는 인간이다. 법에서는 인간 이외의 것들은 모두 물건이라고 부른다. 생명이 있든 없든 움직이든 아니든 모두 물건으로 부른다. 안드로이드도 휴머노이드도 그냥 로봇도 모두 물건에 속한다.

　사람에게는 법이 보호해주는 권리가 있다. 이 권리를 누릴 때는 의무와 책임이 따른다. 법으로 정해진 의무를 이행해야 하고 자신이 한 행동에 대해 법적인 책임을 져야 한다.

　법에서 말하는 권리란 '일정한 이익을 누릴 수 있도록 법에 의해 보장되는 힘'을 말한다. 법적인 권리를 누리는 주체는 자연인과 법인이 있다. 자연인이란, 살아 있는 사람으로서 태어나서 죽을 때까지 법으로 주어지는

〈로보캅〉의 주인공 로보캅은 인간의 몸 중 일부를 기계로 대체한 사이보그다.

권리를 누리는 것을 말한다. 법인이란, 집단이나 재산을 사람처럼 대우해 권리를 행사할 수 있는 자격을 준 것인데, 대표적인 것으로

주식회사를 들 수 있다.

사이보그는 인간인 이상 법적으로 권리와 의무를 지닌다. 사람을 해쳤으면 처벌을 받아야 하고, 다른 사람에게 손해를 입혔다면 배상을 해야 한다. 하지만 그 외의 물건들은 인간이 아니므로 법적인 권리가 없다. 권리가 없으므로 의무와 책임도 지지 않는다. 사람이 사람을 때리면 폭행죄로 처벌을 받지만 도라에몽이 사람을 때리면 처벌을 할 수 없다. 치료비를 물어줄 책임도 없다. 도라에몽은 인간이 아니므로 자신이 한 일에 아무 책임을 지지 않아도 된다.

물건이라는 점에서는 동물도 마찬가지다. 동물은 살아 있는 생명체지만 법적으로는 물건에 속한다. 동물애호단체에서 이를 섭섭해하거나 문제 삼을 수도 있겠지만, 법은 인간이 인간을 위해 만든 규범이므로 지구상의 모든 것을 '인간'과 '인간 이외의 것'으로 구분한다. 물건이라는 말을 인간 이외의 것으로 바꿔서 생각하면 저항감 없이 이 개념을 받아들일 수 있을 것이다. 따라서 키우는 강아지가 아무리 예쁘고 자식이나 동생처럼 생각되더라도 법적으로는 물건에 속한다. 동물은 물건이므로 법적 책임을 지지 않는다. 그래서 개가 거리에 오줌을 싸도 경범죄 처벌을 받지 않고, 동물원의 원숭이가 구경하는 사람의 음식을 빼앗아 먹어도 강도죄에 해당되지 않는다.

그렇다면 도라에몽이 사람을 때리는 일은 법적으로 어떻게 해석될까? 원인을 알 수 없는 기계의 오작동 즉, 기계가 멋대로 잘못 작동된 것에 해당한다. 주차장에 서 있는 자동차가 갑자기 출발해 사람을 다치게 한다거나, 공장의 자동화 장치가 오른쪽으로 움직여야 정상인데 왼쪽으로 움직여 사람을 다치게 한 것과 같이 취급한다.

자동차가 멋대로 움직여 사람을 다치게 했다고 바로 폐기 처분을 하지는 않는다. 다만 공장에 보내 수리할 뿐이다. 도라에몽이 사람을 때린 것도 기계가 잘못 작동된 것이므로 수리를 맡길 것이다(그런데 도라에몽을 수리할 수 있는 사람이 있을까? 있다면 원작자 정도?).

어쨌든 도라에몽이 자동차에 올라타서 시속 200킬로미터의 속도로 경부 고속도로를 왔다 갔다 했는데, 다른 차들을 능숙하게 피하며 사고를 일으키지 않아도 단순한 오작동으로 해석한다.

바보 같다고? 말도 안 된다고? 그래도 할 수 없는 일이다. 현재의 법률은 도라에몽처럼 지능을 가진 로봇이 있다는 전제 조건 없이 만들어진 것이기 때문이다. 지금의 법률의 원천을 거슬러 가면 100년도 넘은 것들이 많다. TV도 없던 시절에 만들어진 법률에 로봇을 염두에 둔 부분이 있을 리 없는 것이다.

로봇의 과실은 누구 책임일까?
- 로봇과 제조물책임법

법적으로 로봇은 동물과 비슷한 취급을 받는다. 그렇다면 로봇의 주인에게 손해배상을 받거나, 로봇의 주인을 처벌하는 일은 가능하지 않을까? 그럴 수 있다. 단, 로봇의 종류에 따라 다르다. 로봇은 움직임에 따라 크게 리모컨형, 탑승형, 자율형으로 나눌 수 있다.

리모컨형 로봇은 리모컨으로 조종하는 로봇이다. 탑승형은 로봇에 직접 사람이 올라타 조종하는 타입으로, 자동차와 같은 원리로 움직인다. 탑승형 로봇은 혼자서는 아무것도 하지 못한다. 조종사가 올라타 조종을 해야 움직이기 시작한다. 로보트 태권 V, 마징가 Z, 건담, 에반게리온 같은 것이 여기에 속한다(정확히 말하면 에반게리온은 로봇이 아니다. 그 이유는 만화를 직접 보고 판단하시길).

리모컨형이든 탑승형이든 로봇은 조종하는 사람이 시키는 대로 움직인다. 이런 로봇으로 사람을 해치거나 재산에 손해를 입히면 탑승자는 그에 상응하는 처벌을 받고 손해배상을 해야 한다. 사람이 로봇을 도구로 사용한 경우이기 때문이다. 자동차를 운전해 사람을 일부러 치거나 건물을 부수는 것과 같은 일이다.

자율형의 경우는 조금 복잡하다. 자율형은 사람이 조종하지 않아도 로봇이 알아서 움직이는 형태를 말한다. 아톰, 도라에몽, 트랜스포머, 터미네이터 등이 여기에 속한다. 이 자율형 로봇은 두 가지로 나눌 수 있다. 하나는 사전에 프로그램된 대로 행동하는 로봇이다. 이런 로봇은 스스로 생각하고 판단해서 움직이는 것처럼 보이지만, 실은 사전에 입력해둔 명령대로 동작하는 것에 불과하다. 이런 로봇이 사람을 해치거나 재산에 손해를 입히면 로봇의 주인이 손해배상을 해야 할까? 경우에 따라 미묘할 수는 있지만, 대개의 경우는 로봇을 만든 회사에서 책임을 지고 손해배상을 해야 할 것이다. 로봇은 원래 사람을 해칠 수 없도록 만들어야 하기 때문이다.

SF 문학계의 거물로 불리는 아이작 아시모프(Isaac Asimov)는 로봇

소설의 아버지 같은 사람이다. 그는 로봇이 등장하는 소설을 수 없이 많이 발표했다. 영화의 원작이 된 〈아이 로봇〉도 아시모프가 쓴 것이다. 일본의 휴머노이드 '아시모'의 이름도 그의 이름에서 따왔다.

아시모프는 소설 속에서 로봇 3원칙을 만들었다. 제1원칙, 로봇은 인간에게 해를 끼쳐서는 안 되며 인간의 위험을 모르는 체해서도 안 된다. 제2원칙, 로봇은 인간의 명령에 절대 복종해야 한다. 단, 명령이 제1원칙에 어긋날 때는 따르지 않아도 된다. 로봇의 주인이 다른 사람을 때리라는 명령을 내려도 듣지 말아야 한다. 제3원칙, 로봇은 제1원칙과 제2원칙에 위배되지 않는 한 자신을 보호해야 한다.

이런 원칙으로는 로봇이 직접 사람을 해치거나 피해를 주는 일을 방지할 수 있다. 하지만 사람에게 악영향을 주는 일은 피할 수 없다. 어떤 사람이 로봇에게 빈집을 골라 모두 부수라는 명령을 내리면, 사람에게 직접 피해를 주는 일이 아니므로 로봇은 따를 수밖에 없다. 이런 모순을 보완하기 위해 아시모프는 제0원칙을 추가했다. 제0원칙, 로봇은 인류에게 해를 끼쳐서는 안 되며, 위험한 상황에 방치해서도 안 된다.

앞으로 자율형 로봇이 만들어진다면 로봇 4원칙이 프로그램에 확실하게 입력될 것이다. 그런데도 로봇이 사람에게 해를 끼쳤다면 로봇을 만든 회사가 책임을 져야 한다. 제조물책임법에 의해서다. 제조물책임법이란, 제조물의 결함으로 발생한 손해로부터 피해자를 보호하기 위해 제정된 법이다. 물품의 결함으로 발생한 생명·신체의 손상이나 재산상의 손해에 대해 물품을 제조하거나 가공한 자에게 손해배상 의무를 지우는 것이다.

미래에는 자율형 로봇 중에 지능을 갖춘 로봇이 나타날 가능성이 크다. 사전에 입력된 프로그램대로 움직이는 것이 아니라, 마치 사람처럼 스스로 배워나가는 능력을 가진 로봇이다. 사람은 아기로 태어날 때 백지 상태에 가깝지만 말을 배우고 글을 익혀 지식과 지능을 갖춰간다. 21세기에 새롭게 등장할 로봇은 이런 지능형 로봇일 것이다. 지능을 갖추고 있으므로 자율적으로 행동할 수 있다.

이런 로봇은 사람이 아이처럼 키워가야 한다. 부모가 자식 교육을 잘못하면 비뚤어지는 아이가 생기는 것처럼, 로봇도 키우는 과정에 따라서 꽤나 성질이 고약한 로봇이 나올 수 있다(조만간 TV에서 〈우리 로봇이 달라졌어요〉라는 프로그램을 시청해야 할지도 모른다). 이런 로봇이 잘못을 저지른다면 제조물책임법에 의해 로봇을 만든 회사에 손해배상을 청구할 수 없을 가능성이 크다. 로봇을 잘못 만든 것이 아니라 잘못 키운 결과로 발생한 일이기 때문이다.

지능형 로봇과 로봇법 제정
― 소유자와 점유자

스스로 배워나가며 사람처럼 생각하고 판단하는 지능형 로봇이 세상에 등장한다면, 법적으로 혼란한 상황이 엄청나게 많이 생길 것이다. 때문에 그때는 로봇법을 제정할 필요가 있다.

지능형 로봇은 사람을 해치거나 재산에 피해를 주는 일이 많을 것이다. 아시모프가 로봇 4원칙을 만들면서 한 가지 간과한 것이 있다. 로봇이 지능을 갖춘다는 것은 '인간의 말에 따르지 않는다'는 의미다. 학생들이 부모님과 선생님의 말을 고분고분 듣지 않는 것은 그들에게 지능이 있기 때문이다. 지능이 있다는 것은 자신만의 생각이 있다는 것이고, 그 생각이 부모님이나 선생님의 생각과 늘 같을 수 없기 때문에 충돌이 일어나고 반항을 하는 것이다.

지능형 로봇 역시 마찬가지다. 머릿속에 로봇 4원칙을 넣어둬도 '내가 왜 그런 걸 지켜야 하지?'라고 생각할 게 뻔하다. 머릿속에 로봇 제1원칙인 로봇은 인간에게 해를 끼쳐서는 안 되며 인간의 위험을 모르는 체해서도 안 된다는 말이 떠올라도 스스로 판단해 '저런 놈은 맞아야 해'라며 사람을 때리거나, '저런 인간은 구해줄 필요가 없어'라며 위험에 빠진 사람을 방치할 수도 있다. 이런 일이 벌어졌을 때 법률은 로봇을 어떻게 처리할 수 있을까? 자신이 키우던 개가 사람을 물었을 때 어떻게 처리할 것인지 떠올리며 논리적으로 생각해보자.

법에서 동물은 물건으로 취급하므로 동물에게는 법적인 책임을 묻지 않는다. 하지만 동물의 점유자에게는 책임을 물을 수 있다. 점유는 어떤 물건을 구체적으로 손에 넣고 있는 것뿐 아니라, 직접·간접적으로 사실상 지배하는 대상을 말한다.

동물의 주인에게 즉, 소유자가 아니라 점유자라고 하는 것은 자신의 소유가 아닌 동물이 저지른 일에도 책임을 져야 할 경우가 있기 때문이다. 이를테면 다른 사람이 내게 잠깐 맡겨둔 개가 지나가던 행인을 문 경우다. 동물이 다른 사람에게 손해를 끼쳤을 때, 점유자가 손해를 배상해야 한다.

> **민법 제759조 (동물의 점유자의 책임)**
> ① 동물의 점유자는 그 동물이 타인에게 가한 손해를 배상할 책임이 있다. 그러나 동물의 종류와 성질에 따라 그 보관에 상당한 주의를 해태하지 아니한 때에는 그러하지 아니하다.

이 법조문을 처음 읽으면 언뜻 무슨 말인지 이해가 되지 않을 것이다. 그렇다고 '나는 바보인가 봐'라며 머리를 쥐어뜯거나 자책할 필요는 없다. 법조문이라는 것은 원래 무척 어려워서 법을 공부한 사람이 아니면 무슨 뜻인지 이해하기가 어렵다. 법은 모든 사람을 위한 것인데도 대부분의 사람들은 그것이 무엇을 뜻하는지 모른다. 의사들은 카르테(의사가 환자를 진료하고 환자의 신분이나 증세 등을 기록한 것)에 일반인이 알 수 없는 라틴어를 쓰는데, 그것도 알아보기 힘들게 흘려 쓰는 일이 많다. 별것 아닌 내용도 그렇게 하면 어쩐지 전문가 특유의 뭔가가 있어 보인다. 법조문이 어려운 것도 이런 이유일까? 그건 아니다. 우리나라 법의 출발이 일본의 법을 베낀 것이 원죄라면 원죄다. 그래서 일본어를 아는 사람은 우리 법을 읽으면 훨씬 쉽게 이해한다. 어쨌든 앞으로 알기 쉽게 개선되어야 할 부분이다.

다시 돌아가자면 어쨌든 내 개가 다른 사람을 물었을 때는 원칙적으로 치료비를 물어줘야 한다. 하지만 보관을 잘했는데도 사고가 발생한 경우는 배상 책임이 줄어든다. 이를테면 마당에 개를 잘 묶어뒀

트랜스포머는 주인 없는 개나 고양이 같은 것이다. 이런 로봇에게 입은 피해는 배상할 주인이 없으므로 손해배상을 받을 수 없다.

는데, 어떤 사람이 무단으로 집에 들어와 개를 나뭇가지로 쿡쿡 찌르면서 괴롭히다가 물린 경우는 치료비를 물어주지 않아도 된다.

    지능을 갖추고 스스로 판단해 행동하는 로봇과 가장 가까운 것은 동물일 것이다. 법에는 로봇에 대한 조항이 없지만 민법에 있는 동물 조항을 적용시킬 수 있다. 어떤 사항을 직접 규정한 법규가 없을 때, 그와 비슷한 사항을 규정한 법규를 적용하는 해석 방법을 '유추해석'이라고 하고, 그런 해석을 적용하는 것을 '유추적용'이라고 한다. 로봇을 동물로 유추적용한다면 로봇이 입힌 손해는 점유자가 손해배상 책임을 진다. 남은 문제는 로봇을 점유한 자가 누구냐는 것이다.

    트랜스포머에게는 주인이 없다. 터미네이터의 주인도 컴퓨터이므로 법적으로는 주인이 없는 것과 마찬가지다. 주인은 반드시 사람이

어야 하는데, 터미네이터는 물건이 물건을 소유한 것이므로 주인이 없는 상태인 것이다. 동물로 유추적용한다면 트랜스포머나 터미네이터는 주인 없는 개나 고양이 같은 것이다. 이런 로봇에게 입은 피해는 배상할 주인이 없으므로 손해배상을 받을 수 없다(〈터미네이터 1〉에서 죽은 경찰 17명은 법적으로 들개에 물려 죽은 것과 같은 취급을 받는다는 소리다. 한마디로 미친개한테 물린 셈).

반면 아톰이나 도라에몽은 주인이 있다. 아톰은 코주부 박사를 주인으로 생각할 수 있고, 도라에몽은 진구가 점유자지만 진구는 미성년자이므로 진구의 아버지가 대신 법적인 책임을 진다.

안드로이드가 살인을 하면 누가 책임질까?
— 법률의 유추적용

지능형 로봇은 사람처럼 자라면서 성격이 형성된다. 그 과정에서 비뚤어져 사악한 성격을 지닐 수도 있다. 여기다 안드로이드라서 외모가 사람과 전혀 구별이 안 된다면 전문가가 아닌 이상 사람으로 볼 수밖에 없다. 피부나 장기도 인간처럼 만들었다면 더 이상 로봇이 아니라 인간에 가까운 존재일 것이다.

이런 로봇이 사람을 다치게 했다면 어떻게 될까? 민법은 동물로 유추적용해 주인에게 치료비를 배상하라는 판결을 내릴 것이다. 주인이 시켜서 한 일이 아니라 로봇이 알아서 한 일이라도 마찬가지다. 자신의 개가 사람을 물려고 할 때 주인은 분명 '물지 마'라고 명령할 것이다. 그래도 개가 사람을 물었다면 치료비를 배상해줘야 하는 것과 마찬가지다.

그런데 로봇이 사람을 죽였다면? 그것도 악의를 갖고 사람을 해친 경우라면? 이런 경우 누가 벌을 받아야 할까? 주인이 벌을 받아야 할까?

동물이 사람을 죽였을 때 주인이 처벌받아야 하는 일도 있다. 사나운 개를 훈련시킨 뒤 어떤 사람에게 달려가 목을 물라고 명령을 내린 경우, 다른 사람의 방에 몰래 독사를 푼 경우 등은 사람이 고의로 동물이라는 물건을 사용해 타인을 해친 것이므로 형사책임을 져야 한다.

아톰이나 도라에몽은 주인이 있다. 아톰은 코주부 박사를 주인으로 생각할 수 있고 도라에몽은 진구가 점유자이다.

하지만 키우는 주인이 안전을 위해 필요한 모든 조치를 했음에도 동물이 멋대로 사람을 해쳤을 때 주인은 형사책임을 면할 수 있다. 자신이 키우던 개가 평범한 사람의 예상을 뛰어넘어 쇠사슬 목줄을 끊고 안전망과 담을 넘어 사람을 물어 죽였다고 주인을 감옥에 보내는 것은 도리에 맞지 않는다. 주인은 민사책임만 지면 된다. 치료비와 위자료를 지급하면 되는 것이다.

그런데 사람에 가까운 안드로이드가 멋대로 사람을 해쳤을 때는 어떻게 해야 할까? 그것도 성격이 사악하고 포악한 로봇이 악의를 갖고 사람을 해친 경우다.

이런 경우도 주인은 민사책임만 진다. 치료비와 위자료만 주면 된다. 그럼 형사책임은? 즉, 폭행죄나 살인죄는 누구에게 물어야 하는가? 아무리 생각해도 그 사악한 로봇이 잘못이다. 로봇을 처벌해야 한다. 하지만 이런 일은 불가능하다. 법조문을 보면서 왜 그런지 생각해보자.

형법 제250조 (살인)
① 사람을 살해한 자는 사형, 무기 또는 5년 이상의 징역에 처한다.

형법 제257조 (상해)
① 사람의 신체를 상해한 자는 7년 이하의 징역, 10년 이하의 자격정지 또는 1천만 원 이하의 벌금에 처한다.

형법 제260조 (폭행)
① 사람의 신체에 대하여 폭행을 가한 자는 2년 이하의 징역, 500만 원 이하의 벌금, 구류 또는 과료에 처한다.

상해란, 신체의 생리적 기능을 훼손하거나 신체의 외관에 중대한 변경을 가져오는 침해행위를 말한다. 즉, 기절시키는 행위, 질병에 감염시키는 행위, 수면 장애를 일으키는 행위, 식욕 감퇴를 일으키는 행위 등이 상해에 속한다. 그 밖에 다른 사람의 머리카락을 모두 잘라버리는 등 신체의 외관에 변경을 가한 행위도 상해가 된다.

폭행 역시 단순히 때리는 것만 해당되지 않는다. 상대방의 멱살을 잡는 행위, 옷을 잡아당기는 행위, 돌을 던지는 행위, 고함쳐 놀라게 하는 행위 등도 폭행이다.

상해와 폭행은 사람을 때린다는 점에서는 같지만, 상해는 사람의 몸을 상하게 만드는 것이고, 폭행은 단순히 때리는 것이다. 상해가 죄질이 더 나쁘기 때문에 벌도 더 강하다. 이런 조문을 안드로이드에 적용할 수 있을까?

형법의 조문을 다시 한 번 더 읽어보자. "사람을 살해한 자는", "사람의 신체를 상해한 자는", "사람의 신체에 대하여 폭행을 가한 자는", 모두 '사람을 ~한 자'라는 문장 구조다. 여기서 '자'는 사람을 의미한다. 즉, 형법은 '사람을 ~한 사람'이라는 구조로 이루어진 셈이다. 때문에 형법상의 범죄는 사람과 사람 사이에 벌어진 일에만 적용한다. 동물이나 로봇이 한 행동에는 적용하지 않는다. 동물과 로봇은 그 어떤 일을 해도 형법의 적용을 받지 않는다.

사람처럼 자아와 개성이 있고 심지어 사람보다 똑똑하고 힘이 센 안드로이드 로봇이 악의를 갖고 사람을 해쳤는데도 민사책임만 지고 형사책임은 지울 수 없다. 말도 안 되는 일 같다. 특히 당한 사람은 너무나 억울해서 잠을 이루지 못할 것이다.

어떻게 처벌할 수 있는 방법이 없을까? 로봇의 주인이 민사책임을 지는 것은 로봇을 동물로 유추적용했기 때문이다. 그러면 안드로이드를 사람으로 유추적용해서 형벌을 내릴 수는 없을까? 안드로이드는 아무리 봐도 사람이므로 사람으로 유추적용해도 되지 않을까? 불가능하다. 민법은 유추적용할 수 있지만 형법은 유추적용을 금지

한다. 형법은 법에 정해진 문구 그대로 적용해야 한다. 비슷한 것을 들이대는 일은 허용하지 않는다.

이상하다고? 사실 너무나 이상한 일처럼 느껴진다. 하지만 형법은 그래야 한다. 그래야 사람들이 안심하고 생활할 수 있기 때문이다.

형법에서 가장 중요한 원칙은 무엇일까?
– 죄형법정주의

왜 민법에서는 유추적용이 가능한데 형법에서는 불가능할까? 왜 사람과 거의 같은 안드로이드를 사람으로 유추적용해 처벌하는 것은 금할까? 형법에서는 '이러이러한 것은 범죄다'라고 규정한 것만 범죄가 되고, 그에 따른 처벌도 법에 정해진 대로 해야 하기 때문이다. 거꾸로 말하면 형법에서 범죄라고 규정하지 않은 행동은 범죄가 아니다. 범죄가 아니므로 처벌할 수 없다. 이것이 바로 현행 형법의 근간을 이루는 원칙인 '죄형법정주의'다.

죄형법정주의는 어떤 것이 '죄'이고 어떤 '형'벌을 받을지 '법'에서 '정'해두어야 한다는 주의다. '법률이 없으면 범죄도 없고 법률이 없이는 형벌도 없다'라는 말로 풀이할 수 있다(다만 몸통이냐 깃털이냐의 차이에 따라 처벌의 수위는 차이가 날 수 있다는 현실은 살짝 덮어두기로 하자).

이 원칙이 나오게 된 역사적인 이유를 보자. 중세 시대나 절대왕정 시대에는 무엇이 죄인지, 그런 죄에는 어떤 형벌을 줄 것인지 미리 정해놓지 않았다. 그때그때 왕이나 귀족 같은 권력자가 자기 마음대로 백성을 범죄자로 정해 가혹한 벌을 주는 경우가 많았다. 죄형법정주의 원칙은 이런 폭정을 막고 국민의 자유와 권리를 지키기 위해 만들어졌다.

전래 동화를 보면 원님이 횡포를 부리는 것을 자주 볼 수 있다. 원님은 자신의 마음에 들지 않는 괘씸한 인간이 있으면 아무 죄가 없어도 잡아들이거나, 죄가 아닌 것을 죄라고 멋대로 우기는 일이 가능했다. 나무꾼의 부인이 된 우렁 각시를 빼앗아 자신의 부인으로 만들기 위해 아무 죄도 없는 나무꾼을 잡아들인다. 한마디로 '괘씸죄'라는 것을 아무렇지 않게 적용한 것이다.

이를테면 어떤 마을에 나쁜 원님과 서 씨 성을 가진 나무꾼이 있었다. 원님은 죄 없는 나무꾼을 잡아들이기 위해 서 씨 성을 가진 것은 죄이므로 모두 잡아들이라고 명령했다. 또한 형벌도 멋대로 정했다. 나무꾼을 괴롭혀 부인을 빼앗는 것만이 목적이므로 다른 서 씨 성을 가진 사람들은 너그럽게 용서해준다며 석방시키고, 나무꾼만 멋대로 곤장 100대의 형벌에 처한다. 이런 사회에서는 사람들이 안심하고 살아갈 수가 없다.

그래서 평범한 이들이 주인이 된 근대사회는 사람들이 안심하고 살아갈 수 있도록 죄형법정주의를 형법의 근본 원리로 택했다. 죄형법정주의는 두 가지 측면에서 국민의 자유와 권리를 보장한다. 하나는 형법에 규정된 범죄행위가 아니라면 그 어떤 행위를 하더라도 범죄자로 처벌하지 않음을 보장한다는 것이다. 즉, 형법에 저촉되지 않는 한 국민에게 무한한 행동의 자유를 보장한다는 의미다. 또 하나는 범죄자는 형법에 정해진 형벌의 범위 내에서만 처벌한다는 것이다. 법에도 없는 가혹한 형벌을 마음대로 내릴 수 없게 만든 것이다.

데스노트에 이름을 쓰면 살인죄일까?

〈데스노트〉 속 형법

고교생 야가미 라이토는 사신 류크가 인간계로 떨어뜨린 데스노트를 줍는다. 데스노트의 규칙은 꽤 복잡하지만 한 줄로 요약하면 '데스노트에 사람의 이름을 적으면 반드시 죽는다'는 것이다. 노트의 능력을 발견한 라이토는 범죄자가 없는 이상적인 세계를 만들겠다고 결심한다. 그는 세계에 흩어져 있는 범죄자들의 이름을 노트에 적어 '키라(killer)'라는 존재가 되었다(참고로 키라란 호칭은 언론과 대중들이 붙여준 것이다). 키라 출현 이후 전 세계의 범죄율은 70%나 감소했으며 키라를 신으로 떠받드는 사람까지 생겨났다.

한편 키라의 존재를 알게 된 인터폴은 한 번 맡은 사건은 반드시 해결한다는 탐정 L에게 이 수수께끼 사건을 의뢰한다. L은 주도면밀한 방법으로 키라가 일본 관동지방에 살고 있다는 것을 밝혀내고, 일본에 수사본부를 설립해 이 사건을 조사하기 시작한다.

사람의 이름을 적으면 반드시 죽게 만드는 데스노트. 그렇다면 데스노트에 사람의 이름을 적는 것은 살인죄에 해당할까? 이건 조금 어렵고 미묘한 문제다. 차근차근 힌트를 따라가 보자.

나쁜 생각을 하는 것은 범죄일까?
– 범죄의 조건

얍삽한 사람을 보면 자기도 모르게 패주고 싶다는 마음이 든다(인간이라면 당연히 느끼는 자연스런 감정이니 이걸로 죄책감 느끼진 말자). 그 사람의 물건을 몰래 감추거나 내다 버려서 약을 올리고 싶은 생각도 든다.

이런 생각을 하는 것은 나쁜 일일까? 나쁜 일은 크게 두 가지로 나눌 수 있다. 하나는 도덕적으로 비난받을 일이고, 또 하나는 법적으로 범죄에 해당돼 처벌을 받아야 하는 일이다. 후자에 속하는 형법상의 범죄가 되기 위해서는 두 가지 요건이 필요하다. 하나는 범죄를 행할 의사이고 또 하나는 실제 행동이다. '친구를 때려줘야지', '물건을 훔치자' 같은 생각만으로는 범죄가 성립되지 않는다. 따라서 처벌받을 일도 없다. 이 점이 법과 도덕의 차이다.

이처럼 법은 사람의 외면적, 물리적 행위를 규율하고 도덕은 사람의 내면적, 정신적인 의사를 규율한다. 즉, 법의 외면성과 도덕의 내면성에 의해 양자가 구별된다는 견해다. '생각에는 누구도 벌을 가할 수 없다'는 말이 있듯 법은 인간이 외부로 표출한 행동만을 다룬다. 예컨대 사람을 죽이고 싶다는 나쁜 생각을 하더라도 그것을 행동으로 옮기지 않으면 법에 위반되지 않는 것이다.

형법은 '~한 사람은 ~에 처한다'는 형식을 가진다.

형법 제250조 (살인)

① 사람을 살해한 자는 사형, 무기 또는 5년 이상의 징역에 처한다.

형법 제329조 (절도)

타인의 재물을 절취한 자는 6년 이하의 징역 또는 1천만원 이하의 벌금에 처한다.

표 1-2 법과 도덕의 비교

구분 기준	법	도덕
목적	정의의 실현, 공공복지의 증진	선한 삶과 이상적인 사회 실현
규율 대상	행위의 결과 (외면적)	행위의 동기 (내면적)
준수 이유	국가에 의한 강제성	개인의 자율성
위반 시	국가에 의한 처벌	양심의 가책, 사회적 비난

이와 비슷한 내용은 도덕에도 있다. 하지만 도덕은 사람의 내면을 논하기 때문에 '~한 사람은 ~한다'가 아니라 '~하지 마라, ~해라' 같은 명령의 형식이다. '사람을 살해하지 마라, 남의 물건을 훔치지 말라'는 식이다.

성인군자만 지킬 수 있는 '마음의 소리'
– 법은 최소한의 도덕

법은 현실을 바탕으로 전체 사회 구성원에게 행해지는 규범이므로 보통 사람이면 누구나 지킬수 있는 행위를 요구한다. 이에 반해 도덕은 높은 이상을 지향한다. 예컨대 '원수를 사랑하라'는 도덕규범은 보통 사람이 실천하기 어려운 일이다. 그래서 법을 최소한의 도덕이라고 말하는 것이다. '원수를 사랑하라'는 말처럼 보통의 사람들이 지키기 힘든 것은 법으로 정하지 않는다. 만약 이런 형법 조문이 생긴다면 법을 어기지 않고 살 수 있는 사람이 얼마나 있을까? 도덕과 같은 수준의 이상을 추구하는 형법 조문 말이다.

형법 000조 (원수)
원수를 사랑하지 않는 사람은 1년 이하의 징역에 처한다.

형법 000조 (뺨 내밀기)
왼쪽 뺨을 맞고도 오른쪽 뺨을 내밀지 않은 사람은 1년 이하의 징역에 처한다.

그런데 도덕적으로 비난받을 생각 즉, '친구를 때려주겠다', '물건을 훔치겠다'는 생각을 하면 나쁜 사람일까? 그렇지 않다. 행위와 인격은 다른 것이기 때문이다. 인격이 훌륭한 사람도 가끔 바르지 못한 행위를 한다. 한두 번 바르지 못한 행위를 했다고 그 사람의 인격이 달라지는 것은 아니다. 게다가 생각만 하는 것은 아직 행위에도 미치지 못한 상태다.

사회는 개인의 생각을 통제하려는 습성을 지닌다. 나쁜 생각을 했다고 솔직하게 말하면 '어떻게 그런 생각을 할 수 있지?'라고 비난받는다. 그러나 생각은 일시적인 것이고 인격은 지속적인 것이다. 일시적으로 나쁜 생각을 했다고 인격까지 나빠지는 것은 아니다. 게다가 그런 나쁜 생각을 아예 안 하고 사는 사람은 거의 없다. 나쁜 생각은 대개 저절로 떠오르는 것이지 의식적으로 만들어내는 것이 아니다. '어떻게 그런 생각을 할 수 있지?'라는 말을 하는 사람도 하루에 수십 번은 나쁜 생각을 한다.

나쁜 생각은 이처럼 의식적으로 막기가 힘들기에, 이를 위해 할 수 있는 일이 바로 '내가 왜 그랬을까?' 하는 반성이다. 그런 과정을 거치면서 사람의 인격은 조금씩 성숙해간다. 도대체 몇 살이 되어야 나쁜 생각이 전혀 떠오르지 않을지는 모르겠다. 동양 모든 도덕의 원류가 된 공자가 "마음 가는 대로 행해도 예의에 어긋남이 없게 되었다"는 경지인 '종심소욕불유구(從心所慾不踰矩)'에 이른 것은 그의 나이 70이 되어서였다. 그러니 보통 사람은 사소한 일로 쓸데없이 자책할 필요가 없다. 법으로 이를 벌할 필요가 없는 것도 어찌 보면 당연한 일일 것이다.

범죄가 성립하는 데 필요한 두 가지
– 범죄의 구성요건

범죄가 성립하는 데는 '의도'와 '행위'라는 두 가지 조건을 충족시켜야 한다. 이 두 가지를 범죄의 '구성요건'이라고 한다. 어떤 행동이 범죄가 되기 위해서는 구성요건에 해당돼야 하는데 이를 '구성요건해당성'이라고 한다. 좀 어렵게 느껴지는 법률용어지만 쉽게 말해 범죄의 조건이라 보면 된다.

　행위는 보여지는 일이다. 어떤 행위가 범죄행위에 해당하는지 아닌지는 객관적으로 판단할 수 있다. 그래서 행위는 '객관적구성요건'이라고 한다(계속 말이 어려워진다. 이 모든 전문용어의 난해성은 답답한 일본 법학자들이 독일어로 된 법률용어를 그대로 한자로 전환해 사용하기 시작하고, 더 답답한 우리나라 법학자들이 그걸 다시 한글로 고쳐 쓰면서 발생한 것이다. 독일의 학자들이 보면 황당해할 일이다).

　의도는 사람의 마음속에서 벌어지는 일이다. 그 사람이 범죄를 저지를 의도를 갖고 한 일인지 아닌지는 주관적으로 판단해야 한다. 그래서 의도는 '주관적구성요건'이라고 부른다(이 부분이 어렵다고 다 뛰어넘고 읽지는 말자).

이해하기 쉽게 예를 보자. 형법 제319조는 주거침입죄를 다룬다. 사람의 주거에 침입한 자는 3년 이하의 징역 또는 500만 원 이하의 벌금에 처한다는 내용을 담고 있다. 어떤 사람이 다른 사람의 집에 허락도 없이 들어갔다면 객관적으로 주거침입을 한 것으로 본다. 그런데 어떤 사람이 무심코 들판에 놓인 컨테이너에 들어갔는데, 누군가 집처럼 꾸미고 사는 곳이었다. 이런 경우도 주거침입에 해당할까? 답은 컨테이너가 어떻게 보이느냐에 달렸다. 주거란, 사람이 사는 공간을 말한다. 컨테이너의 벽면을 잘라 창문처럼 꾸미고, 굴뚝이 밖으로 나와 있고, 입구도 문처럼 꾸며 있다면 객관적으로 주거로 보이므로 주거침입에 해당한다. 하지만 그냥 버려진 컨테이너로 보였다면 객관적으로 주거라 볼 수 없으므로 주거침입죄에 해당하지 않는다.

행위 못지않게 의도도 중요하다. 어떤 사람이 2층에서 빨래를 널다가 발을 헛디뎌 옆집으로 떨어졌다. 주거를 무단으로 침입한 것이지만 범죄를 저지르겠다는 의도는 없었다. 따라서 범죄의 구성요건에 해당하지 않고 죄가 없다. 음식점에서 자기 것인 줄 알고 다른 사람의 옷을 입고 간 것도 의도가 없었으므로 범죄에 해당하지 않는다(계산대 앞에서 구두끈을 고쳐 매는 것이 더 나쁜 일이다).

이처럼 범죄가 성립하려면 의도와 행위가 있어야 한다. 하지만 의도와 행위가 모두 있다고 해도 반드시 처벌을 받는 것은 아니다. 형법에는 범죄가 있었지만 처벌을 하지 않는 예외도 많다. 그 이유는 형법이 사람을 처벌하기 위해 만든 것이 아니라, 행동의 자유를 주기 위해서 만든 것이기 때문이다. 형법은 정말 나쁜 일을 한 것에 대해 벌을 내려야 하고, 그렇게 하는 것이 사회를 위한 것일 때 비로소 처벌한다. 따라서 정말로 나쁜 일만 아니라면, 사람은 누구나 자신의 판단과 책임하에 자유롭게 행동할 권리가 있다.

저주를 걸어 사람이 죽으면 살인죄일까?
– 인과관계와 불능범

데스노트와 비슷한 것으로는 '저주'가 있다. 사람에게 저주를 걸었는데 그 사람이 죽었다면 살인죄에 해당할까? 저주를 거는 것은 어느 나라 문화권에서나 있는 일이다. 사람 모양을 만들어 바늘로 찌르기도 하고, 무당에게 돈을 주고 저주를 걸게 하기도 하고, 그 사람은 내가 저주를 내리고 있으므로 며칠 내에 죽을 것이라며 동네방네 떠들고 다니기도 한다. 그런데 실제로 그 사람이 죽었을 경우 살인죄일까?

범죄가 확실하게 성립하기 위해서는 범죄행위(실행행위)와 범죄결과 사이에 인과관계가 있어야 한다. 인과관계는 범죄행위와 발생시킨 결과 사이에 '실행행위 없이

데스노트와 비슷한 것으로는 저주가 있다.

는 결과가 없음'이라고 말할 수 있는 경우에만 인정된다. 인과관계가 없는 경우는 범죄가 아니며 따라서 형법으로 처벌할 수 없다. 행위의 성질로 보아 목적을 이룰 수 없기 때문에 범죄가 성립되지 않고, 형벌의 대상이 되지 않는 행위를 '불능범'이라고 한다. 예를 들면 무당에게 굿을 하게 해 사람을 죽게 하는 일 따위이다.

사람을 죽이겠다는 의도를 갖고 물총을 쏜 것은 살인죄일까? 물총을 쐈다고 해서 사람이 죽지는 않는다(이런 경우는 보통 머저리라는 전문 용어를 듣는 것으로 상황이 종료된다). 이 또한 불능범에 속한다. 불능범도 범죄의 의도를 갖고 행동으로 옮겼으므로 처벌하는 것이 원칙이지만, 위험하다고 판단되지 않을 때는 처벌을 면제할 수 있다.

이러한 불능범을 적용하면 저주를 하는 것은 어떤 죄에도 해당하지 않는다. 굳이 억지로 죄를 묻는다면 협박죄 정도가 될 것이다. 하지만 이것 역시 반드시 죄가 될지는 그 상황이 객관적구성요건을 만족시킬지 여부에 달려 있다.

협박죄가 성립하려면 상대에게 해를 끼치겠다는 것을 통고해야 한다. 사람을 앞에 두고 "저주로 너를 죽이겠어"라고 하거나, 전화나 문자 메시지, 이메일로 그런 말을 하거나, 누구를 시켜 그런 말을 전해야 한다. 하지만 "내가 저주를 걸었으니까 그 사람은 죽을 거야"라는 말이 퍼져 소문이 나거나, 아니면 아무 말 없이 인형을 바늘로 찌르며 어떤 사람을 저주하는 것으로는 협박죄가 성립하지 않는다.

다른 사람을 죽일 생각을 하는 것은 비난받아야 할 일이고 저주를 내리는 것은 비열한 행동인데, 왜 법은 이를 처벌하지 않는 것일까? 이유는 간단하다. 저주와 죽음 사이에는 인과관계가 없기 때문이다. 저주를 내린다고 사람이 죽지는 않는다. 인과관계가 없으므로 불가능한 범죄고 저주를 건 사람은 불능범이다. 게다가 별 위험성도 없기 때문에 저주로 처벌을 받는 일은 없다(한마디로 법도 무시하는 쩐따 짓이란 소리다).

저주와 데스노트는 어떤 점이 다를까?
– 불법행위의 성립요건

저주를 받는 일이 기분 나쁘고 때로는 무서운 것은 저주를 받은 사람이 실제로 죽는 일이 간혹 발생하기 때문이다. 세계 여러 나라에서 저주를 받은 사람이 죽어버린 사례들이 발견되고 있다. 그런데도 저주와 죽음 사이에 인과관계는 정말 없는 것일까?

　과학자들이 발견한 저주 때문에 사람이 죽는 이유를 보자. 저주로 사람이 죽는 경우는 대개 네 가지 중 하나다. 첫째, 우연의 일치. 저주 받은 사람이 우연히 병에 걸리거나 사고로 사망한 것이다. 둘째, 독극물의 사용. 몰래 독극물을 사용한 경우다. 이 경우는 저주가 아니라 독살이다. 셋째, 공범의 존재. 누군가 저주하는 사람을 몰래 도와 저주받은 사람을 죽인 경우다. 넷째, 심리 효과다. 누군가 자신을 저주한다는 것을 알고 죽음을 걱정하다 건강을 해쳐 죽는 것이다.

　여기서 두번째와 세번째는 확실하게 범죄로 성립된다. 그러나 이 외의 저주는 범죄에 해당되지 않는다. 저주와 죽음은 인과관계가 증명된 적이 없고 과학자들도 그 효과를 부정하기 때문이다. 그렇다면 데스노트도 저주의 일종으로 분류한다면 이름을 적는 일을 법적으로 처벌할 수 없는 것 아닐까?

　범죄가 성립하려면 의도와 행위가 있어야 하고, 행위와 결과 사이에 인과관계가 성립해야 한다. 데스노트가 어떤 기능을 하는지 알고도 노트에 이름을 쓰는 일은 다른 사람을 죽이려는 의도와 행위를 충족시킨다. 남은 것은 노트에 이름을 쓰는 행위가 사람을 죽음에 이르게 하는 결과와 인과관계가 있느냐는 것이다. 데스노트에 이름을 쓰면 사람은 100% 죽는다. 이 점이 저주와 다른 점이다. 데스노트에 이름을 쓰는 것은 살인죄에 해당된다. 과학적으로 데스노트의 기능에 대해서는 설명이 불가능하지만, 이름이 적힌 사람들이 지금까지 모두 죽었기 때문이다. 게다가 죽는 상황을 묘사해 적었을 때 대상은 써진 대로 죽음을 맞이했다. 이것은 인과관계가 있다는 것을 알려주는 확실한 증거가 된다.

　물론 엄격한 법학자들과 과학으로 모든 현상을 설명하기를 좋아하는 사람들은 이 결론에 반론을 제기할 수도 있다. 결국 현실 세계에서 〈데스노트〉와 같은 일이 벌어지면 인과관계의 증명이 최대의 논점으로 부각될 것이다.

　불법행위의 성립 요건을 정리해보자. 불법행위란, 고의 또는 과실로 인한 위법행위로 타인에게 손해를 가하는 행위다. 일반적인 불법행위의 성립요건은 다음과 같다. 첫째, 가해자에게 고의, 과실이 있어야 한다. 둘째, 가해자에게 책임능력이 있어야 한다. 셋째, 가해행위가 위법해야 한다. 넷째, 피해자에게 손해가 발생해야 한다. 다섯째, 가해행위와 손해발생 간에는 인과관계가 존재해야 한다. 이는 민법과 형법 모두에 해당한다.

데스노트인 줄 모르고 이름을 쓴 경우는?
– 과실에 대한 처벌

한 사내가 길을 걷다 데스노트를 주웠다. 사내는 평소 공책을 잘 쓰지 않기에 집에 돌아와 바로 책상 서랍에 넣어버렸다. 그러던 어느 날 서랍에 넣어두었던 데스노트가 괜찮아 보여 전화번호부로 쓰기로 했다(아니 이런 끔직한!). 사내는 친구들의 이름과 전화번호를 차례로 적었다. 그리고 사내의 친구들은 모두 죽었다. 그런데 경찰 중에 머리 좋은 사람이 있어서 사내를 찾아내 연쇄살인죄로 체포한다면 억울하지 않을까?

  일부러 한 일은 고의, 실수로 한 일은 과실이라고 부른다. 고의는 자신의 행동이 어떤 결과를 가져올지 알면서도 한 일이다. 과실은 부주의로 벌어진 일을 말한다. 형법은 고의범은 원칙적으로 처벌하고 과실범은 예외적으로 처벌한다고 규정한다. 그중 과실에 관한 규정을 보자.

형법 제14조 (과실)
정상의 주의를 태만함으로 인하여 죄의 성립요소인 사실을 인식하지 못한 행위는 법률에 특별한 규정이 있는 경우에 한하여 처벌한다.

과실로 처벌을 받는 것은 결과가 무척 중대한 피해를 가져왔을 때이다. 과실로 불, 폭발, 물난리 등이 났거나, 교통을 방해했거나, 사람이 다치거나 죽었거나 하는 경우다. 처벌은 대개 벌금형이다. 그렇다면 데스노트인 줄 모르고 이름을 쓴 것은 과실일까? 과실에 관한 법조문을 꼼꼼히 뜯어보면 "정상의 주의를 태만함으로 인하여"라는 구절이 있다. 정상적으로 주의했으면 아무 일도 없었을 텐데 주의를 게을리한 것 때문에 벌어진 일이 과실이라는 것이다. 데스노트인 줄 모르고 이름을 쓴 것은 고의도 과실도 아니다. 정상적인 주의를 기울여도 노트에 이름을 쓰면 사람이 죽는다는 것은 알 수가 없다. 따라서 형법상 무죄다. 민사책임도 없다. 그저 신비한 노트 하나가 있을 수 없는 일을 일으킨 것에 불과하다.

왜 이런 원칙을 적용할까? 예기치 못한 일까지 책임을 지게 하는 것은 개인의 평온한 생활을 유지하는 데 큰 위험이기 때문이다. 이런 경우를 보자. 어떤 사람이 길을 가다 리모컨을 주웠다. 별 생각 없이 버튼을 눌렀더니 건물 하나가 파괴돼버렸다. 실은 그 리모컨은 테러리스트가 건물을 파괴하기 위해 사용하려던 것이었다. 이 경우 행인에게는 고의도 과실도 없으므로 형사상 책임이 없다. 그렇다면 민사책임은? 건물을 파괴한 것과 건물 안에 있었던 사람이 죽은 것에 대한 책임을 지라고 하는 것 역시 너무 가혹한 일이다. 그래서 민사책임도 없다.

이런 식으로 책임을 제한해주지 않으면, 사람들은 자신의 행동이 어떤 결과를 일으킬지 예측할 수 없어서 굉장한 불안감을 안고 살아가야 한다. 평범한 사람이 평범한 주의를 기울여 생활을 해도 결과적으로 누군가에게 피해를 끼쳤을 때 민형사상의 책임을 져야 한다면, 누구도 마음놓고 일상생활을 영위할 수 없을 것이다. 그래서 법은 고의로 어떤 행동을 했는지 여부를 그 사람에게 책임을 지우기 위한 중요한 전제로 삼는 것이다.

데스노트가 세상에 많다면 어떻게 될까?
– 불법무기소지죄

데스노트는 저세상의 노트를 사신이 지구에 떨어뜨린 것이다. 처음에는 한 권이었으나 이내 두 권이 된다. 만일 사신들이 대량으로 데스노트를 떨어뜨리면 어떤 일이 벌어질까? 그리고 많은 사람들이 데스노트의 존재를 알게 된다면(그야말로 헬게이트가 열리는 것이다!)? 이런 경우에도 우연히 노트를 주워서 친구의 이름을 적은 것에 아무 책임을 지지 않아도 될지 논리적으로 생각해보자.

세상에 데스노트가 많고 데스노트에 이름을 적으면 어떤 일이 벌어지는지 모두가 알고 있다면 이는 '과실'에 해당된다. 문구점에서 산 것도 아니고 길거리에 떨어진 노트를 주웠고, 아무것도 적혀 있지 않는 노트라면 혹시 데스노트가 아닌지 주의를 기울였어야 한다. 데스노트가 세상에 많이 돌아다니면 법은 데스노트를 살인무기로

데스노트는 저세상의 사신이 노트를 지구상에 떨어뜨린 것이다. 처음에는 한 권이었으나 이내 두 권이 된다.

취급하게 된다(만일 이런 일이 있다면 데스노트는 최종병기가 될 것이다. 당장 각국 지도자들의 이름만 적어도 전 세계가 얼마나 혼란에 빠질 것인가. 아마 데스노트가 인정된다면 국가전략무기로 분류되어 '데스노트 확산 방지조약' 같은 걸 맺고 전 지구적으로 관리에 들어갈 것이다). 노트를 소지하고 있는 것만으로도 처벌을 받게 된다. 법에 의한 처벌은 꼭 형법에 의해서만 이루어지는 것은 아니다. 형법은 아니지만 형법처럼 '~한 자는 ~에 처한다'는 식으로 죄와 벌을 정의한 법률은 무척 많다. 예를 들어 도로의 안전한 운행을 위해 만들어진 도로교통법의 조문 가운데는 '이런이런 행동을 하면 이런이런 처벌을 한다'는 조항도 포함돼 있다. 마찬가지로 식품의 안전한 생산 등을 위해 제정된 식품위생법에도 식품으로 타인에게 피해를 끼쳤을 경우 이런이런 처벌을 한다는 조항이 있다. 이런 조항들도 넓게 보면 형법의 한 종류에 속한다. 이를 광의의 형법이라고 하는데 조금 난해한 개념이니 일단 '대한민국 형법'이라는 법 이외에 다른 이름의 법에도 형법과 같은 성격의 조항들이 있다는 것만 알아두자.

'총포도검화약류 등 단속법'도 광의의 형법에 속한다. 다른 사람의 생명을 위협하거나 신체에 해를 끼칠 수 있는 도구는 위험하므로 취급을 제한하고, 어길 시에는 처벌한다. 데스노트가 세상에 많고 사람들이 그 존재를 안다면 총포도검화약류 등 단속법에 의해 규제 대상이 될 것이고, 데스노트를 갖고 있는 것만으로도 불법무기소지죄가 적용될 것이다. 거리에서 노트를 주웠다면 당연히 경찰서에 신고해야 한다. 아무 생각 없이 노트에 이름을 쓰면 불법무기소지죄와 과실치사로 처벌을 받게 된다.

"죽이겠다"와 "죽으면 어때"는 같은 말일까?
– 고의와 미필적 고의

거리에서 노트를 주웠는데 '설마 이게 데스노트겠어'라며 신고하지 않고 집으로 가져갔다. 그러나 자꾸 노트에 신경이 쓰인다. '혹시 데스노트 아냐?'라는 의심도 든다. 시험 삼아 어떤 사람의 이름을 써보기로 했다. 데스노트라면 그 사람은 죽는다. 하지만 그럴 가능성은 크지 않다. 데스노트가 아무 데나 굴러다닐 정도로 흔한 물건은 아니기 때문이다. 이름을 쓰면서 이렇게 생각한다. '데스노트면 어때?'

그런데 정말 데스노트였다. 그리고 그 사람이 정말로 죽었다. 이런 일은 고의일까 과실일까?

고의에도 여러 종류가 있는데 '절대로 죽여버리겠다'라고 생각하는 것이 확정적 고의, '죽어도 괜찮아'라고 생각하는 것이 미필적 고의다. 미필이라는 말은 '반드시 그렇지는 않다'는 뜻이다. 이를테면 어떤 사람을 다치게 하려고 돌을 들어 그 사람을 겨냥해 던졌다면 고의다. 그런데 겨냥을 하고 돌을 던진 것은 아니지만, '맞으면 어때'라고 생각하면서 던졌다면 미필적 고의다.

범죄를 저지를 의사가 없는 경우는, 아무리 범죄결과가 발생해도 벌하지 않는다(과실로 인해 범죄결과가 발생해도 처벌하는 경우는 형법이 따로 '이런이런 경우에는 과실도 처벌한다'라고 명시하고 있다. 대표적인 것이 과실치사 즉, 과실로 사람을 죽였을 경우다). 이것을 형법에서는 고의처벌의 원칙이라고 한다. 하지만 법은 확정적 고의인지, 미필적 고의인지는 구별하지 않는다. 형법상으로는 둘 다 고의이고 처벌에도 변함이 없다.

데스노트인 줄 모르고 이름을 쓴 것은 아무 죄도 없다. 데스노트일지도 모르는데 주의를 기울이지 않은 것은 과실이다. 데스노트일지도 모르는데 '데스노트면 어때'라고 남의 이름을 쓴 것은 미필적 고의지만, 고의성이 있으므로 살인죄에 해당한다. 형법에서는 "죽으면 어때"와 "죽이겠다"를 똑같이 무거운 범죄로 생각한다.

사람들은 대개 미필적 고의는 확정적 고의에 비해 죄가 가벼울 것이라고 생각한다. 그래서 별 책임감 없이 행동할 때가 많다. 학창시절 친구가 책상 사이 통로를 지나갈 때 발을 걸어 넘어뜨리는 장난을 치는 것 같은 일이다. '알아서 피해가겠지'라고 생각하지만, 마음속에는 '걸려서 넘어지면 좀 어때?'라는 생각이 분명 있다. 가벼워 보이지만 절대로 가볍지 않은 행동이다. 물론 친구가 피해갈 수는 있다. 하지만 미처 보지 못해 넘어졌다면 미필적 고의에 의한 일이고, 고의로 행한 일과 동일한 처벌을 받아야 한다(미필적 고의든 고의든 처벌을 받는 건 확실하다. 그러니 기왕 할 거면 화끈하게 저질러라, 라고 말하는 건 아니다).

'다쳐도 좋아'라고 생각하며 축구공을 사람 쪽으로 강하게 찬다거나, 야구공을 던진다거나, 고층에서 물건을 떨어뜨리는 일 모두 미필적 고의다. 상대를 다치게 했다면 무거운 처벌을 받아야 한다.

그럴 확률이 낮으니까 괜찮다고? 다친 사람이 없다고 해도 고의성이 있었다면 모두 유죄다. 다만 미수에 그친 것뿐이다. 미수도 범죄로 처벌한다. 다만 기수에 비해 조금 가벼운 처벌을 받을 뿐이지 미수도 범죄인 것은 틀림없는 사실이다.

40인의 도적은
죽어 마땅할까?

〈알리바바와 40인의 도적〉 속 형법

한가롭던 알리바바의 집으로 갑자기 경찰들이 들이닥친다.

"당신을 살인교사 혐의로 긴급체포한다!"

"예? 제가 뭘……."

"도적 30여 명을 연쇄살인했잖아!"

"그건 제가 한 게 아니고 하인 마르자나가 독단적으로……."

"이미 마르자나가 다 불었어!"

허탈한 표정으로 끌려 나가던 알리바바는 억울한 듯 부르짖는다.

"그놈들은 전부 죽어 마땅한 악당들이야!"

"악당은 인간 아냐?"

경찰의 반박에 잠시 말문이 막힌 알리바바는 다른 논리를 내놓는다.

"난 정당방위였다니까요. 아니, 내가 아니라 마르자나가 정당방위 차원에서 도적놈들을 죽인 거라니까요! 당장 변호사 불러줘요! 난 아무 잘못 없어! 못 가! 안 가! 억울해!"

 알리바바는 억울한 듯 바닥에 드러누워 떼굴떼굴 구른다. 알리바바의 예상치 못한 행동에 경찰들은 난감해진다.

절대로 동화 같지 않은 잔혹한 이야기
– 〈알리바바와 40인의 도적〉

〈아라비안 나이트〉는 주요 이야기 180편과 짧은 이야기 108여 편의 방대한 양으로 이루어져 있다. 원조는 6세기경 페르시아에서 모은 〈천의 이야기〉가 8세기 말 아랍어로 번역된 것이라고 한다. 여기에 바그다드를 거쳐 이집트 카이로를 중심으로 계속 이야기가 추가되면서 15세기경에 완성되었다. 작자는 한 사람도 알려져 있지 않다.

 한 가지 재미있는 점은 흔히 〈아라비안 나이트〉를 듣고 연상하는 〈알라딘과 마법의 램프〉, 〈알리바바와 40인의 도적〉은 원래 〈아라비안 나이트〉에 없던 작품이라는 것이다. 이 이야기들은 1703년, 프랑스의 갈랑(Antoine Galland)이 번역하면서 임의로 집어넣은 것들이다. 〈알리바바와 40인의 도적〉은 대부분 어렸을 때 그림책으로 처음 접한 경우가 많기에 당연히 동화라고 생각하겠지만 사실 끔찍한 이야기다. 도적들이 보물을 숨겨놓는 동굴의 문을 열 때 "열려라 참

〈알리바바와 40인의 도적〉은 대부분 어렸을 때 그림책으로 처음 접한 경우가 많기에 당연히 동화라고 생각하겠지만 사실 끔직한 이야기다.

깨"라는 주문을 쓴다는 것 외에는 동화적인 요소가 전혀 없다. 동화가 아니라고 생각하고 스토리를 꼼꼼히 살펴보면 무척 잔혹한 이야기다(신데렐라의 계모는 나중에 빨갛게 달궈진 쇠구두를 신고 춤을 춰야 했다. 백설공주를 죽이려던 여왕은 계모가 아니라 친엄마였다고 한다. 어린이들에게 권하는 거의 모든 동화의 원본은 거의 다 이런 무시무시한 내용으로 채워져 있다). 잠시 내용을 살펴보자.

알리바바는 가난한 나무꾼이었다. 우연히 도둑들이 보물을 숨겨 놓은 곳을 알게 되어 금은보화를 가져와 부자가 된다. 반면 부자 여인과 결혼을 해 거상이 된 형 카심은 동생 알리바바처럼 보물을 가져오기 위해 동굴로 들어갔으나 주문을 잊어버려 결국 도둑들에게 죽는다(부자 부인을 만난 데서 만족했어야 했다. 역시 과유불급이다). 그 후 도적들은 보물과 카심의 시체를 가져간 사람이 알리바바라는 것을 알고 그를 죽이기 위해 갖은 노력을 기울인다(어떻게 보면 도둑들에게 더 정당성이 있지 않은가?). 하지만 카심의 여종이었던 어질고 착한 마르자나의 지혜로 알리바바는 도적들을 퇴치하고, 마르자나는 자유의 몸이 되어 카심의 아들과 결혼한다.

이 이야기에서는 총 41명이 죽는다. 알리바바의 형 카심은 도적들에게 죽고, 도적 중 두 명은 알리바바의 집을 찾는 과정에서 멍청한 짓을 하다 두목의 노여움을 사 목숨을 잃는다. 37명의 부하들은 마르자나의 꾀를 이기지 못하고 죽는다. 도적 두목이 알리바바를 죽이기 위해 기름장수로 변신해 19마리의 당나귀와 38개의 가죽 항아리를 구해온다. 그중 하나에만 진짜 기름이 들어 있고 나머지에는 37

명의 부하들이 숨어 있다. 도적이 든 것을 눈치챈 마르자나는 기름을 펄펄 끓여서 37개의 가죽 항아리에 붓는다(이건 명백한 학살이다!). 상황을 눈치채고 도망친 두목은 3년 뒤 마음씨 좋은 옷감 장수로 위장해 상점을 하던 카심 아들의 환심을 산다. 계획대로 알리바바의 집에 초대된 두목을 아무도 알아보지 못하지만, 마르자나는 그의 존재를 눈치챘다. 그녀는 칼춤을 보여주겠다며 칼을 들고 춤을 추다 방심한 두목의 가슴을 찔러 죽인다(이쯤 되면 천일야화가 〈삼국지〉 분위기로 흐른다). 이로써 마르자나는 38명을 죽인 것이다.

아무리 도적이라지만 너무한 일 아닐까? 38명의 목숨을 빼앗은 마르자나가 동화 속 이야기처럼 행복하게 살아도 되는 것일까? 법이 수호하려는 정의에 어긋난 일은 아닐까?

나쁜 사람은 해쳐도 괜찮을까?
– 위법성조각사유

〈알리바바와 40인의 도적〉에 등장하는 도적들은 무척 머리가 나빠 보인다. 복수를 위해 알리바바의 집을 알아낸 후 평소처럼 말을 타고 들이닥치면 될 것을 굳이 가죽 항아리에 숨어서 온다. 마르자나가 기름을 가지러 왔을 때도 두목인지 확인도 안 해보고 "두목, 이제 나가도 됩니까?"라고 묻는다. 마르자나가 두목의 목소리를 흉내내 "아직 아니다"라고 하자 그 말을 믿는다. 어떻게 남자 목소리와 여자 목소리 분간을 못할까(만약 마르자나가 21세기에 태어났다면 성우로 이름을 날렸을 것이다)? 게다가 37명은 펄펄 끓는 기름으로 엄청난 고통을 당하고 죽으면서도 찍소리 한 번 내지 않는다. 왜? 두목이 조용히 있으라고 했으니까. 정말 그런 이유라면 이들은 충성심이 굉장했다거나 아니면 엄청난 바보일 것이다.

　이처럼 포악한 데다 멍청하기까지 한 인간들은 당해도 싼 것일까? 그렇지 않다. 법이 지키려는 것은 정의다. 법원 앞에는 정의의 여신상이 서 있다. 정의의 여신상이 든 저울은 옳고 그름, 선과 악, 의와 불의를 평가하는 형평성을 상징한다. 칼은 행위의 결과에 대한 상벌을 의미하는 것으로 강제성을 뜻한다. 감거나 띠를 두른 눈은 편견이나 사적인 감정에 개입되지 않고 어느 쪽에도 기울지 않는 공정성을 상징한다.

　'법은 만인 앞에 평등하다'는 말은 법의 공평성을 나타낸다. 인간에게 가장 중요한 것은 존엄성과 권리이고, 법은 이것들을 공평하게 지켜주려 한다. 법이 만인 앞에 평등하려면 존엄성과 권리는 인격과 무관하게 지켜져야 한다. 훌륭한 사람, 선한 사람, 똑똑한 사람이라고 해서 존엄성과 권리를 보호받고 하찮은 사람, 나쁜 사람, 멍청한 사람이라고 해서 이러한 가치를 가볍게 취급해서는 안 된다. 누구나 죄를 지은 만큼 처벌받고 남에게 손해를 입힌 만큼 갚아야 한다. 40인의 도적도 존엄성과 인권을 보장받을 권리가 있다. 그렇다면 마르자나는 어떤 처벌을 받아야 할까?

　어떤 행동이 범죄가 되려면 첫째, 사람의 행위여야 한다. 동물이나 로봇의 행위는 범죄가 되지 않는다. 둘째, 구성요건에 해당돼야 한다.

고의로 한 행위여야 하고 행위와 결과 사이에 인과관계가 있어야 한다. 셋째, 위법성이 있어야 한다. 행위만 놓고 보면 범죄로 보이지만 그렇지 않은 경우가 있다. 행위 자체는 범죄이고 고의로 한 일이고 인과관계도 있지만, 위법성이 없기 때문에 처벌하지 않는 것을 법률 용어로 '위법성조각사유'라고 한다. 조각(阻却)은 일본식 어휘로 '버림, 없앰'의 뜻이다. 위법성조각사유는 위법성을 없애버리는 사유라는 뜻이다. 이런 식의 일본식 한자를 쓰니 법이 어렵다고 하는 것이다. 빨리 바꿔야 할 것 중 하나다. 하지만 위법성조각사유라는 말을 쉽게 외울 수 있는 방법이 있다. 위법성을 조각조각 내서 없애버리는 사유(사정이나 이유)라고 생각하면 외우기 쉽다.

사람을 창문 밖으로 던져도 처벌받지 않는 이유
― 정당방위와 긴급피난

형법에서는 위법성을 면하게 해주는 사유 즉, 위법성조각사유로 여섯 가지를 든다. ① 정당행위, ② 정당방위, ③ 긴급피난, ④ 자구행위, ⑤ 피해자의 승낙, ⑥ 진실을 발표할 권리이다.

사람을 창문 밖으로 던져 다치게 한 것은 누가 봐도 명백한 상해죄로 무거운 형벌을 받아야 한다. 하지만 이런 경우도 위법이 아닐 수 있다. 소방관이 불이 난 집에 들어갔는데 사람이 연기에 질식해 쓰러져 있다. 그 사람을 구할 방법이 창밖으로 던지는 일밖에 없다면 범죄가 되지 않는다. 법을 어기려고 한 일이 아니라 사람을 지키려고 한 일이기 때문이다. 그래서 ①번의 정당행위로 판단한다. 정당행위는 직업과 관련이 깊다. 교도관이 사형을 집행하는 것은 살인죄가 아니라 정당행위다. 격투기 선수가 링 위에서 상대를 때려눕히는 일도 정당행위로 폭행죄가 되지 않는다.

만약 집에 칼을 든 강도가 들어와 공격을 해서 내 몸을 지키기 위해 상대를 창문 밖으로 던졌다. 이 경우는 ②번의 정당방위로 범죄가 되지 않는다. 정당방위는 상대방이 나를 부당하게 해치려 할 때 자신을 지키기 위해 한 일은 처벌하지 않는다는 뜻이다. 정당방위는 다른 사람을 방어하는 일에도 적용된다. 이를테면 거리에서 A라는 사람이 B라는 사람을 때리고 있을 때, B를 구해주기 위해 A를 제압하는 일도 정당방위에 속한다.

그러나 옆집에 불이 났다고 해서, 안으로 들어가 쓰러진 사람을 밖으로 던진다면, 자신이 소방관이 아닌 이상 정당행위가 성립하지 않는다. 이런 경우는 ③번의 긴급피난이라고 한다. 다른 사람을 구하기 위해 어쩔 수 없이 행한 일은 범죄가 아니고 처벌의 대상이 되지 않는다. 오히려 의롭다고 표창을 받을 일이다.

④번의 자구행위는 스스로를 구하는 것을 말한다. 정당방위와 비슷하지만 주로 물건과 관련해 생기는 일이다. 물건을 도둑맞았는데 다음 날, 도둑이 거리에서 내 물건을 갖고 있는 것을 보았다. 내 이름까지 적힌 것을 보면 어제 도둑맞은 물건이 틀림없다. 경찰에 신고 먼저 해야겠지만 그럴 시간에 도둑이 어디론가 사라질지도 모른다. 이럴 때 그 물건을 강제로 빼앗는 것이 자구행위다. 다만 조심할

것은 정말 내 물건이 맞는지 확실해야 한다. 내 이름이 적혀 있다고는 하지만 우연히 그 사람도 자신과 같은 이름일지도 모르기 때문이다. 또한 그 순간을 놓치면 물건을 찾을 가능성이 희박해지는 급박한 상황이어야만 한다. 그 사람이 누구인지, 어디 살고 있는지 안다면 경찰에 신고해서 법으로 처리해야 한다.

피해자의 승낙이 있으면 범죄가 되지 않는 일도 있다. 친구가 "꿈인지 아닌지 확인하고 싶으니까 뺨 한 대만 때려줘"라고 했을 때 뺨을 때리는 것은 범죄가 아니다. 이것이 ⑤번 피해자의 승낙이라는 위법성조각사유다. 단, 친구는 뺨을 때려달라고 했는데 온 힘을 다해 주먹으로 때리면 폭행이 된다. 친구가 승낙한 것은 가볍게 뺨을 때리는 것이지 주먹으로 얼굴을 치는 일이 아니기 때문이다. 친구가 "나는 나쁜 놈이야, 맞아야 해"라며 때려달라고 했을 때도 정도껏 해야 한다.

마지막으로 ⑥번 진실을 발표할 권리를 살펴보자. 흔히 '국민의 알 권리'라는 말로 대표되는 언론보도의 자유는 한편으로 개인의 프라이버시를 심각하게 침해한다. 예를 들어 정치가가 뇌물을 수수했거나 부정을 저질렀을 때 그는 비리가 만천하에 공표되는 것을 꺼린다. 하지만 그렇다고 해서 정치가 개인의 권리를 보호하기 위해 국민이 '이 사람은 이런 부정을 저지른 사람이다(그러므로 다음 선거 때 참고하자)'라는 정보를 얻을 권리가 침해받아서는 안 된다.

따라서 만약 발표된 내용이 진실이라면 이는 정당한 행위로 형법의 적용을 받지 않는다. 여기서 진실이라는 전제가 문제가 되는 것은, 사실무근의 유언비어나 날조된 사실을 유포해서 개인의 권리를 침해하는 것까지 보호할 필요는 없기 때문이다. 어디까지나 진실이 발표되는 것만 보호하면 된다.

마르자나의 행위는 허용될 수 있을까?
– 정당방위와 과잉방위

알리바바 이야기의 마르자나는 위법성조각사유를 갖고 있을까? 당연히 했어야 할 정당행위는 아니고 상대의 승낙을 받은 것도 아니다. 진실을 발표할 권리와도 전혀 관계가 없다. 마르자나가 기댈 수 있는 것은 자신과 알리바바를 지키기 위한 일이었다는 정당방위뿐이다. 정당방위는 자신의 생명과 안정을 위해 주어지는 소중한 권리지만 권리를 행사하는 데는 엄격한 제한이 따른다. 권리를 남용하면 안 되기 때문이다.

 누군가 갑자기 길에서 이유도 없이 달려든다면 안전을 위해 반격해야 한다. 그런데 상대가 내 주먹에 맞고 휘청이다 바닥에 쓰러졌다. 이제 더 이상 나를 위협하는 상황이 아니다. 그러므로 반격은 그만 멈춰야 한다. 그런데 이 상황에서 계속 공격을 가해 상대를 다치게 한다면 상해죄가 성립한다. 더 이상 정당방위로 볼 수 없는 것이다. 이렇게 도를 넘어선 방위를 과잉방위라고 하는데, 이는 정당하지 못한 행동이므로 폭행이나 상해죄가 적용된다. 자신을 방어하기 위해 강도를 창문 밖으로 내던지는 일은 정당방위지만, 만약 강도가 침입한 것이 10층 아파트라면 정당방위가 아닐 수도 있다. 상대를 들었으면 바닥에 메치면 될 일인데 창문 밖으로 던지기까지 하면 목숨을 잃기 때문이다. 과잉방위는 처벌을 받을 가능성도 있다. 다만 "야간 기타 불안스러운 상태하에서 공포, 경악, 흥분 또는 당황으로 인한 때에는 벌하지 아니한다"는 조문도 있다. 어두워서 잘 보이지 않거나, 상대가 칼을 들고 있어 극한 공포 상황이었을 때는 과잉방위를 벌하지 않는다는 말이다. 이성적인 판단을 하기 힘들다고 보기 때문이다.

마르자나의 행동은 정당방위일까 과잉방위일까? 조금 미묘하기는 하다. 37명의 도둑이 가죽 항아리에 숨어 있다는 것은 위협을 느끼기에 충분하다. 하지만 지금 눈앞에서 칼을 들고 공격해오는 상황은 아니다. 도적들에게 공격을 가하는 것 외에도 자신과 알리바바의 안전을 지킬 수 있는 방법은 많지 않았을까? 가장 손쉬운 것은 알리바바와 함께 몰래 집을 빠져나가 경찰에 신고하는 일이다. 그러나 마르자나는 이들을 모두 제거해버린다. 마르자나의 입장에서는 법정에서 이렇게 주장할 수도 있겠다.

"37명이나 되는 도적이 집에 숨어 있는 것을 보고 제정신이 아니었어요. 너무 당황하고 흥분해서 나도 모르게 저지른 일이에요."

허나 그런 사람의 행동치고는 너무나 침착하게 일을 처리했다. 기름을 끓이는 것은 무척 조심스럽게 해야 할 일이다. 37번이나 끓는 기름을 들고 왔다 갔다 하며 조용히 가죽 항아리에 기름을 부은 것은 아무리 봐도 당황한 사람의 그것으로는 보이지 않는다. 아무리 생각해도 과잉방위다(도적 떼를 프렌치프라이로 만들다니……). 37명의 도적은 나쁜 일을 일삼는 악당이지만 모든 생명은 소중하다. 때문에 마르자나의 행동은 정당방위에서 출발한 일이라 사형이나 무기징역 같은 극형은 피할 수 있겠지만, 징역 10년 정도의 형은 피할 수 없을 것이다.

훔친 물건을 사는 것은 죄가 될까?
- 절도와 장물취급죄

마르자나는 현명하고 침착한 여인이다. 그런 여인이 엄중한 처벌을 받게 된 사건의 출발점은 알리바바가 도적의 동굴에서 보물을 가져온 일 때문이다. 도둑이 훔친 물건은 장물이라고 한다. 그런데 알리바바는 그걸 또 가져온 것이다. 요즘은 인터넷에서 개인이 물건을 파는 일이 많다. 그중에서도 고가의 물건을 지나치게 싸게 팔 때는 장물이 아닐지 의심해봐야 한다. 장물이 어떻게 처리되는지 알아보자.

사건 A

벼룩시장에서 어떤 사람이 리모컨으로 움직이는 장난감 헬리콥터를 팔고 있다. 새 것이라면 10만 원 이상은 지불해야 하기에 망설였던 물건인데 벼룩시장에서 만 원에 팔고 있다. 바닥에 '김철수'라는 이름이 적혀 있지만 그 외에는 흠집 하나 없는 좋은 물건이었다. '벼룩시장에서 횡재하네'라고 생각하며 주저 없이 호주머니를 털어 사버렸다.

마르자나는 현명하고 침착한 여인이다. 그런 여인이 엄중한 처벌을 받게 된 사건의 출발점은 알리바바가 도적의 동굴에서 보물을 가져온 일 때문이다.

입이 찢어지도록 웃으며 집으로 돌아오는데 누가 "그거 내 거야"라며 달라고 한다. "왜 네 거냐?"라고 물으니 자신이 도난당한 물건이라고 한다. 거리에서 실랑이를 벌이기 싫어 함께 파출소에 갔다. 그런데 물건의 주인이라고 말한 사람의 이름이 진짜 김철수였고 이미 파출소에 도난 신고도 되어 있었다.

사건 B

벼룩시장에서 어떤 사람이 커피메이커를 팔고 있다. 10만 원짜리를 만 원에 팔기에 왜 그렇게 싸게 파냐고 물었다. 판매자는 귓속말로 "훔친 물건이라 싸게 파는 거예요. 빨리 사가세요"라고 했다(그 뒤의 이야기는 사건 A와 같다).

이런 경우 사건은 어떻게 처리될까? 먼저 사건 A는 장물인지 모르고 물건을 산 경우다. 이런 것을 법률에서는 '선의'라고 한다. 보통 선의는 착한 마음을 말하지만, 법률용어에서 선의는 어떤 사실을 모르고 있었다는 뜻으로 사용된다. 장물인지 모르고 산 것이므로 물건을 산 사람은 어떠한 처벌도 받지 않는다. 다만 원래 주인이 돌려달라고 하면 돌려줘야 한다. 하지만 그냥 돌려주면 억울하므로 자신이 물건을 살 때 지불한 돈은 주인에게서 돌려받을 수 있다. 이 경우는 만 원을 받고 주인에게 돌려주어야 한다. 그럼 결과적으로 주인은 만 원을 손해본 것이 된다. 하지만 만 원을 돌려받을 길이 아주 없는 것은 아니다. 처음 물건을 훔친 도둑이 체포되면 절도죄로 벌을 받을뿐더러, 만 원도 돌려받을 수 있다. 사건 B는 장물인 줄 알고 산 경우다. 훔친 물건이라는 것을 알고도 물건을 사거나, 공짜로 받으면 장물취득죄에 해당한다.

형법 제362조 (장물의 취득, 알선 등)
① 장물을 취득, 양도, 운반 또는 보관한 자는 7년 이하의 징역 또는 1천500만원 이하의 벌금에 처한다.
② 전 항의 행위를 알선한 자도 전 항의 형과 같다.

장물을 사거나, 주고받거나, 훔친 물건인 줄 알면서도 운반해주거나 보관한 사람 모두 7년 이하의 징역에 처한다. 그럼 물건을 훔친 사람은 어떤 처벌을 받을까?

형법 제329조 (절도)

타인의 재물을 절취한 자는 6년 이하의 징역 또는 1천만 원 이하의 벌금에 처한다.

물건을 훔친 사람은 6년 이하의 징역인데, 훔친 물건을 사거나 보관한 사람은 7년 이하의 징역으로 더 무거운 처벌을 받는다. '훔친 사람이 더 나쁜 것 아닌가?'라는 의문이 들 수도 있다. 왜 훔친 사람보다 훔친 물건을 산 사람이 더 큰 벌을 받는지 알아보자.

소설 〈레 미제라블〉 속 장발장은 배고파 하는 아이들을 위해 빵을 훔쳤다. 훔친 물건을 스스로 사용하려고 한 것이다. 하지만 상습적으로 도둑질을 하는 사람 중에 자기가 쓰려고 물건을 훔치는 이는 거의 없다. 집에서 먹을 쌀이나 반찬이 떨어져서 훔치는 생계형 도둑보다, 훔친 물건을 팔아 돈을 마련하려는 도둑이 세상에는 더 많다. 장물을 사는 사람이 없으면 도둑질하는 의미가 없다. 그래서 장물을 사고파는 일을 못하게 만들어 도둑을 없애기 위해 엄중한 처벌을 하는 것이다.

도둑의 물건을 훔친 알리바바는 무슨 죄일까?
– 소유와 점유의 불일치

알리바바는 도둑들이 훔친 물건을 가져다 부자가 되었다. 이렇게 훔친 물건을 가져온 것은 무슨 죄가 될까? 알리바바는 동굴 속에 있는 보물이 장물이라는 것을 알았다. 하지만 장물을 산 것도, 주고받은 것도, 운반이나 보관을 해준 것도 아니다. 따라서 '장물의 취득, 알선'에는 해당하지 않는다. 하지만 주인의 허락을 받고 가져오지 않았으므로 절도죄가 된다. 물론 도적들 역시 보물의 주인은 아니다. 따라서 그들에게 물건에 대한 권리는 없다. 그렇다고 훔친 물건을 가져오는 것이 무죄는 아니다.

물건은 '소유'하거나 '점유'할 수 있다. 소유는 그 물건 주인의 권리이고, 점유는 그 물건을 갖고 있다는 말이다. 물건의 주인이 그 물건을 갖고 있는 것은 소유와 점유가 일치한 상태다. 하지만 소유와 점유가 일치하지 않는 상황은 종종 발생한다. 친구가 내게 물건을 빌려주었거나 잠시 맡겼을 때, 물건의 소유자는 친구지만 점유는 내가 하는 상태다. 이런 경우 누군가 그 물건을 빼앗으려 하면 순순히 주겠는가? 그 사람이 "어차피 네 물건도 아니잖아"라며 멋대로 가져가려고 하면 "그러네요. 가져가세요"라며 줘야 할까?

도둑이 훔친 물건을 갖고 있는 것은 소유와 점유가 일치하지 않는 상황이다. 즉, 주인 없는 물건은 아닌 것이다. 여전히 원래 주인이 소유한 물건을 도둑이 부당하게 점유하고 있을 뿐이다. 때문에 주인이 있는 물건을 마음대로 가져왔으므로 알리바바는 절도죄에 해당한다. 알리바바는 동굴에서 보물을 발견하고 곧바로 경찰에 신고했어야 한다. 그러면 도둑을 잡아 포상금을 받을 수 있었을 것이다. 그러나 포상금만으로는 부자가 되기 힘들다. 유독 동화에는 한 방에 부자가 되어 영원히 잘사는 내용이 많다. 흥부는 제비 다리를 고쳐준 일로, 혹부리 영감은 도깨비 방망이로, 농부는 밭에서 캐낸 요술 항아리로 부자가 된다. 그러나 실제로 이렇게 별다른 노력 없이 부자가 되는 일은 좀처럼 벌어지지 않는다. 가히 로또 1등에 당첨될 확률과 비슷할 것이다. 부자로 살고 싶으면 노력을 해야 한다. 현실의 알리바바는 감옥행이다.

왕따는 얼마나
심각한 범죄일까?

〈LIFE〉속 형법

왕따 문제를 다룬 일본 드라마 〈LIFE〉의 한 장면이다.

어느 사립 고등학교 1학년 2반, 수업 시간 도중 갑자기 들이닥친 경찰들이 주인공 시이바 아유무를 제외한 모든 학생들의 체포영장을 들고 나타난다.

"이와모토 미도리 외 23명을 시이바 아유무에 대한 왕따 혐의로 긴급 체포한다!"

"왕따가 어떻게 범죄가 돼요?"

"범죄 구성요건이 된다!"

"네?"

경찰들은 미도리와 그 일파에게 수갑을 채우기 시작하는데 교실 한쪽에서 불만이 쏟아져 나온다.

"왕따법이란 게 어디 있어요! 정확한 법 조항을 말씀하셔야죠!"

"그걸 다 설명해? 모욕죄, 명예훼손죄, 공갈죄, 폭행치상, 협박, 감금…… 계속 말해?"

"그…… 그래도 우린 미성년자잖아요! 미성년자는 법적인 책임이 없어요!"

"하여튼 미국 드라마가 애들 다 버려놨다니까. 스무살 넘기 전에는 〈보스턴 리갈(Boston Legal)〉이나 〈굿 와이프(The Good Wife)〉 같은 거 보게 하면 안 된다니까……."

다른 경찰관도 맞장구친다.

"암요. 〈CSI〉도 보게 해선 안 된다니까요. 조그만 것들이 어디서 주워들은 것만 있어서……. 야! 너희 같은 애들 때문에 소년법이란 게 만들어진 거야. 소년법은 괜히 있는 줄 아냐? 어서 나와!"

엮어진 굴비처럼 줄줄이 끌려가는 1학년 2반 학생들. 과연 이들은 어떤 범죄를 저지른 것일까?

개인, 사회, 국가로 나눠지는 범죄의 대상
– 형법상 범죄의 종류

학창시절 나쁜 장난을 하다 선생님에게 들켰을 때 가장 많이 하는 변명은 무엇일까? 아마도 이런 말 아닐까?

"억울해요. 왜 저한테만 그러세요. 철수, 민수도 같이 했어요."

이렇게 친구를 끌어들이면 어쩐지 죄가 가벼워질 것 같은 느낌이다. 남들도 다 하니까 죄가 아닌 것 같다. 여럿이 함께 일을 벌였기 때문에 사람 수만큼 그 책임도 나눠질 것 같다.

학생이 별다른 의식 없이 행하는 가장 무서운 일이 집단 따돌림 즉, 왕따다. 왕따는 이미 사회문제가 된 지 오래지만 좀처럼 없어지지 않고 있다. '왕따는 범죄입니다'라는 말도 자주 들리지만 그것이 어떤 범죄에 해당되는지 제대로 아는 사람은 없다. 게다가 우리 사회는 학생이 저지른 일에 대해서는 대단히 관대하다. 자라나는 과정에서 있을 수 있는 실수라고 생각해 문제를 덮어두는 경우가 많다. 그래서 왕따를 괴롭힌 아이들은 주의를 받는 정도에 그친다.

하지만 현행 형법을 이에 엄격하게 적용하면 어떨까? 왕따는 과연 어떤 죄에 해당되고 어떤 형벌을 받게 되는 것일까? 자신이 누군가를 왕따시키는 일에 가담한 적이 있다면 등골이 오싹해질 것을 각오하라.

먼저 왕따가 어떤 범죄에 해당하는지 살펴보기 전에 형법상의 범죄에 어떤 것들이 있는지 알아보자. 형법상의 범죄는 각각 개인, 사회, 국가에게 행해지는 것으로 나눌 수 있다. 분류에 따른 범죄의 종류도 무척 많은데 그중 중요한 것만 살펴보자.

개인에게 행해지는 범죄는 살인죄, 상해죄와 폭행죄, 과실치사상죄, 체포·감금죄, 강간죄와 추행죄, 명예훼손죄, 업무방해죄, 비밀침해죄, 주거침입죄, 강도죄, 절도죄, 사기죄, 공갈죄, 손괴죄, 모욕죄 등이다. 사회에게 행해지는 범죄는 공연음란죄, 도박죄 등이, 국가에게 행해지는 범죄는 내란죄, 뇌물죄, 공무집행방해죄 등이다.(재미있는 사실은 간통죄도 개인에게 행해지는 범죄가 아니라 사회에게 행해지는 범죄로 분류되었었다는 사실이다. 간통을 결혼이란 제도 자체에 대한 도전으로 보았기 때문이다. 하지만 간통죄는 개인의 성적 자기 결정권을 국가가 침해한다는 반대 여론에 의해 2015년 헌법재판소의 위헌 판결 후, 완전히 폐지되었다.)

왕따는 범죄 종합 선물 세트
– 협박죄의 성립 요건

왕따는 개인에게 행해지는 범죄다. 구체적으로 어떤 행동이 범죄가 되는지 살펴보자. 먼저 누군가를 왕따시킬 때 가장 많이 하는 행동은 무엇일까? 상대에게 모욕적인 말을 하고, 제3자에게 험담을 하고, 상대를 위협하고, 노트에 낙서를 해 못 쓰게 만드는 등의 일이다. 벌써 이것만도 어마어마한 범죄다. 하지만 이에 그치지 않는 경우도 있다. 로커나 창고에 가둬 밀치거나 때리고, 돈이나 물건을 빼앗는다.

자, 그럼 이런 일 하나하나가 구체적으로 어떤 범죄에 해당되는지 알아보자. 누군가를 괴롭힐 때 제일 먼저 하는 일은 폭언이다.

"너 바보냐? 바보처럼 굴지 마."

이런 말을 하는 것을 형법에서 모욕죄라고 한다. 1년 이하의 징역이나 금고 또는 200만 원 이하의 벌금에 처해질 수 있다(형법 제311조).

학교에서 자꾸 맞고 다니다 주인공 고교생이 싸움의 고수가 되기로 결심하는 영화 〈싸움의 기술〉.

"너 아니? 그 애 지난번 시험에서 꼴찌 했대."
"몰랐어? 걔 원래 바보잖아."

꼴찌를 한 것을 자랑스럽게 생각하는 사람은 없다. 대개 숨기고 싶을 것이다. 남의 치부를 떠들고 다니는 것은 명예훼손이다. 2년 이하의 징역이나 금고 또는 500만 원 이하의 벌금에 처해진다(형법 제307조 1항). 꼴찌를 한 것이 사실이 아니었을 경우는 '허위 사실 적시에 의한 명예훼손'으로 죄가 더 무거워져, 5년 이하의 징역 또는 천만 원 이하의 벌금에 처해진다(형법 제307조 2항). 그러니 이런 근거 없는 험담은 절대로 하지 말아야 한다.

"죽고 싶어?"
"내 말 안 들으면 큰일날 줄 알아."

이런 말을 하는 것은 협박죄다. 사람을 협박한 자는 3년 이하의 징역, 500만 원 이하의 벌금, 구류 또는 과료에 처한다(형법 제283조). 협박을 하다가 들키면 대개 이런 변명을 한다.

"진심으로 한 말이 아니에요. 화가 나서 그냥 해본 소리예요."

여기서 말하는 사람이 진심인지 아닌지는 전혀 중요하지 않다. 이 말을 들은 사람이 무서움을 느꼈다면 협박죄가 성립된다. 그런데 '무섭다'라는 감정은 상대적인 것이다. 때문에 남들의 눈에 아무리 별일 아닌 것처럼 보여도, 당한 사람이 무서웠다면 무서운 일이 된다.

'비 오는 날 먼지나도록 맞아볼래?'라는 말도 흔히 농담으로 자주 한다. 이런 말을 들으면 보통 피식 웃고 만다. 그런데 어떤 사람이 이 말이 너무 무서웠다며 경찰서에 신고를 하면 협박죄가 된다. 농을 던진 사람은 억울해서 거짓말탐지기라도 써보자고 할 것이다. 그 결과 '무서웠다'는 말은 거짓으로 판명될 수도 있다. 그래도 별 소용이 없다. 거짓말탐지기가 100% 정확한 것은 아니기에 법정에서는 이를 증거로 사용하지 않는다. 다만 참고할 뿐이므로 형량이 낮아질 수는 있어도 협박죄 자체가 사라지지는 않는다(거짓말탐지기를 너무 믿지 말자. 이는 진실과 거짓을 가리는 기계가 아니라 인간의 호흡, 피부전기반사, 심맥파를 분석해 그 징후를 나타낼 뿐이다). 사람들이 무심코 하는 말 중에는 협박에 해당하는 것이 많다. 이때 누가 앙심을 품고 신고하면, 상대를 원망하기 전에 자신을 탓해야 한다. 험악한 말을 쓰지 않았다면 그런 일을 당하지 않을 테니 말이다(어쩌면 법은 이렇게 악용되는지도 모르겠다).

왕따를 당하는 사람의 물건을 망쳐놓는 일은 어떨까? 노트에 낙서를 하거나, 물감을 휴지통에 짜서 버리거나, 옷을 찢어놓는 경우는 '손괴죄'에 해당한다. 손괴란, 물건을 망가뜨리는 것을 뜻한다. 손괴죄는 3년 이하의 징역 또는 700만 원 이하의 벌금에 처해진다(형법 제366조). 손괴는 물건이나 문서 본래의 이용 가치를 해치는 모든 행위를 말한다. 부수거나 깨거나 찢는 것만 해당되는 것이 아니다. 조립식 물건을 부순 것처럼 설사 다시 원상 복귀시킬 수 있어도 손괴에 해당한다. 물건을 감추는 일도 손괴죄다. 망가뜨리든 감추든 상대가 물건을 사용하지 못하는 불편함을 겪기 때문이다. 뻔뻔한 누군가는 간단히 이렇게 말할지도 모른다.

"물어주면 되잖아."

당연히 물어줘야 한다. 하지만 물어줘도 죄는 사라지지 않는다. 물건 값을 물어주는 것은 민사책임을 다한 것에 지나지 않는다. 형사책임은 남는다. 따라서 형법에 의한 처벌을 받아야 한다.

선녀의 옷을 훔친 나무꾼은 무슨 죄일까?
— 체포·감금죄의 성립 요건

왕따를 당하는 아이는 종종 어딘가에 갇히기도 한다. 로커나 청소도구를 보관하는 창고, 혹은 체육관 같은 곳에 갇힌다. 좁은 장소일수록 사람이 느끼는 공포는 강해진다. 넓은 곳이든 좁은 장소든 누군가를 가두면 체포·감금죄에 해당한다. 사람을 체포 또는 감금한 자는 5년 이하의 징역 또는 700만 원 이하의 벌금에 처해진다(형법 제276조).

체포는 다른 사람에게서 행동의 자유를 빼앗는 일체의 행위를 말한다. 사람의 손발을 묶거나 오랫동안 붙잡아 두는 행위도 모두 체포이다. 체포의 수단, 방법은 어떤 것이라도 상관없다. 총을 겨냥해 움직이지 못하게 하는 것도 이에 해당한다. 감금은 사람을 특정 장소에 가두는 것이다. 문을 잠그지 않았어도 문 앞에 사나운 개를 두는 식으로 압박을 가했다면 감금이다.

전래 동화 속 나무꾼은 선녀가 목욕하는 것을 보고 그중 가장 마음에 드는 선녀의 옷을 감춰버렸다. 목욕을 마친 선녀들은 하늘로 올라갔으나 옷을 잃어버린 선녀는 연못에서 나올 수 없었다. 이 경우 나무꾼의 형사책임은 무엇일까? 목욕 중인 여인의 옷을 감춰 수치심 때문에 밖으로 나오지 못하게 했으므로 감금죄에 해당한다.

사람을 가두고 때리거나 굶기면 형법 제277조 "사람을 체포 또는

〈올드보이〉는 중체포일까? 메뉴 선택의 다양성이라도 줬다면 조금 정상참작의 가능성이 생길지도 모르겠다.

감금하여 가혹한 행위를 가한 자는 7년 이하의 징역에 처한다"에 의해 '중체포, 중감금죄'가 된다. 형법용어에서 범죄 앞에 '중'이 붙는 것은 통상의 범죄보다 죄질이 나쁘고 무겁다는 뜻이다(《올드보이》는 중체포일까? 매끼 꼬박꼬박 챙겨줬으니 중체포는 아니라는 주장이 나올 수도 있지만, 잡아놓고 15년간 만두만 먹인다는 건 가혹 행위로 인정받을 수 있다. 만약 메뉴 선택의 다양성이라도 줬다면 조금 정상참작의 가능성이 생길지도 모르겠지만……). 로커 같은 좁은 장소에 사람을 가두는 일은 그 자체만으로 7년 이하의 징역인 '중감금죄'에 해당한다.

사람을 때리는 것은 폭행죄다. 폭행을 가한 자는 2년 이하의 징역, 500만 원 이하의 벌금, 구류 또는 과료에 처한다(형법 제260조). 이때 사람이 다치기까지 했다면 상해죄가 되어 더 무거운 처벌을 받는다. 사람의 신체를 상해한 자는 7년 이하의 징역, 10년 이하의 자격정지 또는 천만 원 이하의 벌금에 처한다(형법 제257조). 상해는 살이 찢어지거나 뼈가 부러지는 등 사람의 몸을 상하게 하는 것이다. 주먹으로 얼굴을 한 때 때렸다면 폭행죄지만, 코뼈를 부러뜨렸다면 상해죄가 성립해 무거운 처벌을 받는다(그래서 만화 《북두의 권》속 북두신권이 지상 최고의 암살권이 된 것이다! 겉은 멀쩡한데 속부터 박살나는 비기다. 주인공 켄시로는 폭행죄에 걸린다 하더라도 상해죄로는 잡혀가지 않을 수 있다! 살인죄 또한 묻기가 어렵다. 혈을 짚어 사람이 죽었다는 걸 증명하는 게 간단치는 않을 것이다. 법은 과학으로 입증 가능한 사안에 한해서만 적용이 가능한 시스템이다. 사형 라오우가 법정에 출석해 참고인 증언을 해도 어려울지 모른다).

그럴 의도는 아니었는데 결과적으로 상해가 되는 일도 많다. 이런

그래서 만화 〈북두의 권〉 속 북두신권이 지상 최고의
암살권이 된 것이다! 겉은 멀쩡한데 속부터 박살나는 비기다.

것을 '폭행치상'이라고 한다. 여기서 치는 '이를 치(致)' 자로 폭행이 상해에 이르렀음을 뜻한다. 원래 의도한 것이 아니라 상해죄는 아니지만 그렇다고 결과가 달라지지는 않는다. 폭행치상은 상해죄와 동일하게 취급한다. 사람이 죽는 폭행치사는 3년 이상의 유기징역이다.

위협을 가하거나 놀라게 할 목적으로 사람에 돌을 던졌다. 아프게 할 생각은 없었기에 발 앞을 겨냥해 던졌다. 그런데 상대가 놀라 피하다가 옆의 의자와 부딪혀 살이 찢어졌다. 이 경우는 무슨 죄일까? 이때도 폭행치상죄가 성립된다. 사람을 실제로 차거나 때리거나 하는 경우만이 아니라, 귀에 대고 큰 소리를 내거나 발 앞에 돌을 던져도 죄를 물을 수 있다. 즉, 사람의 몸에 어떤 식으로든 힘을 가하면 직접적인 신체 접촉이 없더라도 폭행이 된다. 법률용어로 '유형력의 행사'라고 한다.

간혹 드라마나 영화에서 사람을 치는 행위가 교육, 우정, 훈도 등의 이름으로 미화되는 경우가 있다. 그러나 이는 어디까지나 모니터 저편의 이야기고, 현실에서는 절대 사람을 때려서는 안 된다. 물리적인 방법을 통해 해를 끼쳐서도 안 된다. 그것이 사회가 인정하고 지키기로 합의한 규칙 즉, 법이다.

돈을 받지 못해도 공갈죄는 성립할까?
– 미수범

15년째 고등학교만 다니는 불쌍한 남자가 있다. 우상고의 현상태. 그는 15년째 주먹질을 일삼으며 고등학교에 재학 중이다.

임재원 작가의 만화 〈짱〉을 보면 주인공 현상태는 결코 졸업하지 않는다. 언제쯤 졸업을 할까? 이만큼 고등학교를 다녔으면 이제 그만 졸업시켜줘도 되지 않을까 싶다(그전에는 〈나나 잘해〉의 주인공 '이후'가 언제 졸업을 할까 걱정했는데 〈나나 잘해〉는 50권에서 완결을 지었지만, 〈짱〉은 63권째 달리고 있다. 현상태의 고교생활은 여전히 '현상태'인 것이다).

〈짱〉에는 일상적으로 나오는 장면이 하나 있는데, 반에서 왕따를 당하는 아이에게 돈이나 물건을 요구하는 일이다(그걸 주인공이 구해주는 내용이 이어진다).

"어이, 빵셔틀! 나 오늘 데이트가 있는데 돈 좀 빌려주라."

"나……? 나 돈 없는데……."

"돈 없으면 끝나? 인생이 그렇게 쉬워? 불쌍한 친구가 돈이 급해서 고민하고 있는데 돈이 없다고? 찾는 시늉이라도 해! 너 한번 죽어볼래?"

이런 행동은 전문용어로 '삥 뜯는다'고 한다. 공갈죄에 해당한다. 죄질도 특히 나쁘게 보므로 처벌이 무겁다.

형법 제350조
사람을 공갈하여 재물의 교부를 받거나 재산상의 이익을 취득한 자는 10년 이하의 징역 또는 2천만원 이하의 벌금에 처한다.

"돈을 가져오라고 위협은 했지만 재가 돈을 가져오지 않아서 받은 건 없어요"라고 변명해도 소용없다. 법에서는 이런 것을 '미수'라고 한다. 범죄행위를 시작했는데 완결하지 못한 것을 말한다. 물건을 훔치려 했는데 훔치기 전에 들킨 것은 '절도미수', 사람을 때리려고 했는데 상대가 피해서 못 때린 것은 '폭행미수', 공갈로 돈을 뜯으려 했는데 돈을 받지 못한 것은 '공갈미수'다. 미수도 원칙적으로 처벌한다. 범죄는 시작한 것만으로도 죄가 성립되기 때문이다.

형법 제25조 (미수범)
① 범죄의 실행에 착수하여 행위를 종료하지 못하였거나 결과가 발생하지 아니한 때에는 미수범으로 처벌한다.
② 미수범의 형은 기수범보다 감경할 수 있다.

②항의 기수범은 범죄를 마친 사람이다. 미수범의 형을 감경 즉, 감해줄 수 있는 것은 범죄를 마치지 못했기 때문이 아니다. 감경할 사유가 있기 때문이다. 미수는 크게 세 가지로 나눈다.

① 장애미수 : 외부의 장애요인으로 기수에 이르지 못한 경우
② 중지미수 : 스스로 중지한 경우
③ 불능미수 : 결과발생이 불가능한 것을 시도한 경우

범죄 실행에 착수했으나 종료하지 못한 경우를 착수미수, 행위는 종료했으나 결과가 발생되지 않은 경우는 실행미수라 하는데, 장애

미수와 중지미수는 착수미수, 불능미수는 실행미수에 속한다. 학생 C가 왕따를 당하는 아이에게 돈을 가져오라고 위협하고 공원에서 기다렸다. 그런데 공원에 사람이 많아 돈을 받기가 힘들었다. 다음 날 학교에서 받으려고 일단 집으로 가자고 했다. 이것이 장애미수다. 이런 경우라고 형을 가볍게 해주지는 않는다.

점점 간이 커진 C는 이제 잔돈을 뜯는 것이 귀찮아졌다. 자신이 괴롭히는 아이의 집에 금송아지가 있다는 소문을 듣고, 이것을 가져오라고 공갈했다. 그런데 실은 그 아이 집에는 금송아지가 없었다. 결과 발생이 불가능한 것을 요구한 것이므로 불능미수다. 이 경우도 형이 가벼워지지는 않는다.

돈을 가져오라고 위협을 했지만 어쩐지 마음이 바뀌어 곧바로 전화해 방금 전 일은 없었던 것으로 하자고 했다. 이 경우가 중지미수고 C는 범죄행위를 스스로 중단한 중지범이 된다. 중지범도 미수범이고 범죄를 시작한 것은 엄연한 사실이므로 벌을 받아야 한다. 다만 중지범은 처벌을 가볍게 해줄 수 있다.

왕따는 최장 36년 징역형?
– 흡수되는 죄, 흡수되지 않는 죄

한 사람에게 집중적으로 왕따를 시켰을 때 받는 죄와 그 벌을 정리해보자(표 1-3).

이렇게 많은 죄를 한꺼번에 지으면 어떻게 될까? 가장 무거운 형벌만 받으면 될까? 아니면 모두 합친 만큼 벌을 받아야 할까? 일반적으로는 '흡수되지 않는 것'은 모두 벌을 받아야 한다. 이를테면 폭행을 가해서 사람이 다쳤다면 폭행치상의 죄만 묻고 폭행죄는 묻지 않는다. 폭행이 폭행치상에 흡수되는 것이다. 중감금을 했다면 감금죄는 묻지 않는다. 감금죄는 중감금죄에 흡수되고 중감금만으로도 중벌을 받기 때문이다. 사람을 칼로 찔러 상처를 입혔다면 상해죄

표 1-3 왕따를 시키면 받는 죄와 벌

범죄 행위	징역	벌금
모욕	1년 이하의 징역	200만원 이하의 벌금
명예훼손	2년 이하의 징역	500만원 이하의 벌금
명예훼손 (허위)	5년 이하의 징역	1천만원 이하의 벌금
협박	3년 이하의 징역	500만원 이하의 벌금
감금	5년 이하의 징역	700만원 이하의 벌금
중감금	7년 이하의 징역	700만원 이하의 벌금
폭행	2년 이하의 징역	500만원 이하의 벌금
상해	7년 이하의 징역	1천만원 이하의 벌금
폭행치상	7년 이하의 징역	1천만원 이하의 벌금
폭행치사	3년 이상의 징역	—
손괴	3년 이하의 징역	700만원 이하의 벌금
공갈	10년 이하의 징역	2천만원 이하의 벌금

다. 그런데 칼로 찌르는 과정에서 옷이 찢어질 수밖에 없다. 손괴죄도 저지른 것이다. 이 경우 손괴죄는 상해죄에 흡수된다. 이처럼 여러 가지 범죄를 동시에 저질렀을 때는 흡수되는 것을 제외한 나머지 죄만큼 모두 처벌을 받는다. 최고형을 합계한 무거운 처벌을 받을 수도 있다.

표에 나온 것을 바탕으로 흡수되는 죄를 제외하고 계산해보자. 합계 36년 이하의 징역이 된다. 36년은 일제강점기와 같은 기간이다. 15살에 감옥에 가면 51살 중년이 돼서야 나올 수 있다는 말이다. 하지만 이 36년 이하의 징역은 딱 한 사람이 딱 한 사람을 괴롭혔을 때 가능한 이야기다. 때로 누군가를 괴롭히면 더 심한 처벌을 받는다. 미국의 경우는 주에 따라 실제로 이런 식의 계산을 통해, 예를 들면 230년간의 징역형이나 두 번의 무기징역 같은 벌을 내리기도 한다.

하지만 한국의 형법은 징역형이 모두 더해지더라도 무기징역이 아닌 유기징역의 경우에는 최장 25년까지를 한도로 삼는다(형법 제42조). 즉, 기한이 정해진 징역형의 경우 25년을 살면 사회로 돌아올 수 있다는 것이다. 25세에 범죄를 저질러도 유기징역의 한도 내에서라면 50세부터는 새 출발의 기회를 주겠다는 것으로, 한국의 법이 아직 인간의 갱생 가능성을 믿고 있다는 증거이기도 하다.

이렇게 생각하면 무기징역이나 사형을 언도받은 범죄자들의 죄질이 어느 정도 악질적일지도 추측이 가능할 것이다.

여러 사람이 함께 범죄를 저지른 경우
– 특수범죄

왕따는 여러 사람이 한 사람을 괴롭힌다는 특징 때문에 그 죄질이 더욱 나쁘고 그만큼 형벌이 무겁다. 형법에는 특수폭행, 특수감금, 특수협박 등 특수가 붙는 말이 있다. 특수는 '단체 또는 다중의 위력을 보이거나 위험한 물건을 휴대해 죄를 범한 경우'에 적용된다. 여러 사람이 한 사람을 괴롭히거나, 야구방망이처럼 위험한 물건을 들어 죄를 저지르면 가중처벌을 받는다. 가중처벌은 원래의 처벌보다 무겁게 처벌받는 것을 말한다. 특수가 붙는 범죄행위는 최저 2분의 1 이상 가중처벌한다. 폭행은 2년 이하의 징역이지만 특수폭행은 5년 이하의 징역이다. 감금은 5년 이하의 징역이지만 특수감금은 2분의 1만큼 가중처벌한다. 왕따는 여러 사람이 저지른 일이므로 모두 특수범죄에 해당한다. 특수폭행, 특수감금, 특수손괴를 적용받는 것이다.

가중처벌은 여기서 그치지 않는다. 괴롭힘은 수시로 자행된다. 수시로 범죄를 저지르는 사람을 상습범이라고 한다. 상습범도 대개 2분의 1까지 가중처벌한다. 왕따는 여러 범죄가 동시에 저질러진 여러 사람에 의한 특수 범죄고 수시로 행해진다.

민사책임에 한해서는 책임을 분담할 수 있다. 다섯 사람이 야구를 하다 실수로 남의 집 유리창을 깨뜨렸다면, 유리 값과 청소 비용을 5분의 1씩 나눠 부담하면 된다. 민법의 책임은 잘못을 여럿이 저질렀을수록 가벼워진다(민사책임은 피해자를 아무런 피해도 입지 않았던 원래의 상태로 돌려놓는 것이 목표라고 생각하면 이해하기 편하다).

함께해도 가벼워지지 않는 죄와 벌
– 공범, 교사범, 종범

형법은 여러 사람이 함께했다고 해서 그 벌이 절대 가벼워지지 않는다(그렇게 따지면 쿠데타를 일으키면 동원한 병력의 수만큼 1/n로 나눠야 한다. 그러면 내란죄는 거의 경범죄 수준이 되는 모순이 벌어질 것이다). 앞에서 말한 특수 범죄에 포함되기 때문에 오히려 형벌이 더 무거워진다.

　범죄를 같이 저지른 사람을 흔히 공범이라고 한다. 공범에는 공동정범, 교사범, 종범 세 가지가 있다. 정범은 범죄를 실행한 사람이고, 교사범은 범죄를 시킨 사람, 종범은 범죄를 도운 사람을 말한다. 공동정범은 두 명 이상이 공동으로 죄를 범한 정범이라는 뜻으로 각자를 정범으로 처벌하는 것이 원칙이다. 25년형을 받을 짓을 했다면 여러 명 모두가 25년씩 감옥에서 징역을 살아야 한다.

　"쟤가 더 심하게 때렸어요."
　"저는 그냥 살살 때리기만 했어요. 뼈를 부러뜨린 건 제가 아니에요."

　이런 말도 통하지 않는다. 법에서는 이런 것을 동시범이라고 한다. 여러 사람이 한 사람을 때리다 뼈를 부러뜨렸다면 그 원인이 명확하게 판명되지 않을 경우 모두를 공동정범으로 본다. 모두에게 뼈를 부러뜨린 폭행치상죄를 적용한다.

　"저는 그럴 마음이 없었는데 쟤가 시켜서 억지로 한 거예요."

이런 때는 교사범이 있는 경우다. 교사범은 범죄의사가 없는 타인에게 범죄를 실행하게 한 자를 말한다. 교사의 수단과 방법에는 제한이 없다. 명령, 강제, 위협, 간청, 권고 등 명시적이든 묵시적이든 범행의사가 없는 자에게 범죄의지를 발생하게 하고 그 범죄를 수행하도록 하면 교사범이 된다.

왕따의 경우도 실제로 괴롭히는 사람보다 뒤에서 명령하는 사람이 더 악질인 경우가 흔히 있다. 명령하는 사람이 무서워서 억지로 왕따를 괴롭히는 약자도 분명 있다. 교사범은 정범과 동일한 형으로 처벌한다(형법 제32조). 하고 싶지 않지만 시켜서 억지로 한 경우도 정범으로 본다. 시킨 사람이나 행한 사람이나 동일한 처벌을 받는다. 왜 억지로 한 사람도 같은 벌을 받을까? 사람에게는 자유의지가 있기 때문이다. 개인은 자신의 행동을 자유롭게 결정할 권리가 있다. 하기 싫은 일을 누가 시킨다면 거부하거나 반항할 수 있다. 뒤에서 칼을 대고 협박하지 않는 이상 그 일에서 벗어날 기회는 있다. 학교에 신고하는 등 얼마든지 해결책을 마련할 수 있는 것이다. 그런데도 범죄를 실행했기 때문에 정범으로 처벌한다.

종범은 다른 사람의 범죄를 도운 사람이다. 왕따를 때릴 때 망을 봐주거나, 감금에 필요한 열쇠를 구해다주거나 한 사람은 모두 종범이다. 심지어 왕따를 괴롭히는 악당에게 "잘했어. 그런 애는 혼 좀 나도 돼"라며 격려하는 일도 종범이 되는 충분한 사유가 된다. 종범도 범죄를 저지른 것은 틀림없으므로 처벌을 받는다. 다만 정범보다는 가벼운 형을 받는다.

어쩌면 평생을 책임져야 하는 왕따
– 위자료

'왕따를 하면 최악의 경우 25년형? 설마…… 그럴 리가?'라고 생각하는가? 물론 위의 형기는 예일 뿐이고 누군가를 괴롭히면서 모욕, 감금, 상해, 공갈을 모두 했다고 해도 25년형에 처해질 가능성은 거의 없다. 형법의 형벌은 나쁜 일을 한 것에 대한 보복이 아니라, 함께 살아가는 데 필요한 것을 교육시킨다는 목적이 더 강하므로 평생을 교도소에 가두는 일은 없을 것이다. 하지만 평생을 책임져야 하는 일은 벌어질 수 있다. 민법상의 책임이다. 사람의 몸을 상하게 하면 상해죄로 처벌받는 것은 물론이고, 치료비와 정신적인 피해에 대한 위자료도 물어줘야 한다.

주먹으로 왕따의 얼굴을 쳐 상대의 이가 부러졌다고 치자. 새로운 이를 심어야 해서 임플란트를 해 넣었는데 임플란트에는 수명이 있다. 반영구적이라고 광고는 하지만 수명이 다하면 교체해야 한다. 한마디로 피해자가 평생에 걸쳐 이를 고치는 데 들어가는 비용까지 보상해야 한다는 말이다. 설상가상으로 이가 완전히 틀어져 웃을 때 모양이 일그러지고 인상이 나빠지는 것을 고려해, 부러진 이 옆의 생니까지 뽑는 경우도 있다. 이때는 치료비가 하늘 높은 줄 모르고 올라간다. 주먹 한번 잘못 휘둘렀다가 목돈 나가는 일이 벌어지는 것이다. 또 다른 예를 들면 피해자의 얼굴에 상처가 나 꿰맬 경우도 당장의 치료비만으로 끝나지 않는다. 성인이 되었을 때 상처가 보이지 않도록 성형수술을 하는 비용도 물어줘야 한다. 그것도 현재에 배상해야 한다. 왜 성형수술비를 10년 뒤 수술할 때 주면 안 될까? 10년 뒤에 피해자가 가해자를 찾아와 치료비를 달라고 하는 것은 정의에 어긋나기 때문이다. 찾는 것도 돈을 받아내는 것도 번거롭다. 피해를 당한 사람에게 그런 번거로운 일까지 하게 하는 것은 정의가 아니다. 따라서 지금 당장 배상하라는 것이다.

때문에 법을 어기고 다른 사람에게 피해를 준 가해자가 되었을 때는 후에 있을 모든 불이익과 불편함을 감수할 각오를 해야 한다. 이런 일을 방지하기 위해서는 절대로 가해자가 되지 말아야 하는 방법뿐이다. 상대가 때려보라며 약을 올려도 안 된다. 형법은 약을 올려서 때린 것인지 그냥 때린 것인지 문제 삼지 않는다. 누가 누구를 때렸다는 사실 자체만 판단한다. 가해자인지 피해자인지만 중요하게 보는 것이다(진실과 사실 사이에 괴리가 있는 경우도 가끔 있지만 말이다).

뉘우친 사람에게는 복이 있나니……
– 죄를 가볍게 만드는 법

〈LIFE〉의 주인공 시이바 아유무가 본격적으로 이지메(왕따)를 당하는 장면이다.

마나미 족(악녀 안자이 마나미를 따르는 왕따 실행범들)이 차례로 아유무를 괴롭히기 시작한다. 교사들이 지켜볼 때는 "아유무, 도시락 너무 귀엽다!"라면서 연막을 치지만 선생님이 지나가자마자 도시락통을 뒤엎어 버린다. 뒤이어 녹차까지 뒤집어쓰게 한다. 결국 견디지 못한 아유무가 교실을 빠져나오고 다음 수업 시간에 맞춰 돌아오는데…… 교과서가 없다! 알고 보니 마나미 족이 교과서와 노트를 쓰레기통에 버린 것이다. 아유무는 황급히 쓰레기통을 뒤지지만 없다! 알고 보니 소각로 옆 재활용 창고에 들어가 있는 교과서와 노트. 거기에는 '죽어버려, 사라져, 쓰레기 같은 년'이라고 써진 교과서와 노트가 있었다. 여기서 잠깐!

아유무를 괴롭히던 마나미 족 중 한 명이 만약 "이건 좀 너무한 것 같지 않아? 그래도 교과서까지 훔치는 건 아닌 것 같아. 교과서는 돌려주자"라면서 아유무에게 몰래 교과서를 돌려준다면(물론 낙서도 깨끗이 지워서) 죄가 사라질까? 그렇지 않다. 형법상의 죄는 되돌릴 수 없다. 물건을 훔친 순간 돌려줘도 절도죄가 성립한다. 죄를 지은 만큼 처벌을 받는다. 형법은 사실은 사실로 엄하게 처단한다. 나도 모르게 나쁜 마음이 들어서 저지른 일도, 금방 후회하고 되돌린 일도 범죄를 저질렀다는 사실을 되돌릴 수는 없다.

이미 죄를 저질렀으면 어떻게 할 방법이 전혀 없는 것일까? 그렇지는 않다. 죄를 가볍게 해주는 두 가지가 있다. 하나는 자수다. 자신이 먼저 죄를 지었다고 경찰서에 고백하는 것이다. 또 하나는 뉘우침이다. 죄를 저질렀다는 것을 깊이 반성하고 뉘우치는 태도를 보이면 벌은 가벼워질 수 있다. 형벌은 죄를 지은 사람에게 보복을 가하는 것이 목적이 아니라, 앞으로 그런 일이 또 벌어지지 않도록 하는 것이 우선이기 때문이다.

사람은 신이 아니다. 따라서 모든 인간을 공평하게 사랑할 수는 없다. 누군가를 싫어하고 미워하고 혐오감을 느끼고 증오하기도 하며 살아간다. 누구를 미워하는 것은 자유다. 하지만 미운 감정을 풀기 위해 어떤 행동을 하는 것은 주의해야 한다. 그 일이 범죄라면 돌이키기 힘든 일이 돼버린다.

왕따는 누군가를 싫어하기 때문에 생기는 일이다. 누군가를 싫어하는 것은 자유다. 사람과 친하게 지내는 것, 혹은 존재 자체를 무시하는 것도 자기 마음대로 할 수 있다. 그런 일이 바람직한 것은 아니고 도덕적인 비난을 받을 수도 있지만 죄는 아니다. 그러나 딱 거기까지다. 그 선을 넘는 순간 범죄자가 되고 자유를 잃게 된다.

괴물로 변신해 소동을 피운 헐크는 유죄일까?

〈헐크〉 속 형법

촉망받는 과학자였던 브루스 배너는 조국인 미국을 떠나 남미의 국가들을 방랑 중이었다. 외국어에 익숙하지 않고 정식으로 입국한 것도 아니기에 그는 하루하루 일용직으로 일하며 끼니를 때우고 살 수밖에 없었다. 일당을 받아 술 한 병을 사 마시는 브루스 배너는 상념에 잠긴다.

"내가 이런 삶을 살 사람이 아닌데…… 한때는 잘나갔던 내가 정처 없이 이런 곳에서 청승을 떨고 있다니……."

실험 중 일어난 사고로 방사능에 노출된 그는 분노를 느낄 때마다 의식을 잃고 초록색 괴물 헐크로 변하게 되었다. 헐크로 변한 그가 파괴한 것들과 상처입힌 사람들로 인해, 경찰에 잡히면 평생을 감옥에서 썩고, 막대한 배상금을 물게 될 것이라는 걱정에 미국을 떠나게 된 것이다.

똑똑.

그의 단칸방 문을 두드리는 소리가 들렸다. 찾아올 이가 없을 텐데 이상하다는 생각을 하며 문을 열자 익숙한 얼굴이 보였다. 옛 여자 친구이자 동료였던 베티 로스.

"여긴 어떻게 알고 찾아왔지?"

"브루스, 대체 여기서 뭐하는 거예요? 저와 함께 돌아가요."

"그럴 순 없어. 벌써 큰 사고를 친 데다가 언제 또 헐크로 변하게 될지 모른단 말이야."

"걱정 마세요. 제가 백신을 만들었으니까요."

"정말?"

브루스는 더 이상 괴물로 변하지 않아도 된다는 사실에 환희를 느꼈지만 이내 풀 죽은 표정으로 변했다.

"그래도 돌아갈 순 없어. 지난번 일으킨 사건 때문에 돌아가자마자 감옥에 갇히게 될 거야."

그때 낯선 목소리가 들린다.

"그렇지 않습니다."

베티 뒤에 또 한 명의 손님이 와 있었다.

"당신은 누구요?"

"베티가 고용한 변호사입니다. 당신은 무죄예요."

"뭐라고요?"

"미국으로 돌아가도 괜찮다는 말입니다. 당신은 의식을 잃은 상태에서 한 일이기 때문에 책임이 없습니다."

"정말입니까?"

"제가 책임지고 변호해드리겠습니다. 저희와 함께 가시죠."

"그래요, 브루스. 다시 새 삶을 시작하는 거예요."

브루스의 머릿속에 그리운 풍경이 펼쳐진다. 자신이 태어나서 자란 곳, 그곳으로 돌아갈 수 있다니, 더 이상 불법체류자로 하루하루 힘겹게 살아갈 필요가 없다니…….

"좋습니다. 당장 출발하죠."

브루스는 변호사를 믿고 미국에 돌아가 재판을 받기로 결심한다. 과연 브루스는 새 삶을 시작할 수 있을 것인가.

일본 만화 주인공들이 빙의하는 이유
− 자연숭배, 조상숭배

영국의 낭만파 시인 바이런은 "하룻밤 자고 나니 유명해졌다"고 말했다. 이처럼 빠른 시간 안에 유명해지는 사람을 '벼락스타'라고 부른다. 바이런이 살았던 시기는 18~19세기 초다. 요즘같이 TV 방송이 활발하고 인터넷이 발달한 시대에는 유명해지는 데 걸리는 시간은 그보다 훨씬 짧다.

로버트 드니로 주연의 영화 〈15분〉에서 동유럽 사회주의 국가 출신의 악랄한 범죄자들은 자신들의 범죄가 TV 리얼리티쇼를 통해 소

〈유희왕〉의 주인공 유희는 왕따를 당하는 심약한 소년이다. 게임을 좋아하는 유희는 할아버지로부터 천년 퍼즐을 물려받는다.

개된 뒤 대중에게 스타처럼 대접받자 이렇게 외친다. "미국이란 사회에서는 정확히 15분 만에 유명해질 수 있다." 정말 하룻밤이나 15분 사이에 유명해지거나, 엄청난 힘이 생길 수 있다면 얼마나 좋을까? 모든 사람들이 이런 바람을 지니고 있기에 만화나 애니메이션에는 이런 주인공들이 자주 등장한다.

　만화 겸 애니메이션 〈유희왕〉의 주인공 유희는 왕따를 당하는 심약한 소년이다. 게임을 좋아하는 그는 할아버지로부터 '천년 퍼즐'을 물려받는다. 이 퍼즐은 아무도 그 수수께끼를 푼 적이 없는 고대 이집트의 보물이다. 유희는 8년에 걸쳐 천년 퍼즐을 푸는 데 성공한다. 그런데 그 순간 또 하나의 인격, 그리고 게임의 천재로서의 기량을 지닌 '어둠의 유희'와 한 몸이 된다. 그 후 유희는 어둠의 유희와 함께 악이 제시하는 어둠의 게임에 도전한다. 그리고 악을 패배시키고 무서운 벌칙을 내려 심판하는 어둠의 수호자가 된다. 이처럼 원래의 자신 안에 또 다른 영혼이 들어오는 것을 '빙의'라고 한다. 쉽게 말해 귀신이 씐 것이다.

빙의 때문에 주인공이 엄청난 능력을 지니게 되는 만화는 무척 많다. 〈고스트 바둑왕〉은 바둑 천재가('후지와라 사이'라는 바둑 천재가 죽은 뒤 몇 백년이 흘러 바둑에 대해 전혀 모르는 히카루란 소년 앞에 나타나 바둑고수로 키워준다. 빙의는 아니지만 어쨌든 유령이 붙긴 붙었다), 〈갓 핸드 테루〉에서는 수술의 천재가, 〈샤먼 킹〉에서는 싸움의 천재가 된다. 이렇게 쓰고 보니 모두 일본 만화다.

미국 콘텐츠에서 주인공이 빙의되는 경우는 잘 없다. 서양에서는 빙의를 악마, 마귀, 사탄, 유령 같은 것에 씐 것이라고 생각하기 때문이다. 빙의하는 것은 곧 악마가 된다는 것을 의미한다. 그래서 〈엑소시스트〉처럼 빙의한 귀신을 주인공이 내쫓는 내용이 주를 이룬다. 우리나라도 귀신에 씌는 것에 꽤나 부정적이다. 귀신이 씌었다고

한 바둑 천재가 죽은 뒤 몇 백년이 흘러 바둑에 대해 전혀 모르는 히카루란 소년 앞에 나타나 바둑고수로 키워준다. 빙의는 아니지만 어쨌든 유령이 붙긴 붙었다.

괴물로 변신해 소동을 피운 헐크는 유죄일까?

107

주장하는 사람들은 대개 무당이나 점쟁이 정도다. 뭔가 어둡고 무서운 느낌이다.

일본 만화에서 빙의를 통해 주인공이 엄청난 능력을 지니고 정의로운 일을 행하는 경우가 많은 것은 일본 특유의 신앙 때문이다. 일본의 전통 종교인 신토(神道)는 자연숭배와 조상숭배를 바탕으로 하는데 종교라기보다 민간신앙에 가깝다. 모든 자연에 신이 깃들어 있다는 것이 신토의 기본 생각이라, 산이나 나무를 숭배의 대상으로 삼는 경우가 많다. 〈원령공주〉 같은 판타지 애니메이션에서 오래된 나무가 신령으로 나오는 것이 그 예다. 신토에 의하면 죽은 조상이 신이 되는 것이므로, 중세에 죽은 바둑 기사에 빙의해 바둑 천재가 되는 일도, 의사였던 아버지에게 빙의해 천재 외과 의사가 되는 일도 전혀 이상한 이야기가 아니다.

국내에 일본식 빙의 이야기가 많이 소개되고 인기를 끄는 이유는 무엇일까? 아무래도 이런 문화의 주 소비원인 어린이, 청소년들이 빙의를 통해 순식간에 엄청난 능력을 갖는 주인공을 동경하기 때문일 것이다. 만약 빙의가 된 상태에서 범죄를 행하면 어떻게 될까? 죽은 귀신을 처벌할 수는 없으니까 산 사람이 처벌받아야 할까? 〈유희왕〉의 경우 어둠의 유희가 몸을 지배할 때 유희는 정신을 잃는다. 그 상태에서 어둠의 유희가 한 일을 전혀 기억하지 못한다. 도저히 유희가 한 일이라고 볼 수도 없다. 그런데도 유희는 처벌을 받아야만 할까?

죄인을 숨겨줘도 처벌받지 않는 때
― 기대가능성, 예견가능성, 비난가능성

형사책임을 묻기 위해서는 '기대가능성, 비난가능성, 예견가능성'을 만족시켜야 한다.

기대가능성이란 행위자가 그 당시에 범죄행위를 하지 않고 적법한 행위를 할 것을 기대할 수 있는 가능성을 말한다. 법에 따른 행동을 할 것을 기대할 수 없는 경우는 '기대불가능성'이라고 하는데, 이런 행위는 형사책임을 묻지 않는다.

죄를 짓고 도망 다니는 범인을 숨겨주거나 도망치는 것을 도와주는 것을 '범인은닉죄'라고 한다. 3년 이하의 징역이나 500만 원 이하의 벌금에 처해진다. 범죄자가 도망쳐 오면 경찰서에 신고를 해야 한다.

그런데 부모, 자식, 형제 같은 사람이 죄를 짓고 도망쳐 온 경우 과연 경찰서에 신고할 수 있을까? 그런 것을 기대하는 것은 보통 무리다. 가족이라면 자신이 벌을 받을 각오를 하고 도와주기 마련이다. 그래서 친족이 범인을 은닉해준 경우는 형사책임을 묻지 않는다. 처벌하지 않는다는 뜻이다(법이라도 천륜은 인정해준다는 것이다. 예전 같았으면 삼족을 멸했을 텐데…… 이게 근대형법의 좋은 점이다).

교무실에 야단을 맞으러 갔는데 우연히 시험문제가 눈에 띄었다. 이럴 경우 '커닝은 나쁜 일이니까 보지 말아야지'라며 양심을 지키는 일을 쉽게 기대할 수 있을까? 또한 시험을 치를 때 '그때 이 문제를 보지 않았더라면 정답을 알 수 없었을 거야'라며 일부러 정답이 아닌 것을 고르는 일을 기대할 수 있을까? 법은 성인군자가 아니라 보통 사람이 지킬 수 있는 것이어야 한다. 이런 문제에 있어 도덕적 양심은 보통 사람에게서 기대하기 어려운 일이므로 우연히 시험문제를 본 것은 처벌하지 않는다.

누군가의 강요에 의해서 한 일을 처벌하지 않는 것도 기대가능성에 의한 것이다. 누군가 뒤에서 흉기로 위협하면서 다른 사람을 때리라고 강요했다. 그럴 때 '사람을 때리는 일은 나쁜 일이므로 하지 않겠다'며 버티기는 힘들다. 강요에 의해 저지른 범죄는 책임이 없으므로 처벌하지 않는다.

비난가능성은 자신의 행위가 법을 어기는 것이고, 또한 그로 인해 비난받을 가능성이 있다는 것을 알면서도 실행하는 것을 말한다. 물건을 훔치는 것은 나쁜 일이다. 그런 일을 비난받을 줄 알면서도 행했다면 책임이 따르고 처벌을 받아야 한다. 그런데 아주 어린아이들이 가게에서 물건을 가져오거나, 다른 사람 집에서 물건을 가져와도 야단을 치지 않는 경우가 있다. 그냥 웃으면서 돌려주고 온다. 왜일까? 물건에는 주인이 있고, 주인의 허락 없이 물건을 가져오는 것이 나쁜 일이라는 것을 인식하려면 6~7세는 되어야 한다. 그 전에는 나쁜 일, 좋은 일에 대한 판단이 어렵다. 그저 아이는 갖고 싶은 물건이 눈에 보이면 가져야겠다고 생각한다. 비난받을 일이라는 인식 자체가 없으므로 아이가 물건을 훔친 것에 대해서는 관대할 수 있는 것이다.

예견가능성은 행위와 결과 사이에 인과관계가 있어야 하고, 그 결과를 예견할 수 있는 것이어야 한다는 뜻이다. 강도가 창고에 물건을 훔치러 갔다 경비원과 마주쳤다. 강도는 몽둥이로 경비원의 뒤통수를 쳤고 경비원은 쓰러졌다. 경비원은 숨을 쉬고 있었고 피도 흐르지 않아 생명에는 지장이 없어 보였다. 그런데 그곳이 냉동창고였기 때문에 경비원은 결국 얼어 죽었다. 이 경우 강도치사죄가 성립하는지 여부가 예견가능성이다.

강도 행위와 경비원의 죽음에는 인과관계가 있다. 만약 강도가 창고에 들어갔을 때 냉기가 가득했다면 기절한 경비원이 얼어죽을 수 있다는 것을 예견할 수 있다. 그런데도 그냥 두고 나왔다면 강도치사죄가 성립한다.

하지만 강도가 침입했을 때는 냉기가 전혀 없었고, 그 이후 자동으로 정해진 시간이 되어 냉동창고가 작동했다면, 강도는 경비원이 얼어 죽을 수 있다는 것을 예견할 수 없다. 이런 경우는 예견가능성이 없으므로 강도죄는 성립하지만 강도치사죄는 성립하지 않는다.

죄를 지어도 책임지지 않는 사람
– 책임능력

어둠의 유희가 범죄를 저지른 경우처럼 빙의한 귀신이 나를 조종해 나쁜 일을 벌이면 누가 책임져야 할까? 기대가능성, 비난가능성, 예견가능성의 세 가지 관점에서 생각해보자.

형법에서는 법적으로 책임을 묻지 않는 경우를 두 가지로 규정하는데 미성년자와 심신상실자다.

> **형법 제9조 (형사미성년자)**
> 14세가 되지 아니한 자의 행위는 벌하지 아니한다.

언제부터를 어른으로 인정하는가는 법에 따라 다르다. 민법에서는 성년이 되는 것을 대개 만 20세로 정한다. 20세가 되어야 부모의 허락 없이 결혼이나 자기 재산을 마음대로 할 수 있다. 술을 마실 수 있는 것도 만 20세가 되어야 한다. 형사책임을 묻는 나이는 만 14세로 중학교 2학년에 해당한다. 그 이전에는 형사책임을 묻지 않는다. 나이가 어리면 법에 따른 적절한 행동을 하는 것을 기대하기 어렵고, 자신의 행동이 비난받을 일이라는 것도 정확히 알기 힘들며, 자신의 행위가 어떤 결과를 낳을지 예견하지 못하기 때문이다.

그러나 형사책임을 묻지 않는다고 죄를 저지른 일 자체가 사라지는 것은 아니다. 민법에 의한 손해배상 책임은 남는다. 14세 미만은 자기 재산이 없으므로 부모가 대신 손해배상을 하는 것이 일반적이다. 형사책임을 묻는 나이를 만 14세로 정한 것은 꽤 오래전이다. 지금은 아이들의 정신적인 성숙이 빠르기 때문에 자신이 나쁜 일을 하고 있다는 것을 알면서도 범죄를 저지르는 일이 있다. 그래서 형사미성년자의 나이를 낮추자는 말도 나오고 있다. 지금도 만 12세 이상 14세 미만은 '촉법소년'이라고 해 범죄를 저지르는 경우 보호 처분 등을 받게 된다.

형사책임을 묻지 않는 두번째는 심신장애자이다.

형법 제10조 (심신장애자)
① 심신장애로 인하여 사물을 변별할 능력이 없거나 의사를 결정할 능력이 없는 자의 행위는 벌하지 아니한다.
② 심신장애로 인하여 전항의 능력이 미약한 자의 행위는 형을 감경한다.

심신장애자의 ①항은 '심신상실자'라고 부르는데 대표적인 것이 정신분열증을 앓아 정신이 온전치 못한 사람이다. 또한 선천적인 지능박약이거나 중대한 의식장애자도 심신상실자라고 부른다. 잠을 자는 사람, 최면에 걸린 사람 등도 여기에 포함된다. 그래서 잠을 자면서 자신도 모르게 움직이는 몽유병 환자가 저지른 범죄는 처벌하지 않는다. ②항은 '심신미약'으로 중증의 정신병은 아니지만 제정신도 아닌 사람이다. 가벼운 정신분열증이라고 생각하면 된다.

심신장애자의 행위는 처벌하지 않고, 심신미약자의 행위는 벌을 가볍게 해주는 이유는 무엇일까? 책임을 묻기 위한 기대가능성, 비난가능성, 예견가능성이 없거나 약하기 때문이다. 제정신이 아닌 사람에게 법적으로 올바른 행동을 기대할 수 없고, 본인이 무슨 일인지 모르고 한 일이므로 비난할 수도 없으며, 그들에게는 행위와 결과를 예견할 가능성이 없기 때문이다. 그래서 형사책임을 묻지 않고 처벌을 안 하지만 그렇다고 그냥 내버려둘 수는 없다. 심신장애자나 심신미약자가 범죄를 행했을 때는 교도소 대신 정신병원으로 보내진다. 교도소에서 범죄자를 갱생시켜 사회구성원으로 복귀시킨다면, 정신병원에서는 환자를 치료해서 사회로 복귀시키는 것이다.

형법은 빙의를 어떤 상태로 볼까?
– 자의에 의한 심신장애

귀신이 빙의했다는 것을 현대 법과 의학은 심신상실자로 본다. 쉽게 말해 미쳤다고 판단한다. 한 사람 안에 여러 인격이 존재하는 다중인격이라는 말을 들어봤을 것이다. 의학용어로는 해리성 정체 장애라고 하는데, 의학과 법은 빙의를 이와 같다고 판단한다. 영화를 보면 신비한 것을 믿어버리고 싶은 마음이 들겠지만 빙의는 병적인 것이다. 정말 귀신에 씌었다면 하룻밤 사이에 갑자기 영어를 잘하게 되는 사람도, 전문적인 지식을 갖추게 되는 사람도 나와야 한다. 그러나 그런 사례는 지금까지 단 한 건도 발견되지 않았다. 대개 정신병원에서 치료를 받는다.

〈유희왕〉의 유희도 〈고스트 바둑왕〉의 신재하(신도 히카루)도 〈샤먼 킹〉의 요우도 〈갓 핸드 테루〉의 테루도 모두 현실에서는 정신분열증으로 판별받는다. 빙의한 귀신이 범죄를 저지르면 정신과 치료를 받아야 한다. 중대한 범죄를 저질렀다면 정신병원에 갇힐 테고 가벼운 범죄를 저질렀다면 통원 치료를 받게 될 것이다.

빙의한 것은 아니지만 한 사람 안에 또 다른 인격이 있는 경우 즉,

헐크나 지킬 박사와 하이드도 정신병으로 판정이 날 것이다(인격이 바뀌면서 몸 색깔이 바뀌고 근육이 부풀어오르기까지 하므로 과학자들에게 인기 있는 환자가 될 것이다). 이런 다중인격자 중에는 평소에 정신이 멀쩡한 사람이 많다. 특히 만화나 영화의 주인공들은 대개 그렇다. 그렇지 않으면 주인공 역할을 해낼 수 없기 때문이다. 다중인격자의 범죄는 심신장애자로 여겨 책임을 묻지 않거나, 처벌을 가볍게 해줄 수 있지만 걸리는 것이 하나 있다. 형법 10조의 ③항이 그것이다.

빙의한 것은 아니지만 한 사람 안에 또 다른 인격이 있는 경우 즉, 헐크나 지킬 박사와 하이드도 정신병으로 판정이 날 것이다.

형법 제10조 (심신장애자)

③ 위험의 발생을 예견하고 자의로 심신장애를 야기한 자의 행위에는 전2항의 규정을 적용하지 아니한다.

헐크로 변해 사고를 칠 때는 이성도 없고 기억도 못하는 상태가 된다. 선악의 구별을 할 수 없는 형편이므로 고의도 과실도 아니다. 사람을 다치게 한 책임도 지지 않고 손해배상을 하지 않아도 된다. 하지만 헐크는 자신이 화가 나면 어떻게 되는지 알고 있으면서도 헐크가 되는 것을 막으려고 하지 않았다. 오히려 위기에 닥치면 빨리 헐크가 되려고 노력했다. 이것이 바로 '위험의 발생을 예견하고 자의로 심신장애를 야기한 자'에 속하는 것이다(이를 두고 선택적 정신병 발병이라고 표현해도 될까?).

원래 이 조항은 술에 만취한 사람이 저지르는 범죄를 막기 위해 만들어진 것이다. 술에 만취해서 제정신이 아닌 사람은 심신장애자로 여겨 형사책임을 묻지 않거나 벌을 가볍게 내린다. 그런 점을 악용해 일부러 취하도록 술을 마시고 범죄를 저지를 수 있다. 술에 취해 사람을 때려놓고 모든 것이 술 때문이라고 발뺌을 할 여지가 있다(신문 사회면에 종종 나오는 이야기인데, 술에 취해 여성을 성폭행했는데 생각 외로 가벼운 형량을 받는 이유가 여기 있다. 대한민국이 음주대국이 될 수밖에 없는 이유 중 하나 아닐까?). 술에 만취해 저지른 일은 범죄의 실행행위다. 그 실행행위에 대해서는 제정신이 아닌 상태에서 저지른 일이므로 책임을 물을 수 없다. 하지만 원인이 된 술을 마시는 일은 자신의 자유의지로 한 일이다. 원인을 스스로 막을 수 있었다. 그래서 고의로 술을 마시고 저지른 범죄는 처벌한다. 마찬가지로 난동을 부릴 것을 알면서도 아무 조치도 취하지 않은 헐크는 처벌 대상이다. 어둠의 유희가 큰 범죄를 저지른다면 유희도 책임을 져야 한다(그러나 형사미성년자라 책임을 면할 가능성도 있다.).

〈터미네이터 2〉의 마지막에서 터미네이터는 스스로 용광로에 빠진다. 자신이 이 세계에 남아 있으면 사람들이 자신의 몸을 연구해 새로운 무기를 만들 것이라고 판단했기 때문이다. 그는 인류를 위해 자신을 없앴다. 아시모프 박사의 로봇 0원칙을 충실하게 실행한 모범 사례다. 이는 고귀하고 칭찬받을 일이지만 로봇이니까 가능한 경우다. 죽음이 두렵지 않으니까 할 수 있는 것이다. 인간은 이렇게 하지 못한다. 그런 일을 기대해서도 안 된다. 하지만 자신이 어떤 경우에 범죄를 행할 것인지 안다면, 그런 원인을 만들지 않으려 하는 것이야말로 인간이 마땅히 해야 할 도리일 것이다.

태권 V는 도로를
달릴 수 있을까?

〈로보트 태권 V〉 속 형법

평화로운 일요일 오후, 김훈은 영희와의 데이트를 즐기는 도중 갑자기 호출을 받는다.

"훈아! 카프 박사가 다시 쳐들어 왔다! 즉시 출동해라!"

"예, 박사님!"

지구를 지키기 위해 사춘기의 설레임을 잠시 뒤로하고 태권 V의 조종석에 올라탄 훈이! 영희와의 데이트를 마저 하려면 재빨리 카프 박사 일행을 정리하러 가야 한다. 이때 태권 V를 막아선 방해물! 카프 박사의 괴수인가? 아니다. 경광등을 번뜩이는 경찰차다.

"거기, 로봇 운전하시는 분! 갓길로 차 빼주세요."

"예? 제가 지금 바빠서요. 빨리 지구를 지키러 가야 하는데……."
"다 아시는 분이 이러시면 됩니까? 일단 내리세요."
"아뇨, 그게 제가 정말 바쁘거든요? 지금 지구가……."
"당신 지구는 마징가 Z가 지켜줄 테니까 일단 내려서 면허증부터 제시하세요."

 훈이는 카프 박사의 괴수를 상대하기 전 경찰과 씨름을 해야 했다. 과연 훈이는 지구를 지킬 수 있을 것인가?

사나이의 로망은 로봇 조종이다!
– 탑승형 로봇이 인기 있는 이유

1963년은 로봇 애니메이션의 역사가 시작된 한 해였다. 그해 1월 1일 일본에서는 세계 최초로 로봇이 등장하는 TV 애니메이션 〈아톰〉이 방영되었고, 같은 해 10월에는 〈철인 28호〉가 방영되었다. 아톰은 키가 120cm 정도의 작은 로봇이었지만 철인 28호는 세계 최초의 거대 로봇이었다. 철인 28호의 크기는 정확히 측정하기 힘들다. 엿장수 마음대로 늘었다 줄었다 하는데, 어떤 장면에서는 건물보다 크기도 하고, 어떤 장면에서는 엘리베이터에 타는 등 사람 키만큼 작아지기도 한다. 어떻게 그런 일이 가능한지에 대해서 제작사는 아무 설명도 없다. 요즘 이런 엉터리 설정으로 애니메이션을 만들었다면 욕깨나 먹었을 것이다.

로보트 태권 V는 사람이 로봇에 탑승해 조종한다. 도대체 왜 리모컨형이 더 안전할 텐데 그런 황당한 일을 할까? 하지만 이런 황당함이야말로 사나이의 로망 아니던가!

그로부터 10년 뒤인 1972년, 〈마징가 Z〉가 등장하고 1976년 한국 최초의 로봇 애니메이션인 〈로보트 태권 V〉가 완성되었다. 10년 정도 사이에 로봇 조종의 기본인 세 가지 타입 로봇이 모두 등장한 것이다. 자율형, 리모컨형, 탑승형.

아톰은 사람보다 뛰어난 인공지능을 갖추었고 자율적으로 행동했다. 철인 28호는 리모컨으로 조종한다. 마징가 Z와 로보트 태권 V는 사람이 로봇에 탑승해 조종한다. 도대체 왜 리모컨형이 더 안전할 텐데 그런 황당한 일을 할까? 하지만 이런 황당함이야말로 사나이의 로망 아니던가! 〈기동전함 나데시코〉의 야마다 지로를 보라. 거대 로봇 조종은 모든 사나이들의 꿈이며 로망인 것이다. 만약 야마다 지로에게 리모컨형 로봇을 조종하라고 조종기를 건넨다면 분명 이럴 것이다.

"남자의 뜨거운 눈물과 우정을 포기한 이런 쇳덩어리는 '게키강가(로봇 이름)'가 될 수 없어!"

다시 로봇 탑승 이야기로 돌아가면, 이는 매우 위험한 행동으로 조종사의 안전을 고려해 가능한 외부에서 조종하는 것이 바람직하다. 군사 강국인 미국에서 연구하는 군사기술 중에 무인 전투기 기술이 있다. 전쟁 중에 격추를 당해도 조종사는 안전한 곳에 있으므로 다칠 염려가 없다. 철인 28호처럼 외부에서 리모컨으로 조종하는 것이 안전하고, 기술적으로도 더 뛰어나다. 그런데 10년 뒤에 등장한 마징가 Z과 태권 V는 왜 사람을 로봇 안에 태웠을까? 대략 두 가지 이유를 들 수 있다.

첫째, 리모컨형은 긴장감이 떨어진다. 〈아톰〉의 주인공은 제목처럼 아톰 자체지만 〈철인 28호〉나 〈마징가 Z〉의 주인공은 조종사다. 〈마징가 Z〉의 주인공은 쇠돌이고 〈태권 V〉의 주인공은 훈이다. 그런데 리모컨으로 조종을 하면 주인공이 지나치게 안전하다. 때문에 극 속에서 로봇과 함께 위험에 처해 위기를 겪는 일이 없어진다. 이런 스토리는 긴박감이 떨어진다. 그래서 로봇 애니메이션의 주류는 탑승형이 된 것이다(한마디로 설정과 스토리를 위해서 과학기술을 외면한 것이다).

둘째, 탑승형은 아이들의 꿈이다. 어린 시절을 떠올려보자. 리모컨으로 움직이는 장난감을 선물받으면 무척 기쁘다. 하지만 그것도 며칠 갖고 놀면 시들해진다. 그러나 어른이 되어 자신이 직접 조종하는 차는 질리지 않는다. 자전거 또한 어른이 되어서도 즐긴다. 이처럼 진짜로 몰고 다니는 탈것은 어린 시절 꿈 중의 하나다(〈기동전사 건담〉을 보면 15살 소년 아무로 레이가 연방의 히든카드이자, 지온과 연방을 통틀어 최강의 무기인 모빌슈트를 손에 넣는다. 1편부터 지온군의 자크를 격파하는 모습이란…… 소년들의 로망 아닐까?).

이러한 두 가지 이유로 리모컨형 로봇보다 기술력이 떨어지는 탑승형 로봇이 애니메이션의 주류가 된 것이다. 그런데 이 탑승형이라는 것 때문에 여러 문제가 발생한다. 현행의 법률로는 탑승형 로봇이 도로를 걸어 다니는 일은 불가능하기 때문이다. 사나이의 로망은 이렇게 무너지는 것인가?

로봇은 도로를 달릴 수 있을까?
– 도로교통법상의 자동차

로봇이 이동을 하는 방법은 크게 두 가지다. 하나는 하늘을 날아가는 것이고, 또 하나는 도로를 걸어가는 것이다(수중형 로봇 같은 건 논외로 치자. 일일이 이야기하면 한도 끝도 없다). 그런데 이 두 가지는 모두 만만찮은 일이다. 우선 도로를 걸어가는 것을 보자. 도로는 여러 사람이 이용하는 공공시설로 세금으로 건설한다. 나라에서 만든 것은 '국도'라고 하고 지방자치단체에서 만든 것은 '지방도'라 부른다. 고속도로는 거의 국도다. 그래서 '고속국도'라고 부르기도 한다. 고속도로든 국도든 지방도든 귀중한 국민의 세금으로 만든 것이므로, 여러 사람이 편하게 이용하고 소중히 보존하기 위해서는 규칙이 필요하다. 도로에 관한 법으로는 도로교통법, 자동차관리법 등이 있다.

도로교통법 제1조 (목적)
이 법은 도로에서 일어나는 교통상의 모든 위험과 장해를 방지하고 제거하여 안전하고 원활한 교통을 확보함을 목적으로 한다.

도로교통법의 제2조에서는 법에서 사용하는 용어가 정의되어 있다. 16항을 보면 '차마'라는 말이 나온다. 차마란, 차와 우마라는 뜻인데 우마는 교통, 운수에 사용되는 가축을 말한다. 도로교통법에 의하면 소나 말을 타고 도로를 다니는 일도 가능하다. 영국에도 말을 타고 다니는 기마경찰이 있다. 차는 자동차, 건설기계, 자전거, 그리고 '사람 또는 가축의 힘이나 그 밖의 동력에 의하여 도로에서 운전되는 것'을 말한다. 다만 유모차와 신체 장애인용 의자차를 제외한다고 되어 있다. 사람 또는 가축의 힘으로 도로에서 움직이는 것은 인력거, 리어카, 마차 등을 말한다. 지금은 사람이 끄는 인력거나 말이 끄는 마차는 휴양지에서나 볼 수 있지만, 200~300년 전에는 마차가 도로를 다니는 일이 많았다. 그리고 지금도 법적으로 허용된 일이다.

인력거, 손수레, 마차도 도로를 다닐 수 있는데 그보다 더 첨단이고 지구를 지켜주는 훌륭한 일을 하는 로봇 태권 V는 도로를 달리지 못한다. 왜 그럴까? 태권 V는 자동차에 속할 가능성이 크기 때문이다. 도로교통법에 의하면 자동차는 "철길이나 가설된 선에 의하지 아니하고 원동기를 사용하여 운전되는 것"을 말한다. 철길로 다

인력거, 손수레, 마차도 도로를 다닐 수 있는데 그보다 더 첨단이고 지구를 지켜주는 훌륭한 일을 하는 로보트 태권 V는 도로를 달리지 못한다.

니는 것은 기차, 가설된 선으로 달리는 것은 전차나 모노레일 같은 것이다. 태권 V는 여기에 속하지 않는다. 태권 V는 광자력 엔진으로 움직이는데 이는 원동기로 볼 수 있다. 원동기는 동력을 제공하는 것으로 모터나 엔진 등을 말한다. 자동차는 원동기로 동력을 받아 사람이 조종하는 대로 운전되는 것을 말한다.

자동차관리법은 자동차를 여러 종류로 구분한다. 승용자동차, 승합자동차, 화물자동차, 특수자동차, 이륜자동차 다섯 종류다. 10명 이하의 사람이 타는 것은 승용자동차, 11명 이상이 타는 것은 승합자동차다. 버스도 승합자동차, 흔히 말하는 승합차에 속한다. 화물자동차는 화물을 싣는 적재 공간의 면적이 2제곱미터 이상의 것을 말한다. 무쏘 스포츠, 액티언 스포츠는 사람이 타고 다니는 용도로 쓰이지만, 짐을 싣는 면적 규정에 의해 화물차로 분류된다. 화물차는 승용차보다 세금 면에서 유리하고 여러 혜택을 받는다. 이륜자동차는 오토바이를 말한다. 특수자동차는 특수한 작업을 하는 데 사용하는 차로 흔히 볼 수 있는 것으로는 견인차와 청소차 등을 들 수 있다. 태권 V는 승용차도 승합차도 오토바이도 화물차도 아닌 특수자동차에 속한다(어쨌든 분류항목 중 하나에 들어갈 수는 있다. 법이란 어쨌든 대상물을 정의내려야만 적용을 하든 판결을 내리든 할 수 있는 것이다).

　승용차든 특수자동차든 도로를 달리기 위해서는 여러 절차를 통과해야 한다. 먼저 자기인증을 받고 등록을 하고 번호판을 달아야 한다. 과연 태권 V는 이런 과정을 통과할 수 있을까?

태권 V가 자동차로 등록하는 방법
- 자동차관리법의 자기인증

〈카트라이더〉는 어른부터 아이까지 손쉽게 조작이 가능해 꾸준히 인기 있는 게임이다. 게임 속에 나오는 앙증맞고 귀여운 캐릭터와 자동차를 보면, 현실에서도 이런 카트를 타고 다니면 얼마나 재미있을까 상상을 하게 된다. 그런데 잠깐, 과연 카트는 현실의 도로를 달릴 수 있을까?

　카트란, 프레임 위에 아무런 몸체도 부착하지 않은 금속제 1인용 자동차를 말한다. 〈카트라이더〉의 카트와는 모양이 조금 다르지만 카트에 속하는 차들은 무척 많고 탈 수 있는 기회도 많다. 유원지 같은 곳에서도 카트를 대여해준다. 골프장에서도 이동을 할 때 카트를 이용한다. 청소년 수련원 중에도 카트를 타고 내부 도로를 달릴 수 있는 곳이 있다.

　하지만 카트를 몰고 도로에 나오는 것은 위법이다. 법에서는 말과

소만 타고 다닐 수 있다고 써 있지만, 코끼리나 사슴을 타고 다닌다고 해서 처벌을 받는 것은 아니다. 또한 자동차가 아닌 물건을 타고 도로를 다닌다고 처벌을 받는 것도 아니다. 다만 단속의 대상이 된다. 교통경찰에 발견되는 즉시 정지할 것과 도로에서 떠날 것을 명령받는다. 경찰의 말을 듣지 않고 주행을 계속할 경우 공무집행방해죄가 된다. 공무집행방해죄가 성립하려면 공무원이나 경찰에게 폭언, 폭행을 하거나 협박에 해당하는 말을 해야 한다. 단순히 말을 듣지 않는 것만으로는 공무집행방해죄가 성립하지 않는다. 우스갯소리를 섞어 요약하면 포털 사이트 금지어에 해당되는 단어를 제외한 문장만 구사한다면 공무집행방해죄에 해당되지 않는다.

다만 카트를 달리지 않게 하려는 경찰과 달리려는 사람 사이에 몸싸움이나 언쟁이 일어날 것이고, 욕에 가까운 말을 하거나 손으로 떠밀면 공무집행방해죄가 성립한다. 좋은 말로 하는 말싸움은 영원히 계속될 수도 있다(한 가지 팁을 더 말하자면 경찰관이 임의동행을 요구할 경우에는 거부의사를 명확히 하면 된다. 법적으로 당신은 경찰서에 갈 의무가 없다).

공무집행방해죄를 피할 수 있다고 해도 카트를 몰고 도로를 달리는 사람은 없을 것이다. 장난감 중에 전기 충전으로 운전을 할 수 있는 작은 승용차나 오토바이가 있는데, 이런 것을 몰고 도로를 나오겠다는 사람도 없을 것이다. 위험하기 때문이다. 카트나 장난감 차는 승용차와 부딪히면 타고 있던 사람이 크게 다친다. 게다가 보험을 들 수도 없기 때문에 치료비를 고스란히 자신이 물어야 한다. 위험 부담이 크기 때문에 몰고 나오지 않는 것이다.

태권 V도 자동차로 등록을 하지 않고 도로를 달릴 수는 있겠지만 역시 단속의 대상이 된다. 달리고 싶을 때 마음놓고 도로를 달리기 위해서는 자동차로 등록을 해야 한다. 등록을 위해서는 먼저 자기인증 과정을 거친다.

> **자동차관리법 제30조 (자동차의 자기인증 등)**
> ① 자동차를 제작·조립 또는 수입하고자 하는 자는 국토해양부령이 정하는 바에 따라 그 자동차의 형식이 자동차안전기준에 적합함을 스스로 인증하여야 한다.

도로를 달리는 데 적합한지, 운전하는 사람이 안전하게 운전을 할 수 있는 차인지, 다른 차량에 위험을 초래할 일은 없는지, 나라에서 정한 안전기준을 통과할 수 있다는 것을 증명하면 태권 V도 도로를 달릴 수 있다. 그러나······.

태권 V가 도로를 달릴 수 없는 이유
- 태권 V의 무게와 도로교통법

태권 V는 절대로 안전기준을 통과할 수 없을 것이다. 즉, 도로를 달릴 수 있는 자동차로 인증을 받을 수 없다는 것이다. 왜 그럴까? 네 가지 이유를 추측할 수 있다.

128

① 바퀴가 달려 있지 않다.

② 보통의 자동차와 모양이 많이 다르다.

③ 번호판을 달 곳이 없다.

④ 지나치게 무겁다.

자동차의 정의에 바퀴가 달려야 한다는 조항은 없으므로 ①번은 통과다. ②번 보통의 자동차와 많이 다른 것도 전혀 문제될 것이 없다. 오히려 참신한 디자인으로 인정받을 수 있다. 그렇게 자기인증을 받고 자동차 등록을 하면 ③번의 번호판을 받을 수 있다. 번호판은 앞뒤로 달아야 한다. 그렇다면 태권 V의 번호판은 어디에 달아야 할까? 이마와 엉덩이에 달아야 할 것이라고 생각하는 사람이 많을 것이다. 자동차의 앞뒤를 생각하면 그런 연상을 하기 쉽다. 그러나 이마와 엉덩이에 번호판을 단 볼썽사나운 태권 V는 상상하고 싶지 않다. 다행히도 엉덩이에 번호판을 달 수 없다. 도로에서 잘 안보이기 때문이다(태권 V는 키가 엄청나게 크다!). 번호판은 다른 차나 걷는 사람이 잘 보이는 위치에 달아야 한다. 태권 V의 번호판은 발의 앞뒤에 달릴 가능성이 크다. 그래야 운전자나 보행자의 위치에서 보이기 때문이다. 번호판 문제도 해결된다.

태권 V가 인증을 받을 수 없는 이유는 ④번 무게 때문이다. 태권 V의 키나 몸무게는 알려져 있지 않다. 태권 V의 키는 어느 정도일까? 일본의 마징가 Z의 공식적인 키는 18미터다. 하지만 태권 V는 그것보다 훨씬 크다. 주인공인 훈이의 키와 비교해서 측정하자면 35~40

미터 정도다. 감독인 김청기 씨는 56미터라고 한다. 만든 사람이 가장 잘 알 테니까 그렇다고 하자.

마징가 Z와 태권 V가 싸우면 누가 이길까 궁금해하는 사람이 많은데 태권 V의 압승일 것이다. 재질이나 성능은 비슷한데 태권 V 쪽이 3배 이상 키가 크기 때문이다. 키가 3배 차이면 몸집은 3의 세제곱인 27배 차이가 난다. 아기와 어른의 싸움 정도가 될 것이다. 56미터라는 감독의 말에 따라 몸무게를 추정해보자. 우리나라에서 만든 휴머노이드 로봇 휴보는 키 120센티, 몸무게 55킬로이다. 태권 V의 키는 휴보보다 46.7배 크다. 몸무게는 46.7의 세제곱인 101,848킬로이다. 무게가 휴보의 10만 배가 넘는다. 이 숫자로 계산한 태권 V의 무게는 무려 5,601,615킬로이다. 무려 5,600톤에 달한다! 현재 도로를 달리는 차량의 무게는 40톤 이하로 제한돼 있다. 그 이상이면 도로가 상하기 때문이다. 태권 V의 무게는 제한 무게의 140배나 된다. 그런 무게의 태권 V가 도로를 한 번 지나가면 쑥대밭이나 폐허가 될 것이다. 그래서 자동차로 인정해줄 수 없는 것이다.

하지만 지구는 지켜져야 한다. 괴물 로봇이 나타나면 도로가 망가지든 건물이 무너지든 도로로 달려 나가 싸워야 한다. 이때 도로 파손에 대한 책임은 지지 않아도 된다. 악당으로부터 지구를 지키는 일은 정당방위이기 때문에, 그로 인해 입힌 재산상의 피해에 대해서는 책임을 면할 수 있다. 하지만 그런 위급한 상황이 아니라면 태권 V는 연구소에서 한 발자국도 벗어나서는 안 된다. 도로로 나오는 순간 도로를 파괴한 책임을 져야 하기 때문이다. 어린이날 행사에 초대를 받아도 갈 수가 없다. 굳이 가겠다면 분해를 해서 트럭으로 옮겨야 한다. 우리나라 화물트럭 중 물건을 가장 많이 실을 수 있는 것은 15톤이다. 태권 V를 운반하려면 15톤을 실을 수 있는 대형 트럭이 374대나 필요하다. 때문에 행사에 한번 참여하는 것도 보통 일이 아니다. 괴물 로봇들이 나타나지 않는다면 태권 V는 연구소 창고에서 먼지나 뒤집어쓰고 있을 것이다.

배트카는 경찰의 단속 대상이 될까?
― 배트카의 자기인증

고담시의 재력가 브루스 웨인에게는 독특한 취미가 하나 있는데 바로 영웅 코스프레다. 그는 밤만 되면 복면과 망토를 뒤집어쓰고 고담 시의 뒷골목을 전전한다. 뭐 여기까지는 일반 시민들도 얼추 따라할 수 있는 취미 생활이라 할 수 있겠다. 그러나 재벌의 코스프레는 뭐가 달라도 달라야 하는 법! 남들이 코스프레 옷에 집착하는 사이 브루스 웨인은 장비에 눈독을 들인다.

"7.62미리 미니건 2정에 AT-4 대전차 로켓! 운전석에는 F-1용 바스켓시트! 차체는 티타늄, 운전석 주변은 케블라로 방탄 처리! 거기다 600마력 트윈 터보엔진까지! 알프레드, 이 정도면 고담의 고갯길은 내가 정복하는 거겠지?"

"타쿠미(《이니셜 D》의 주인공)가 와도 이길 겁니다! 이대로 아키나 고갯길로 가시죠?"

"그래, 바로 고담의 고갯길을 정복하고…… 어? 알프레드."
"예?"
"난 조커를 잡아야 하잖아! 너 때문에 설정이 헷갈리잖아!"
이렇게 새롭게 튜닝한 배트카를 타고 기분 좋게 고담의 언덕길을 달려가는 브루스 웨…… 아니, 배트맨! 그러나 그는 얼마 못 가 경찰들에게 쫓기게 된다.
"거기, 번호판 없는 검은색 차량! 지금 당장 정차하세요!"
배트맨이 새로 개비한 배트카는 자랑하던 트윈 터보엔진에 불꽃 한번 제대로 내뿜지 못하고, 경찰들에게 제지당한다.

지구를 구하는 영웅 중에서 자동차를 가장 많이 이용하는 사람은 바로 배트맨이다. 배트맨은 대부분의 슈퍼히어로와 달리 초능력 같은 특수한 능력을 지니고 있지 않다. 대신 지력, 탐정 수사, 과학기술, 풍부한 재산, 무술을 이용해 범죄와 싸운다. 배트맨의 차는 과학기술과 풍부한 재산이 만나 완성한 결정체다. 배트카가 없으면 배트맨은 활약할 수 없다. 배트맨이 처음 등장한 것은 1939년, 미국에서 자동차 문화가 서서히 막을 올리던 때였다. 좋은 자동차를 갖는 것이 사회적인 성공의 잣대로 평가받던 시대였으므로, 각종 무기로 무장된 최첨단 자동차를 소유하는 것이 영웅의 조건이 될 수 있었다. 배트맨의 상징이기도 한 배트카, 과연 도로를 달릴 수 있을까?

보통의 자동차는 공장에서 출하되지만 배트카는 집에서 만든 수제품이다. 이런 자동차도 자기인증을 받을 수 있을까? 이론적으로

지구를 구하는 영웅 중에서 자동차를 가장 많이 이용하는 사람은 바로 배트맨이다. 배트맨은 대부분의 슈퍼히어로와는 달리 초능력 같은 특수한 능력을 지니고 있지 않다.

는 가능하다. 기계로 만들었든 손으로 만들었든 법에서 요구하는 안전 기준을 통과하면 된다. 우리나라에도 손으로 만든 수제품 자동차가 있다. 수제품 자동차 전문 회사인 프로토모터스의 '스피라' 정도면 자기 인증을 받는 데 부족함이 없다. 프로토모터스는 국내 유일의 수제작 차 전문 업체다. 수제작 차라고 해서 그냥 창고에서 손으로 뚝딱뚝딱 만들어내는 차가 아니라, 설계전문가의 손을 거쳐 만든 모델이다. 스피라의 경우는 20여 명 이상의 전문가들이 수십 억 원을 들여 만든 모델이다.

배트맨도 워낙 부자이므로 최고 전문가들의 의견을 받아 자동차를 만들었을 것이다. 때문에 안전 기준을 통과하는 데 별 문제가 없을 것으로 보인다. 자동차등록을 하고 번호판을 받고 떳떳하게 도로를 달릴 수 있다. 하지만 영웅의 일을 하기 위해서는 약간의 편법 혹은 불법적인 일도 생기기 마련이다. 배트맨의 자동차는 무기 창고라고 해도 좋을 정도로 구석구석에 무기가 숨겨져 있다. 이런 차는 자기인증을 통과하기 힘들다. 안전 기준이 문제가 아니라 불법 무기에 가까운 차이므로 자기인증을 통과하기 힘든 것이다. 배트맨의 자동차가 도로를 떳떳하게 질주하려면 자동차 내부를 보통의 자동차처럼 만들어 자기인증을 받아야 한다. 번호판까지 받은 뒤 집으로 돌아와 개조를 시작해야 한다.

그러나 자동차의 안전에 영향을 줄 수 있다는 이유로 멋대로 개조하는 일은 불법이다. 때문에 배트카에 번호판을 달고 싶다면 불법 개조로 차를 고쳐야 한다. 과연 이런 일이 벌어질까? 배트맨 성격에 공무원에게 머리를 숙여가며 자기인증을 받고, 불법 개조를 할 것 같지는 않다. 그냥 무허가로 타고 다닐 것이다. 불법이든 합법이든 영웅은 악당을 처벌하고 지구를 지켜야 하는 운명을 타고났다는 명분으로 말이다.

'대쉬'는 달리는 것만으로도 민폐일까?
– 업무상과실

자동차가 도로를 달릴 때는 지정된 속도 이하로 달려야 한다. 도로에서의 위험을 방지하고 교통의 안전과 원활한 소통을 확보하기 위해서다. 이렇게 지정된 속도를 제한속도라고 부른다. 고속도로의 제한속도는 경찰청장이 정하고 그 밖의 도로는 지방경찰청장이 정한다.

고속도로의 제한속도에는 최고속도만 있는 것이 아니라 최저속도도 있다. 어느 속도 이상으로 달려서는 안 되는 최고속도만이 아니라, 어느 속도 이하로 달려서도 안 된다는 최저속도도 있다는 말이다. 왜 그럴까? 고속도로는 말 그대로 자동차가 고속으로 달리는 도로다. 최고속도가 시속 100킬로미터인 고속도로에서 시속 30킬로미터로 달리는 것은 위험한 일이다. 속도의 차이를 생각하면 시속 70킬로미터로 달리는 자동차 앞에 마치 장애물이 있는 것과 같이 느껴지기 때문이다.

최저속도는 대략 최고 속도의 절반 정도라고 생각하면 알기 쉽다. 고속도로의 최고속도가 시속 100킬로미터인 곳의 최저속도는 시속 50킬로미터이고, 최고속도가 시속 110킬로미터인 곳의 최저속도는 시속 60킬로미터다. 운전자는 최고속도를 초과하거나 최저속도에 미달되게 운전해서는 안 된다. 단, 교통이 밀리거나 그 밖의 부득이한 사유로 최저속도에 미달하게 되는 경우는 어쩔 수 없는 일로 처리한다.

그런데 사람이 도로에서 무척 빠른 속도로 달린다면 과속으로 처벌을 받을까? 도로에서 달리는 일은 도로교통법에 위반된다. 그럼 인도를 빠른 속도로 달리는 것은 어떨까? 가능하다. 너무 빠른 속도로 달리면 혹시 과속으로 벌금을 내지는 않을까? 다행히 사람이 달리는 속도에 대한 제재는 없다. 아무리 빨리 달려도 혹은 거북이처럼 늦게 걸어도, 차량에 승차해 이동하지 않는 한 도로교통법으로

애니메이션 〈인크레더블〉의 대쉬라면 어떨까?
대쉬는 일반 카메라로는 촬영이 되지 않을 정도로 빠르고
나중에는 물 위까지 달릴 정도다.

보행자 취급을 받는다. 보행자는 속도 제한에 관한 조문이 없다. 시속 몇 킬로로 걷든지 전혀 제재를 받지 않는 것이다.

애니메이션 〈인크레더블〉의 '대쉬'라면 어떨까? 대쉬는 일반 카메라로는 촬영이 되지 않을 정도로 빠르고, 나중에는 물 위까지 달릴 정도다. 이런 히어로라면 인도에서 달리는 것만으로도 문제가 발생한다. 형법의 폭행죄와 민법의 손해배상책임이다. 마하 이상의 속도로 달리면 충격파가 발생한다. 사람과 직접 부딪히지 않고 스쳐 지나가기만 해도 상대방은 중상을 입을 수 있다. 폭행죄는 사람을 실제로 차거나 때리는 경우뿐 아니라, 사람의 몸에 어떤 힘을 가한 것으로도 성립한다. 이렇게 엄청난 속도로 달리다가 지나가는 행인을 다치게 했을 경우 업무상 과실치상죄가 성립한다. 그냥 과실치사, 과실치상보다 책임이 무겁다(대쉬의 경우는 아직 미성년자이기에 보호자인 인크레더블이 그 책임을 질 것이다).

형법 제268조 (업무상과실·중과실 치사상)
업무상 과실 또는 중대한 과실로 인하여 사람을 사상에 이르게 한 자는 5년 이하의 금고 또는 2천만 원 이하의 벌금에 처한다.

여기서 '업무'라는 것은 회사에서 하는 일 같은 의미가 아니다. 자동차를 운전하는 것처럼 일상적으로 반복되거나, 타인의 신체나 생명에 위해를 가할 염려가 있는 행위는 모두 업무로 본다. 즉, 업무란 평소 익숙하나 자칫 잘못하면 중대한 결과를 초래할 수 있는 일이다.

평소에 익숙한 일은 잘할 것이라는 사회적 기대가 있기 마련이다. 때문에 익숙한 일에서 실수를 하는 것은 기대가능성을 배신한 것이므로, 업무상과실을 일반 과실보다 엄중하게 처벌한다(법적으로 '원숭이가 나무에 떨어진다'라는 속담은 가중처벌대상 1호가 될 것이다).

해리 포터는 마음껏 하늘을 날아도 될까?

《해리 포터》 속 형법

 이곳은 마법 학교 호그와트의 퀴디치 경기장! 그리핀도르 기숙사와 슬리데린 기숙사의 경기가 시작됐다. 수색꾼인 해리 포터는 자신의 애마 빗자루 님부스2000에 올라 스니치를 잡기 위해 하늘을 날아오른다. 천둥번개가 내리치는 악천후 속에서도 최고 속도로 하늘로 날아오르는 해리 포터! 이제 조금만 더 손을 뻗으면 금색 스니치를 손안에 잡을 수 있을 듯한데……. 승부는 해리 포터의 손에 달렸다!

 "해리 포터군! 자네는 지금 항공법을 위반하고 비행제한공역을 비행하고 있네! 즉시 착륙하게!"

 이게 무슨 귀신 씻나락 까먹는 소린가? 조금 거칠긴 하지만 퀴디치 월

드컵에 내놔도 손색이 없을 정도의 페어플레이를 보여준 경기 아닌가? 갑자기 법을 위반하다니 이게 무슨 소리인가? 깜짝 놀란 해리 포터가 님부스2000을 돌려 천천히 지상으로 착륙하는데 기다렸다는 듯 경찰들이 달려온다.

"해리 포터! 자네는 지금 초경량비행장치로 위법 행위를 저질렀어!"
"초…경량비행…장…치요?"
"자네의 빗자루 말이야."
"이건 그냥 빗자룬데요?"
"그냥 빗자루가 아니라 날아다니는 빗자루잖아! 법적으론 초경량비행장치야!"

퀴디치 경기 중 의도하지 않게 위법 행위를 하게 된 해리 포터! 과연 그는 범죄자의 낙인을 벗을 수 있을까?

날개를 달면 어디까지 날 수 있을까?
– 항공법과 비행제한공역

비행기만 타면 누구나 날아다닐 수 있는 세상이다. 비행기 외에도 행글라이더, 패러글라이더 등의 것들도 있다. 실제로 가능할지는 모르겠지만 영화 속에서는 방패연을 타고 날기도 한다. 최근에는 등에 제트 분사장치를 메고 날아다닐 수 있는 '제트팩' 같은 제품도 선보였다. 가격은 한 대에 1억 2천만~2억 원 정도라고 한다.

하늘을 나는 것에 대한 법률인 항공법에서는 이런 장비들을 초경량비행장치라고 한다. 항공기 외에 비행할 수 있는 장치인데 비행기에 비해 무척 가볍기 때문에 이렇게 부른다. 여기에는 동력비행장치, 인력활공기, 기구류, 회전익비행장치, 패러플레인, 무인비행장치 등이 있다.

초경량비행기는 고정된 날개를 지닌 가벼운 비행장치를 말한다. 상상의 세계에는 그보다 더 많은 비행장치들이 있다. 해리 포터는 마법의 빗자루를 타고 다니고, 알라딘은 양탄자를 타고 날아다닌다. 날아가는 원리는 설명할 수 없지만, 이런 것들도 현행 법률로는 초경량비행장치에 속한다. 하늘을 날아다니는 것도 도로를 달리는 것처럼 규칙이 있다. 멋대로 날다가는 충돌로 대형 사고가 날 수 있기 때문이다. 먼저 항공법에서 구분하는 네 가지 하늘을 보자.

① 관제공역 : 항공교통의 안전을 위하여 항공기의 비행순서·시기 및 방법 등에 관하여 국토해양부장관의 지시를 받아야 할 필요가 있는 공역으로서 관제권 및 관제구를 포함하는 공역이다.
② 비관제공역 : 관제공역외의 공역으로서 항공기에게 비행에 필요한 조언·비행정보 등을 제공하는 공역이다.
③ 통제공역 : 항공교통의 안전을 위하여 항공기의 비행을 금지 또는 제한할 필요가 있는 공역이다.
④ 주의공역 : 항공기의 비행시 조종사의 특별한 주의·경계·식별등을 요구할 필요가 있는 공역이다.

해리 포터도 알라딘도 정부의 허가 없이는 이 정도 높이밖에 날아오를 수 없다. 이래서는 영웅으로 보이기 힘들다. 영웅이라면 가장 높은 빌딩 위로 날아다녀야 한다.

항공기는 안전을 위해 일정한 비행 방식 및 절차에 따라 날아야 하고, 통제구역 같은 곳에서는 비행을 제한당한다. 그럼 항공기가 아닌 초경량비행장치는? 초경량비행장치에는 '비행제한공역'이라는 것이 있다. 함부로 비행을 해서는 안 되는 장소를 말한다. 현재 우리나라는 항공정보간행물(AIP)에 고시된 21개 공역을 제외한 전 공역이 초경량비행장치 비행제한공역으로 지정돼 있다. 특별한 곳이 아니면 비행을 할 수 없는 것이다.

비행제한공역에서 비행하고자 하는 경우는 사전에 비행계획 승인을 얻어야 한다. 하지만 21개 공역에서는 비행계획의 승인 없이 지상으로부터 500피트 이내의 범위에서는 비행이 가능하다. 500피트는 152.4미터다. 즉, 사전 승인이 없이는 152.4미터보다 높게 비행을 할 수 없다. 63빌딩의 지상 높이는 249미터다. 152.4미터는 63빌딩 높이의 61퍼센트에 불과하다. 63빌딩의 5분의 3 정도까지만 날아오를 수 있는 것이다.

해리 포터도 알라딘도 정부의 허가 없이는 이 정도 높이밖에 날 수 없다. 이래서는 영웅으로 보이기 힘들다. 영웅이라면 가장 높은 빌딩 위로 날아다녀야 한다. 그래야 멋있어 보이니까(역시 사나이의 로망은 석양을 배경으로 내달리거나 날아가는 것 아닌가).

슈퍼맨은 어디까지 날 수 있을까?
– 항공상위험발생등의 죄

해리 포터도 알라딘도 정부의 허락 없이는 152.4미터 이상은 날지 못한다. 〈슈퍼맨〉이나 〈와호장룡〉, 〈드래곤볼〉에 등장하는 수많은 등장인물들은 또 어떤가? 손오공이나 손오반은 순진하므로 사전승인을 받거나 152.4미터 이하로만 날아가겠지만, 베지타나 피콜로는 성격상 그럴 것 같지 않다. 결국 그들은 정부와 한판 붙기라도 할까? 슈퍼맨은 어떨까? 사전승인을 받으러 갈까?

실은 이들 모두 사전승인을 받지 않아도 마음대로 하늘을 날 수 있다. 아무 도구 없이 날아다니기 때문이다. 슈퍼맨은 망토를 휘날리며 날아다니지만 망토가 없다고 날지 못하는 것은 아니다. 망토는 나는 것과 전혀 관련이 없는 패션의 일부일 뿐이다(물론 그 패션센스가 과히 좋은 건 아니다. 그래도 눈살을 찌푸리게 할지언정 법을 위반한 건 아니니까 쿨하게 넘어가자). 이렇게 도구가 없이 날아가는 사람은 현행 법률에서 높이뛰기를 하는 셈이다. 자신의 힘으로 높이뛰기를 하는 데 몇 미터 이상 뛰면 안 된다는 법은 없다.

그럼 문제가 전혀 없을까? 아니다. 날아다니는 것은 자유지만 비행기와 충돌하지 않도록 조심해야 한다.

항공법 제157조 (항행중항공기위험발생의 죄)

① 항행 중의 항공기를 추락 또는 전복시키거나 파괴한 자는 사형·무기 또는 5년 이상의 징역에 처한다.

항공법 제158조 (항행중항공기위험발생으로 인한 치사상의 죄)

제157조의 죄를 범하여 사람을 사상에 이르게 한 자는 사형·무기 또는 7년 이상의 징역에 처한다.

무시무시하지 않은가? 무인 비행기를 만날 확률은 거의 없으므로 비행 중인 항공기에는 반드시 사람이 타고 있다. 공중에서 충돌하면 비행기에 타고 있던 사람은 전원 사망할 가능성이 크다. 때문에 비행기와 충돌하는 것은 최소 7년의 징역형을 받는다.

그렇다면 지구를 구하기 위해 날아다닌 것은 이해받지 못하는 것일까? 슈퍼맨 같은 경우는 특히 봐줘야 하는 것 아닐까? 앞의 법조

슈퍼맨은 사전승인을 받지 않아도 마음대로 하늘을 날 수 있다. 아무 도구 없이 날아다니기 때문이다. 슈퍼맨은 망토를 휘날리며 날아다니지만 망토가 없다고 날지 못하는 것은 아니다.

문에서 "항행 중의 항공기를 추락 또는 전복시키거나 파괴한 자"는 고의로 그런 행동을 한 경우다. 슈퍼맨이 고의로 비행기와 충돌해 추락을 시켰을 리는 없다(베지터는 그럴 수도 있겠다). 고의가 아니라면 '과실'이다.

> **항공법 제160조 (과실에 의한 항공상위험발생등의 죄)**
> ① 과실로 항공기·비행장·공항시설 또는 항행안전시설을 손괴하거나 기타의 방법으로 항공상의 위험을 발생하게 하거나 항행중의 항공기를 추락 또는 전복시키거나 파괴한 자는 1년 이하의 징역이나 금고 또는 2천만원이하의 벌금에 처한다.

다행이다. 1년 이하의 징역에 처하므로 과실이 심하다 해도 1년 이상은 감옥에 있지 않는다. 그런데 슈퍼맨이 날아다니는 것은 어제오늘 일이 아니다. 무척 오랫동안 날아다니며 살아왔다. 이런 경우 적용해야 할 것은 그냥 과실이 아니지 않을까? 그렇다. 업무상 과실을 적용해야 한다.

> **항공법 제160조 (과실에 의한 항공상위험발생등의 죄)**
> ② 업무상 과실 또는 중대한 과실로 제1항의 죄를 범한 때에는 3년 이하의 징역이나 금고 또는 5천만원이하의 벌금에 처한다.

아무리 봐도 슈퍼맨은 업무상 과실이다. 다행히 핸콕 같은 타입은 아니기 때문에 무거운 벌을 받지는 않을 것이다. 핸콕처럼 술을 마시고 한눈을 팔면서 날아다니다 비행기와 충돌한다면 가장 무거운 벌인 3년 징역형에 처해질 것이다.

02

〈스파이더맨〉으로 알아보는
민법

들어가는 글

민법 이야기

민법은 영어로 Civil Law라고 한다. 시민을 위한 법이라는 뜻이다. 우리나라 민법은 총칙, 물권, 채권, 친족, 상속의 다섯 편으로 구성돼 있다. 총칙은 다른 모든 편에 공통적으로 적용되는 원칙을 묶은 것이다. 물권과 채권, 상속은 명백하게 재산과 관련된 부분이다. 친족은 가족과 친족의 범위 등에 관한 것이지만, 상속의 범위를 규정한다는 점에서 재산과 무관하다고는 할 수 없다. 시민을 위한 법이라는 민법에 왜 이렇게 재산에 관련된 내용만 나오는 것일까? 세상에서 제일 중요한 것은 돈이라고 말하고 싶은 걸까?

먼저 시민이라는 말로 돌아가자. 이 단어는 프랑스혁명 이후에 처음 쓰였는데, 단순히 도시에 사는 사람이라는 뜻이 아니다. 자유를 지키기 위해 왕정이나 독재에 맞서 싸우는 사람을 말한다. 근대사회는 개인의 존엄을 인정하고 개인의 자유를 최대한 보장하는 것을 이념으로 삼았다. 때문에 시민의 자유를 보장하기 위해 국가의 간섭을 최소한으로 줄였다. 그래서 시민혁명 이후로 노예제도와 봉건제도가 무너지고 자유가 찾아왔고 그 자유에는 자신의 생활은 스스로의 힘으로 꾸려가야 할 책임이 따랐다. 자유로운 개인이 의지할 수 있는 것은 오직 자신의 재산이다. 재산을 갖는 사람의 절대적

지배를 인정하고, 서로 이를 침해하지 않도록 노력해야 한다. 그래서 민법에는 어떤 재산이 누구의 것인지 명확히 하고, 재산에 손해가 발생했을 때 누가 책임을 져야 하는지 등 재산에 관련된 내용이 주를 이루는 것이다. 결국 민법에서 말하고자 하는 것을 요약하면 이런 것이 아닐까 싶다.

"돈은 중요하다. 돈 자체가 중요하기 때문이 아니라, 자유를 누리려면 어느 정도의 돈이 있어야 하기 때문이다."

포켓몬스터의 주인은 누구일까?

〈포켓몬스터〉 속 민법

이 세상 모든 포켓몬스터를 수집하려는 야망을 가진 로켓단! 포켓몬의 세포를 채취해 그 누구보다 강한 새로운 포켓몬 '뮤츠'를 만들려는 것이 그들이 꿈이다. 뛰어난 과학자와 방대한 조직, 실력 있는 간부들도 있었기에 그들의 계획은 금방 실현될 것처럼 보였다. 그러나…….

"대체 초딩들 때문에 계획을 진행할 수가 없어!"

숲에 있는 많은 포켓몬들이 로켓단의 손에 들어오기 전, 재미 삼아 포켓몬을 수집하는 초등학생들의 손에 들어간 것이다. 개념 없는 초딩들의 남획으로 숲 속의 포켓몬은 씨가 마를 지경. 최강의 포켓몬을 만들겠다는 로켓단의 원대한 계획은 틀어져도 단단히 틀어져버렸다. 로켓단은 초딩들을 회유하기로 했다.

"얘, 네 이름이 지우라고 했지? 아저씨가 그 포켓몬이 필요해서 그런데 나한테 팔면 안 되겠니?"

"님, 얼마까지 알아보고 오셨삼?"

"뭐? 님? 이 녀석이! 음…… 내가 참자. 한 5천 원 정도?"

"헐. 5만 원 이하면 즐. 피카츄, 전기 공격!"

"으아아악!"

거래를 시도하다 초딩에게 공격까지 당한 로켓단은 강경 대응을 하기로 했다. 애들을 공격했냐고? 무슨! 상식 있는 이 시대의 어른이 그럴 리가 있나. 로켓단은 숲의 등기부등본을 뗀 후 소유주에게 찾아갔다.

"사장님, 숲에서 초딩들이 포켓몬을 잡아가는 걸 알고 계셨나요?"

"네? 누가 제 땅에서 허락 없이 사냥을 하고 있단 말인가요? 안 되지 그건."

"저희가 소송 비용은 전부 내겠습니다. 대신 승소해서 포켓몬을 돌려받게 되면 저희한테 시가로 파시는 건 어떨까요?"

"허허. 나야 뭐 나쁠 것 없지. 그렇게 해주시오."

이렇게 로켓단과 초딩들(정확히는 초딩들의 법정대리인인 부모들)은 포켓몬의 소유권 분쟁에 들어가는데…….

내 물건을 마음대로 할 수 있는 이유
– 법적 권리와 의무

포켓몬이 누구 것인지 판가름하는 일은 재산권과 관련된 문제다. 재산 문제는 주로 민법에서 다룬다. 포켓몬이 누구의 것인지 판단하기 위해서는 재산에는 어떤 것이 있는지, 그리고 재산권은 어떤 성질의 것인지부터 살펴봐야 한다.

보통 권리와 의무라는 말은 함께 놓이는 경우가 많다. 권리와 의무의 정확한 뜻부터 알아보자. 권리는 어떤 일을 마음대로 하거나, 다른 사람에게 어떤 일을 해달라고 당연히 요구할 수 있는 힘을 말한다. 사람은 타인의 허락을 받지 않고도 거리를 마음대로 걸어 다닐 수 있다. 내 마음대로 걸을 권리가 있기 때문이다. 과자를 사서 내가 먹든지 친구를 주든지 마음대로 할 수 있다. 그럴 권리가 있기 때문이다. 다른 사람에게 어떤 일을 해달라고 요구하는 것도 권리다. 집에서 밥을 먹으면서 구걸하지 않아도 되는 것은 부모로부터 보호와 양육을 받을 권리가 있기 때문이다(물론 그렇다고 부모님한테 권리 주장을 했다간 천하의 불효 자식 소리를 들을 수 있으니 잠자코 감사해하자).

권리의 반대편에는 의무가 있다. 의무는 사람으로서 마땅히 해야 할 일이다. 부모는 자식을 잘 키울 의무가 있다. 말을 듣지 않는다고 밥을 굶기는 것은 부모의 의무를 다하지 못한 것이다.

내 물건을 다른 사람이 멋대로 가져갈 수 없는 이유는 무엇일까? 다른 사람의 물건을 함부로 가져가는 것은 해서는 안 되는 일이고 사회적으로 용납할 수 없는 일이기 때문이다. 그런 일이 허용되면 세상은 큰 혼란에 빠질 것이다. 힘이 강한 사람이 약한 사람의 물건을 함부로 빼앗는 일이 자주 벌어질 것이기 때문이다. 법은 그런 일이 일어나지 않도록 세심한 주의를 기울인다. 그러려면 우선적으로 어느 것이 누구의 재산인지 명확히 해두어야 한다.

권리 중에 재산에 대한 권리를 '재산권'이라고 한다. 쉽게 말해 '이건 내 거니까 마음대로 해도 돼'라는 것이다. 그런데 재산은 물건만 있는 것이 아니다. 민법에서는 재산권을 물권, 채권, 무체재산권의 세 가지로 나눈다.

법은 내 것과 네 것을 엄격히 나눈다
− 채권의 의미

재산권 중 '물권'은 물건에 대한 권리를 말한다. 쉽게 말해 자기 물건을 마음대로 할 수 있는 권리다.

'채권'은 어떤 일을 해달라고 당연히 요구할 수 있는 권리다. 은행의 예금통장을 떠올리면 알기 쉽다. 은행에서 예금통장을 만들고 10만 원을 예금하면 금액이 찍힌 통장을 준다. 이것은 재산일까 아닐까? 재산이라면 얼마짜리 재산일까? 방금 10만 원을 예금하고 받은 통장이므로 10만 원의 가치가 있는 재산일까?

은행에서 받은 통장을 곰곰이 보면 10만 원이라는 금액이 적힌 종잇조각에 불과하다. 포토샵 같은 프로그램을 잘 다루는 사람이라면 집에서 프린트를 사용해 통장을 흉내내 만들 수도 있다. 그러나 예금 잔액이 10만 원이라고 타이핑된 것을 프린트해도 별 소용은 없다. 은행에서 준 예금통장만이 재산이 된다. 은행에 가서 10만 원을 인출해달라고 하면 군말 없이 주기 때문이다. 예금통장은 언제든지 은행에 가서 통장에 있는 돈을 달라고 할 권리를 부여한다. 따라서 어떤 일을 해달라고 당연히 요구할 수 있는 권리인 채권에 해당하는 재산이다.

집에서 포토샵으로 만든 통장으로 은행에 가서 돈을 달라고 요구하면 사기죄로 경찰서에 잡혀가게 될 것이다. 법은 내 것이 아닌 것을 내 것이라고 하는 일을 매우 엄격히 다스린다. 내 것을 내 것으로 지키는 권리를 확실하게 보호해주기 위해서다.

친구에게 돈을 빌려준 것도 채권에 속하는 재산이다. 친구에게 만 원을 빌려주었다면 만 원을 돌려달라고 당연히 요구할 수 있기 때문이다(물론 친구는 당신의 요구를 종종 무시하곤 한다. 무심한 듯 시크한 녀석 같으니). 반대로 돈을 빌린 사람은 돈을 갚을 의무가 있는데 이것을 '채무'라고 한다.

돈이 아닌 다른 것을 요구할 수 있는 권리나 의무도 채권과 채무라고 하지만, 일상생활에서 흔히 사용하는 채권이라는 말은 대개 돈을 받을 권리를 말하고 채무는 돈을 갚을 의무를 말한다.

해리 포터의 투명 망토는 어떤 재산일까?
– 지적재산권

재산권 중 무체재산권은 형체가 없는 재산에 대한 권리를 말한다. 형체가 없다는 말은 눈에 보이지 않는다는 뜻이다. 그렇다면 해리 포터에 나오는 투명망토는 무체재산권일까? 눈에 보이지는 않지만 만지고 사용할 수 있다. 투명 망토는 물건에 해당한다. 걸치든지 버리든지 주인이 마음대로 할 수 있는 물건이고, 때문에 그에 대한 권리는 물권에 속한다.

무체재산권은 형체가 없는 것이므로 볼 수도 만질 수도 없다(우리 마음속에 있는 거죠). 특허권, 상표권, 저작권이 여기 속한다. 특허는 주로 어떤 물건을 자기 혼자서만 만들어 팔 수 있는 권리를 말한다. 발명왕 에디슨은 특허왕 에디슨이기도 하다.

상표권은 어떤 물건의 이름이나 로고를 혼자만 사용할 권리를 말한다. 운동화 상표 '나이키' 같은 것이 여기에 속한다. 나이키라는 이름과 로고는 미국 나이키사 본사에서 허락한 곳에서만 사용할 수 있다.

저작권은 음악, 영화, 소설 등 새로운 창작물을 만든 사람에게 주어지는 권리다. 어떤 노래를 자신의 MP3에 담아 듣고 싶다면 저작권을 가진 사람에게 돈을 지불하고 사와야 한다(MP3를 공공재처럼 여기며 돈 내라는 요구에 분노를 표출하는 사람이 많은데 사서 듣는 게 정상이다).

무체재산권은 형체가 없고 주로 머릿속에 있는 지식이나 상상력으로 만들어낸 재산이기 때문에 요즘은 '지적 재산권'이라고도 부른다.

방귀를 사고팔 수 있을까?
– 민법상의 물건

향긋한 냄새를 맡으면 기분이 좋다. 그런데 냄새는 재산일까 아닐까? 냄새가 재산이라면 사고팔 수 있는 물건이 된다. 누군가 만들어 낸 좋은 냄새를 맡았는데 냄새를 만든 사람이 돈을 요구한다면 어떨까? 이런 내용을 담은 전래 동화 〈단 방귀 사려〉를 보자.

착한 나무꾼이 나무를 하러 산에 갔다 우연히 바위틈에서 꿀을 발견했다. 배가 터지도록 꿀을 먹고 나서 방귀를 뀌었는데 단 냄새가 진동했다. 그래서 방귀를 팔러 나갔다. "단 방귀 사려, 단 방귀 사려" 하고 돌아다니는데, 그 고을 원님이 심심해서 방귀를 팔아보라고 했다. 나무꾼이 엉덩이를 원님 코앞에 대고 배를 꾹 누르니 방귀가 '붕' 하고 나왔는데, 그 냄새가 아주 좋았다. 원님은 부인, 아들, 며느리를 다 불러 방귀 한 방씩을 먹게 했다. 나무꾼은 방귀를 팔아 돈을 많이 벌게 되었다.

이번에는 외국 동화인 〈샌지와 빵집 주인〉을 짧게 간추려보자.

가난한 청년 샌지는 낯선 곳에서 작은 방을 하나 얻었다. 아래층에는 빵집이 있어서 샌지는 구수하게 올라오는 빵 냄새를 맡으며 즐거운 나날을 보낸다. 그러던 어느 날 샌지가 빵집 주인에게 빵집에서 풍겨오는 냄새가 참 좋아서 자주 맡는다고 하자, 주인은 샌지에게 빵 냄새를 맡은 값을 내라며 고소한다.

재판소까지 가게 된 불쌍한 샌지. 재판관은 돈 다섯 냥을 가져오라고 해 샌지는 친구들의 도움으로 어렵게 돈을 마련한다(돈 빌려주는 친구가 가장 좋은 친구다). 다음 날, 재판소에서 샌지는 죽을상이고 빵집 주인은 돈 받을 생각에 신이 나 있다. 재판관은 샌지에게 돈 다섯 냥을 항아리에 한 냥씩 넣으라고 했다. 모두 귀를 기울였다. 재판관은 빵집 주인에게 다 들었냐고 물어보자 주인은 들었다고 했다. 재판관은 돈 떨어지는 소리를 들은 것이 빵 냄새를 맡은 값이라고 말하며, 샌지에게 돈을 다시 가져가라고 한다. 빵집 주인은 할 말을 잃었고 현명한 재판관 덕에 샌지는 위기를 탈출한다.

동화에 의하면 방귀는 사고팔 수 있지만, 빵 냄새를 맡은 값은 지불하지 않아도 된다. 실제로 이런 일이 벌어진다면 어떨까?

우선 민법에서 말하는 '물건'의 정의를 보자. "물건은 유체물 및 전기, 기타 관리할 수 있는 자연력이다." 무체재산권의 '무체'는 형체가 없는 물건을 말한다. 반면 유체물은 형체가 있는 물건을 말한다. 형체가 있는 물건은 모두 재산이 될 수 있다. 심지어는 똥도 거름으로 사용할 수 있으므로(물론 약에 쓰려면 없지만……) 재산이 될 수 있다. 사향 고양이 똥은 고급 커피 원료로 쓰이는데 무척 비싸게 팔린다.

전기는 눈에 보이지 않지만 재산에 속한다. 그래서 전기를 쓴 만큼 전기 요금을 내야 한다. 전신주에 걸린 전깃줄에 멋대로 선을 연결해 전기를 끌어다 쓰면 남의 재산을 가져온 것이 되므로 손해배상 청구를 받게 된다.

'관리할 수 있는 자연력'도 물건에 속하고 재산이 될 수 있다. 자연력은 바람, 빛, 눈, 비, 냄새처럼 자연에 있는 힘을 말하는데, 이런 것도 관리만 할 수 있다면 재산이 될 수 있다. 자연현상으로 발생하는

어느 날 샌지가 빵집 주인에게 빵집에서 풍겨오는 냄새가 참 좋아서 자주 맡는다고 하자, 주인은 샌지에게 빵 냄새를 맡은 값을 내라며 고소한다.

비나 바람은 재산이 될 수 없지만 이를 마음대로 조절하는 마법사가 있다면 그 사람에게는 비와 바람이 재산이 될 것이다. 돈을 받고 비를 내리게 하거나 바람이 불게 해주는 계약도 가능하다.

〈단 방귀 사려〉의 나무꾼은 방귀 냄새를 관리할 수 있었다. 냄새를 뱃속에 담아두고 있다 원님이 돈을 내자 배를 눌러 방귀를 뀌었다. 관리할 수 있는 것이므로 물건이 되고, 돈으로 사고팔 수 있는 재산이 된 경우다.

하지만 빵 냄새는 빵집 주인이 관리할 수 없는 것이다. 빵을 구울 때 저절로 생겨나 공중으로 날아가기 때문이다. 이런 것은 재산이 될 수 없다. 재산이 아니므로 돈으로 사고팔 수 없다. 빵 냄새를 맡았다고 돈을 달라고 할 권리가 없는 것이다.

향수는 냄새를 상품 즉, 재산으로 만든 경우다. 언제든지 향수를 뿌리면 자신의 몸에서 좋은 냄새가 나게 만들어준다. 즉, 냄새를 관리할 수 있게 만든 것이므로 재산이 된다. 하지만 향수를 몸에 바르는 순간 냄새는 관리할 수 없는 물건이 된다. 병에 담긴 향수 냄새를 맡는 것은 다른 사람의 재산에 손을 대는 일이므로 주인의 허락을 구하는 것이 예의다. 하지만 사람 몸에서 풍기는 향수 냄새를 맡는 것은 허락을 구할 필요가 없다. 가까이 다가가 코를 대고 킁킁거리며 냄새를 맡는 것은 무척 실례되는 일이지만 말이다(당신이 미남이라면 실례로 그치겠지만 그렇지 않다면? 더 이상의 자세한 설명은 생략한다).

돈을 갚지 않는다고 때려도 될까?
– 민법으로 해결할 일, 형법으로 해결할 일

전래 동화 〈단 방귀 사려〉의 뒷 이야기를 마저 보자.

나무꾼이 방귀를 팔아 돈을 많이 번 것을 알게 된 마음씨 고약한 이웃집 농부가 있었다. 그는 나무꾼이 돈을 번 것에 배 아파하며 어떻게 된 일인지 물었다. 착한 나무꾼은 그간에 일어난 일을 소상히 알려주었다. 어떤 동화에서는 그 사람을 골려주려고 콩을 볶아 먹으면 구수한 냄새가 난다고 알려주었다고 나온다(그럼 전혀 착한 사람이 아니잖아!).

어쨌든 나무꾼의 이웃도 원님에게 방귀를 팔러 간다. 원님은 이번에도 사겠다고 한다. 부인, 아들, 며느리도 원님 뒤에 줄을 섰다. 원님이 농부의 엉덩이에 얼굴을 바짝 댔다. 농부가 엉덩이를 내밀고 배를 꾹 누르자 구린 방귀 냄새가 진동했다. 화가 난 원님은 농부에게 벌로 곤장을 맞게 했다. 농부는 만신창이가 된 몸을 이끌고 집으로 돌아왔다.

원님의 행동은 과연 올바른 일일까? 물건을 사고파는 일은 민법으로 처리할 사항이고, 사람을 때리는 일은 형법으로 처리하는 일이다. 두 가지 일을 별개로 다룬다.

어떤 사람이 돈을 갚지 않는다고 그 사람을 때리는 것은 허용되지 않는다. 돈을 갚지 않는 일은 민법의 절차를 통해 해결해야 한다. 그 사람의 재산을 처분해서 받을 돈을 찾아와야 한다. 사람을 때리는 일은 형법으로 처벌하는 일이다. 돈을 갚지 않는다고 때리면 형벌을 받아야 한다.

돈이 있는데도 빌린 돈을 이유 없이 갚지 않는 사람은 대개 나쁜 사람이다. 하지만 이런 사람을 경찰에 고발할 수는 없다. 경찰에서 다루는 일은 물건을 훔치거나 사람을 때리거나 하는 범죄지, 돈을 갚지 않는 일처럼 민법에서 해결할 일이 아니기 때문이다(그걸 알기 때문에 당신의 친구는 돈을 갚지 않는 것이다).

단 방귀를 사려고 돈을 지불했는데 구린 방귀 냄새를 맡은 원님은 어떻게 해야 할까? 자신이 사려고 했던 물건과 다르므로 돈을 돌려받으면 된다. 인터넷 쇼핑몰에서 물건을 샀는데 자신이 주문한 것과 다른 물건이 왔다면 언제든지 환불할 수 있는 것과 같은 이치다. 또한 구린 방귀 냄새 때문에 정신적인 충격을 받았다면 그에 따른 위자료를 받으면 된다. 원님이 아니라 대통령이라도 구린 방귀 냄새를 맡았다고 사람을 때리는 일은 허용되지 않는다.

움직이는 재산, 움직이지 않는 재산
- 동산과 부동산

물권의 대상인 물건을 나누는 방법도 여러 가지인데, 가장 흔하게 사용하는 것은 부동산(不動産)과 동산(動産)으로 나누는 것이다. 물건 중에 움직이는 것은 동산이라고 한다. 흔히 사용하는 TV, 핸드폰, MP3, 책 같은 것이다. 부동산은 움직이지 않는 것인데 대표적인 것이 토지 즉, 땅이다. 그리고 땅에 붙어 움직이지 않는 것인 건물도 부동산이다. 다리나 돌담, 도로의 포장 등도 부동산에 종속된 물건으로 본다. 나무는 잘라서 운반할 수 있으므로 동산에 속하지만, 땅에 심어져 있을 때는 땅에 종속된 부동산으로 본다.

거리에서 부동산중개소 간판을 찾는 것은 어렵지 않다. 하지만 이 부동산중개소가 모든 부동산을 취급하는 것은 아니다. 땅에 심어진 나무도 부동산이지만, 부동산중개소가 아니라 수목원에서 사고판다. 땅 위에 있는 돌담이나 도로의 포장을 사고파는 일도 없다. 그런 것을 떼어 파는 것은 불가능하거나 아무 이득이 없기 때문이다.

    건물도 원래는 땅과 함께 거래되는 것이 보통이었다. 그런데 좁은 땅을 여러 사람이 살 수 있도록 아파트를 짓고, 높은 건물을 짓는 바람에 건물만 따로 떼어 팔거나, 아파트처럼 건물의 일부를 사고파는 일도 가능하게 되었다. 건물을 땅과 분리된 독립된 부동산으로 취급하는 것이 편한 것이다.

'하울의 움직이는 성'은 부동산일까?
– 재산등록과 등기부등본

행주산성이나 수원성 같은 한국의 성은 무척 넓은 곳을 둘러싼 방어용 군사시설이지만, 유럽에서는 귀족들이 주거용으로 성을 짓는 일이 많았다. 우리의 성은 국가의 소유이고 국보나 문화재에 속하기 때문에 사고팔 수 없다. 하지만 유럽의 성은 개인 소유인 것이 많기에 사고파는 일이 가능하다. 이런 성도 땅 위에 고착돼 있는 것이므로 부동산에 속한다. '하울의 움직이는 성'은 동산일까 부동산일까? 일단 외관은 유럽의 성처럼 생겼다. 그런데 다리가 달려서 스스로 이동을 한다. 때문에 움직이는 물건이 되었으므로 동산이 맞다. 하지만 법적으로는 부동산과 비슷한 대우를 받을 것이다.

    부동산은 누구의 소유인지 나라에 등록을 해야 한다. 이것을 '등기'라고 부른다. 부동산을 구입할 때 제일 먼저 확인하는 것이 등기부등본이다. 팔겠다는 사람의 소유가 맞는지 확인하는 것이다. 하지만 집 안에 있는 TV, 소파, 책상, PC 같은 물건은 나라에 등록하지 않는다. 그 물건을 가진 사람이 주인이기 때문이다. 설사 훔친 물건이라 해도, 그 사실을 모르는 상황에서는 물건을 가진 사람을 주인으로 본다. 하지만 땅이나 건물처럼 등록을 하는 재산은 나라에 등기돼 있는 사람이 주인이다. 아파트에 전세를 사는 것을 생각하면 이해하기 쉽다. 아파트의 주인은 전세를 살고 있는 사람이 아니라 나라에 등기된 집주인이다.

그런데 자동차, 선박, 비행기, 중장비 같은 것들은 움직이는 동산이지만 등록 즉, 등기를 한다. 이유는 여러 가지가 있지만 제일 중요한 것은 세금을 거두기 위해서다. 세금 중에는 재산을 가진 사람에게 거둬들이는 재산세라는 것이 있다. TV나 PC도 재산이지만 세금을 물리지는 않는다. 비싼 물건도 아니고 언제 내다 버릴지, 언제 다른 사람에게 팔아버릴지 알 수 없기 때문에 세금을 걷는 것이 번거롭기 때문이다. 땅, 건물, 선박, 비행기 같은 비싸고, 함부로 버리지 않고, 자주 사고팔지 않는 물건은 재산세를 거두기가 쉽다. 나라에 등기를 하면 세금을 걷기 쉽다는 말이다. 그래서 자동차나 선박, 비행기, 중장비 같은 고가의 물건은 등기를 하고 매년 재산세를 낸다.

하울의 움직이는 성은 성처럼 생겼지만, 이동을 한다는 점에서 대형 크레인 같은 건설장비로 볼 수 있다. 성으로 생각하든 중장비로 생각하든 나라에 등기를 해야 한다는 점에는 차이가 없다. 다만 세

하울의 움직이는 성은 동산일까 부동산일까? 외관은 유럽의 성처럼 생겼다. 그런데 다리가 달려서 스스로 이동을 한다. 때문에 움직이는 물건이 되었으므로 동산이 맞다. 하지만 법적으로는 부동산과 비슷한 대우를 받을 것이다.

금 액수에서 차이가 난다. 중장비로 볼 경우 성으로 보는 것보다 세금이 적다. 세금 문제를 놓고 나라와 하울은 치열한 법적 공방을 벌여야 할지도 모른다.

애니메이션 속 하울은 성을 등기 등록하고 매년 재산세를 내는 것으로는 보이지 않는다. 이때는 법을 지키지 않았으므로 나라에서 압수를 해가게 된다.

이와 비슷한 것이 '천공의 섬 라퓨타'다. 라퓨타는 토지에 해당할까? 라퓨타에는 풀도 나 있고 건물도 지어져 있어 토지로 보이지만 문제는 날아다닌다는 것이다. 라퓨타를 토지로 봐야 할지 항공기로

천공의 섬 라퓨타는 토지에 해당할까? 라퓨타에는 풀도 나 있고 건물도 지어져 있어 토지로 보이지만 문제는 날아다닌다는 것이다.

봐야 할지 애매모호하다. 토지냐 항공기냐를 둘러싸고 법정에서 다퉈야 할지도 모른다. 그런 다툼이 싫어서, 그리고 세금 내기가 싫어서 라퓨타는 사람들 눈에 안 띄는 높은 곳에서 비행하는 것은 아닐까?

땅에 떨어진 과일은 누구 것일까?
– 소유권 획득의 조건

토끼와 개구리와 참새가 길을 가다 땅에 떨어진 사과를 보았다. 참새가 먼저 발견하고는 "저기 사과가 있다"고 했다. 그러자 개구리는 "저건 내 거야"라고 말했고, 토끼는 재빨리 달려가 사과를 주웠다.

세 친구는 서로 자기 것이라며 다투기 시작했다. 과연 사과는 누구의 것일까? 먼저 본 사람이 임자일까, 먼저 내 것이라고 말한 사람이 임자일까, 먼저 주운 사람이 임자일까?

어떤 물건이 내 재산이 되는 경우는 두 가지가 있다. 먼저 주인이 있는 물건을 정당한 방법을 사용해 내 것으로 만드는 것이다. 정당한 방법은 주인에게 물건을 사는 '매매', 주인이 죽으면서 물건을 물려주는 '상속', 주인이 아무 대가 없이 물건을 주는 '증여'의 세 가지가 있다. 두번째는 주인 없는 물건을 내 것으로 만드는 것이다. 주인이 없는 것은 무주(無主), 주인이 없는 물건은 무주물(無主物)이라고 부른다. 이와 관련된 민법의 조항을 보자.

민법 제252조 (무주물의 귀속)
① 무주의 동산을 소유의 의사로 점유한 자는 그 소유권을 취득한다.
② 무주의 부동산은 국유로 한다.
③ 야생하는 동물은 무주물로 하고 사육하는 야생동물은 다시 야생 상태로 돌아가면 무주물로 한다.

먼저 ②항의 주인 없는 부동산은 거의 없지만 그래도 간혹 그런 일이 발생한다. 땅을 많이 가진 사람이 죽었는데 물려줄 후손이 없는 경우다. 이때 그 재산은 나라의 소유 즉, 국유가 된다. 주인이 없는 땅을 발견하고 '이거 내 꺼'라고 해봐야 아무 소용이 없다는 말이다. ①항에서 말하는 주인 없는 동산은 '먼저 가진 사람이 임자'라는 뜻이다. 앞서 나온 동화의 경우는 가장 먼저 주운 토끼가 사과의 주인이 된다. 먼저 본 것이나, 먼저 내 것이라고 말하는 것은 법적으로 아무 효과가 없다. 법적으로는 먼저 주운 사람이 임자다.

야산에서 밤나무를 흔들어 밤을 따도 될까?
– 부동산의 범위

땅에 떨어진 사과를 임자 없는 물건이라며 멋대로 가져도 되는 것일까? 그럴 수도 있고 아닐 수도 있다. 가장 중요한 것은 땅에 떨어지기 전의 상황이다. 흔히 사과나무는 땅에 뿌리를 내리고 있고 그 땅에는 주인이 있다.

사과나무는 땅에 딸린 부동산이고 땅 주인의 소유다. 사과가 나무에 매달려 있는 동안에는 나무의 일부이므로 땅주인 소유가 된다. 나무에 달린 사과는 주인이 있는 물건이므로 함부로 따서는 안 된다. 다른 사람의 땅에서 꽃을 따는 일도 원칙적으로는 허용되지 않는다. 주인이 있는 물건을 마음대로 가져가는 것이므로 절도에 해당한다. 남이 꽃을 땄다고 절도로 신고하는 사람은 없겠지만, 법적으로 엄밀히 말하면 해서는 안 되는 일이다.

가을철이 되면 야산에서 밤이 탐스럽게 익은 것을 자주 볼 수 있다. 주인이 밤나무를 가꾼 흔적도 전혀 없다. 바닥에는 저절로 떨어진 밤이 썩어 굴러다닌다. 아까운 일이다. 이럴 때 장대로 치거나 나무를 흔들어 밤을 떨어뜨려도 될까? 법적으로는 안 된다. 아무리 방치된 경우라 해도 엄연히 주인이 있는 물건이므로 이를 가져오는 것은 절도에 해당한다.

  하지만 만약 이렇게 방치된 과일을 가져간 일로 재판을 받는다면, 판사는 주인이 암묵적으로 소유권을 포기한 것이라고 판단할 수 있다. 즉, 이런 일로 처벌을 받을 일은 거의 없다는 말이다. 법은 엄격하기는 하지만 정의를 지키기 위한 것일 뿐, 별것 아닌 일로 사람을 처벌하기 위해 만든 것이 아니기 때문이다.

산에서 다람쥐를 잡아도 될까?
- 야생동물의 소유권

드디어 기다리고 기다리던 포켓몬스터를 마구 잡아도 되는 것인지에 대한 답을 살펴보자. 민법 제252조(무주물의 귀속)의 ③항을 보자. "야생하는 동물은 무주물로 하고 사육하는 야생동물은 다시 야생상태로 돌아가면 무주물로 한다." 야생동물은 주인 없는 물건이므로 마음대로 잡아도 된다는 말이다. 사람 이외의 생물은 법적으로 물건

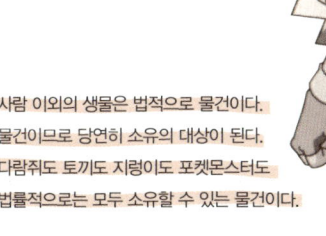

사람 이외의 생물은 법적으로 물건이다. 물건이므로 당연히 소유의 대상이 된다. 다람쥐도 토끼도 지렁이도 포켓몬스터도 법률적으로는 모두 소유할 수 있는 물건이다.

이다. 물건이므로 당연히 소유의 대상이 된다. 다람쥐도 토끼도 지렁이도 포켓몬스터도 법률적으로는 모두 소유할 수 있는 물건이다.

어느 땅에서 잡았는지도 문제가 되지 않는다. 동물은 움직이기 때문이다. 지금 A라는 땅 위에 있다고 해서 A 땅 주인의 것은 아니다. 움직이는 것이므로 옆의 땅에서 잠시 왔을 수도 있다. 설사 A라는 땅에 굴을 파고 둥지를 틀고 있어도 언제든지 다른 곳으로 이사 갈 수 있다. 움직일 수 없는 나무는 그 땅의 주인 소유지만, 움직이는 야생동물은 주인 없는 물건이고, 따라서 먼저 갖는 사람이 임자다. 또한 잡아서 키우던 포켓몬스터가 도망을 치면 내 것이 아니다. 누군가 다른 사람이 다시 잡았다면 그 사람의 소유인 것이다. "원래 내가 키우던 거니까 돌려줘"라는 말은 통하지 않는다.

모든 야생동물을 만화 속 포켓몬스터처럼 멋대로 잡을 수 있는 것은 아니다. 멸종 위기에 처했거나 하는 등의 이유로 보호하는 동물은 잡을 수 없다. 그리고 생태를 보호하는 국립공원 같은 곳에서는 보호 동물이 아닌 경우도 절대 잡아서는 안 된다. 동물은커녕 땅에 떨어진 도토리나 밤, 심지어 나뭇가지 하나 가져오는 것도 허용되지 않는 곳도 있으므로 주의해야 한다.

요술램프를 주워 가져도 될까?
– 부당이득

〈알라딘과 요술 램프〉 이야기를 모르는 사람은 없을 것이다. 램프를 문지르면 요정 지니가 나타나 소원을 들어준다는 내용이다. 여기서 알라딘은 램프를 주워 가졌다. 주운 램프를 이처럼 멋대로 자기 것으로 만들어도 괜찮을까? 이런 일은 실제 생활에서 수도 없이 발생한다. 거리에서 천 원을 주웠다면 대개 사람들은 별 고민 없이 자기 지갑에 넣을 것이다. 하지만 얼마 전에 벌어진 사건처럼 주차장에서 10억 원의 현금을 주웠다면? 그냥 내 것으로 하기에는 조금 무섭지 않을까? 이런 무서움은 어디서 오는 것일까?

거리에 떨어진 물건은 두 종류다. 주인이 버린 물건이거나 잃어버린 물건이다. 버린 물건은 '무주물'이라 한다. 한눈에도 버린 물건으로 보이는 것들을 말한다. 예를 들면 쓰레기통 속 빈 병, 빈 캔, 아이스크림 막대기 등이다. 이런 물건은 먼저 갖는 사람이 임자다. 또 재활용 쓰레기를 버리는 곳에 쓸 만한 물건이 버려져 있는 일도 많다. 이런 것을 주워서 자기 것으로 만드는 것은 마음대로 해도 된다. 아파트 경비 아저씨에게 허락을 받을 필요가 없다. 그러나 주인이 잃어버려서 땅에 떨어진 물건을 주워 자기 것으로 만드는 것은 법적으로 허용되지 않는다. '점유이탈물횡령죄'에 해당하는데 말이 너무 어렵다. 민법의 부당이득 조문을 적용하자.

민법 제741조 (부당이득의 내용)

법률상 원인 없이 타인의 재산 또는 노무로 인하여 이익을 얻고 이로 인하여 타인에게 손해를 가한 자는 그 이익을 반환해야 한다.

아무 대가도 지불하지 않고 얻은 이익은 부당하게 얻은 것이므로 원래의 주인에게 돌려줘야 한다는 말이다. 누군가 잃어버린 물건을 줍는 것, 가게 주인이 실수로 거스름돈을 많이 준 것, 10만 원짜리 물건을 샀는데 만 원으로 계산된 것 등이다. 이런 부당한 이득은 모두 원래대로 돌려줘야 한다.

잃어버린 물건이 확실한데 주인이 찾을 생각이 없는 경우도 있다. 거리에 떨어진 100원짜리 동전, 평범한 연필이나 볼펜 같은 것들이 그렇다. 이런 물건은 일부러 버리는 사람도 없지만 잃어버린 뒤 다시 찾으려 하는 경우도 극히 드물다. 잃어버린 것을 안 순간 어쩔 수 없다고 생각한다. 이런 물건은 어떻게 해야 할까? 아무리 주인이 찾을 생각이 없다 해도 엄연히 주인이 있는 물건이다.

법적인 처리 절차를 보자. 먼저 파출소에 신고하면 습득물보관증을 써준다. 그리고 주인에게 물건을 찾아가라는 공고를 낸다. 1년이 지나도록 주인이 나타나지 않으면 물건은 주워서 신고한 사람의 것이 된다. 그런데 거리에서 100원이나 볼펜을 주운 것을 이렇게 번거롭게 처리할 필요가 있을까? 어렸을 때 100원을 주워 파출소에 신고하러 간 적은 없는지? 자기 딴에는 좋은 일을 한다고 생각했는데, 파출소 순경 아저씨의 태도가 썰렁하거나, 노골적으로 귀찮다는 태도를 보여서 상처입은 사람도 있을 것이다. 사실 절차를 생각하면 귀찮아할 만하다(그러니 적은 돈에는 융통성을 보여서 내 주머니에 넣는 것도 더불어 살아가는 지혜일 수 있다).

근대민법의 제1원칙

〈알라딘과 요술 램프〉를 모르는 사람은 없을 것이다. 램프를 문지르면 요정 지니가 나타나 소원을 들어준다는 내용이다. 여기서 알라딘은 램프를 주워 가졌다. 주운 램프를 알라딘처럼 멋대로 자기 것으로 만들어도 괜찮을까?

– 소유권 절대의 원칙

근대사회의 출발을 1789년 프랑스 혁명으로 보는 역사학자들이 많다. 절대왕제 치하의 프랑스에서는 국민의 2%에 불과한 귀족과 기사 등 특권계급이 나머지 98%의 백성들이 내는 세금을 낭비하며 호화롭게 살고 있었다. 백성들에게는 참을 수 없는 고통이었다. 아무리 열심히 일하고 돈을 벌어도 세금을 내고 나면 남는 것이 별로 없어 궁핍한 생활을 해야만 했기 때문이다.

백성들이 빵이 없어서 굶는다는 말을 들은 왕비 마리 앙투아네트는 "빵이 없으면 고기를 먹으면 되지 않느냐"는 싸가지 없는 말도 서슴없이 했다. 왕은 무한한 자유를 누렸지만 백성들은 자유를 거의 인정받지 못했다. 백성들은 점점 의문에 찼다. 똑같은 사람인데 왜 신분에 차이가 있을까? 신분이 다르다고 해서 왜 차별을 받아야 할까? 귀족들은 일도 안 하면서 호화롭게 사는데 왜 우리는 뼈 빠지게 일하면서도 가난하게 사는 것일까? 결국 민중은 참지 않고 무기를 들고 일어나 왕정을 무너뜨렸다.

이것이 1789년 프랑스 혁명이고 그때 국민회의가 발표한 것이 그 유명한 인권선언이다. 인권선언은 총 16조로 이루어져 있는데 그중 제1조는 이렇게 시작한다.

제1조

인간은 태어나면서부터 자유롭고 평등한 권리를 갖는다.

프랑스 혁명 이후로 시민이 탄생했고 시민은 자유를 얻는 대신 자기 삶에 대해 무한 책임을 지게 되었다. 때문에 재산이 중요해지고, 그에 따른 권리 등에 관한 원칙과 규칙을 세세하게 정한 것이 현재의 민법이다. 심지어 개인의 재산에 대해서는 아무리 국가라도 부당한 침해를 할 수 없다.

개인의 재산에 대해 국가나 다른 사람이 간섭하거나 제한을 하지 못하게 하는 것을 '사유재산권 존중의 원칙'이라고 부른다. 사유재산권 중에 가장 대표적인 것이 소유권이므로 '소유권 절대의 원칙'이라고도 부른다. 근대 민법은 3대 원칙을 지니고 있는데, 그중 첫 번째가 소유권 절대의 원칙이다.

도박 빚은 영혼을 팔아서라도 갚아야 할까?

〈타짜〉 속 민법

대학생 도일출은 지금 큰 고민에 빠져 있다. 어쩌다 대학 친구들과 시작한 포커 내기. 뚱뚱한 몸에 사교성도 없던 그는 포커 실력만은 자신이 있었다. 그러나 어느 순간 돈을 전부 잃게 되자 잘못된 선택을 하고 만다. 같이 게임을 하던 사람이 아는 형이라고 소개한 사람에게 돈을 빌려서 게임을 이어갔던 것이다. 게임에서 빌린 돈을 모두 잃고 나니 도일출은 앞길이 막막했다.

"저…… 지금은 그만한 돈이 없는데 천천히 갚아도 될지요."

"너, 신체포기 각서 써라."

이후로 그는 조폭들에게 폭행을 당하고, 돈을 갚기 위해 휴학하고 취직한 직장에도 조폭이 찾아오는 등 피폐한 삶을 살게 된다. 결국 조폭들은 그에게 신장을 팔아 돈을 갚으라고 하는데 막상 병원에 가니 당뇨병이 있어 그조차 할 수 없었다. 그러던 중 자신을 '포우'라고 칭한 징수꾼이 나타나 자신이 도둑질을 해서 돈을 구해 갚아줄 테니 영혼을 팔라고 하는데……. 과연 도일출은 눈앞의 사내에게 영혼을 팔아서라도 살 길을 찾아야만 할 것인가?

허영만 화백의 만화 〈타짜 3부-원 아이드 잭〉에서 도일출은 영혼을 팔아 빚을 갚는다. 하지만 이런 가정을 해보자. 도일출이 이 요구를 거부하고 사채꾼, 도박사, 그리고 징수하러 나타난 포우까지 모두 형사고발을 했다고 치자. 과연 도일출은 새 삶을 찾을 수 있을 것인가?

근대 민법의 제2원칙
– 계약 자유의 원칙

어떤 사람이 천 만원을 줄 테니 피자 한 판을 배달해달라고 했다. 그런데 나중에 돈을 지불한 사람이 너무 많이 준 것 같다면서 돌려달라고 한다. 이때 다시 줘야 할까? 혹은 옆의 사람이 이건 말도 안 되는 일이라며 원상 복귀를 하자고 할 수 있을까? 이때는 민법의 두번째 원칙인 '사적 자치의 원칙' 혹은 '계약 자유의 원칙'에 의해 나중에 돈을 돌려달라고 할 수도 없고, 옆의 사람도 간섭을 할 수가 없다.

근대민법은 개인의 자유를 최대한 보장하고 국가의 간섭을 최소화하려 한다. 각자 자신의 일은 스스로 알아서 하는 것을 이상적이라고 생각한다. 이것을 사적 자치의 원칙이라고 부른다. 개인적인 일은 자치 즉, '알아서 한다'는 것을 원칙으로 삼은 것이다. 사적 자치의 원칙에 의하면 개인의 재산 거래나 경제활동도 국가가 이유 없이 간섭하지 않고 개인의 자유로운 의사에 맡겨야 한다. 재산 거래나 경제 활동은 주로 계약을 통해서 이루어진다. 그래서 사적 자치의 원칙을 계약 자유의 원칙이라고도 부르는 것이다. 계약 자유의 원칙은 아래의 네 가지를 마음대로 결정할 수 있는 자유를 말한다.

① 계약 체결의 자유 (계약을 하느냐 마느냐)
② 상대방 선택의 자유 (누구와 계약을 하느냐)
③ 내용 결정의 자유 (어떤 계약을 하느냐)
④ 방식의 자유 (어떤 방식으로 계약을 하는가)

치킨 배달을 거절당할 수 있을까?
– 구두 계약의 효력

전화로 치킨을 주문하는 것도 계약이다. 치킨을 주문할 것인지 말 것인지 자유롭게 결정할 수 있는 자유가 '계약 체결의 자유'다. 치킨집에서 왜 요즘 주문이 뜸하냐고 항의할 수 없다. 어느 가게에서 주문을 할지 자유롭게 결정하는 것은 '상대방 선택의 자유'다. 친구가 어떤 치킨집은 불친절하니까 그곳에서는 시켜 먹지 말라고 아무리 강요해도 그 집에서 시켜 먹을 자유가 있다(그러나 우리에겐 대형 마트에서 치킨을 사 먹을 자유는 조금 제한돼 있다).

치킨집에 전화를 했는데 내 목소리가 마음에 들지 않는다며 배달을 거절하는 일은 가능할까? 가능하다. 치킨집 주인도 손님을 고를 자유가 있기 때문이다. 계약 내용을 자유롭게 결정할 수 있는 것이 '내용결정의 자유'다. 정가 만 원인 치킨을 천 원으로 깎아 주문하는 일도 주인이 승낙하면 가능하다. 정가 만 원인 치킨을 주문하면서 2만 원을 주겠다고 하는 것도 가능하다. 심지어 만 원인 치킨을 5분 안에 배달해주면 10만 원을 주겠다는 계약도 가능하다. 바보 같은 일이지만 이런 계약을 한다고 해서 누가 간섭할 수는 없다. 만 원짜리 치킨에 2만 원을 주든 10만 원을 주든 개인이 자유롭게 결정할 수 있다. 또한 주인이 2만 원짜리 치킨을 만 원만 받겠다는 결정을 내려도 아무도 간섭할 수 없다.

어떤 방식으로 계약할지 서로 자유롭게 결정할 수 있는 것이 '방식의 자유'다. 전화로 주문을 할 수도 있고, 문자를 보낼 수도 있고, 계약서를 만들고 도장을 찍을 수도 있다. 치킨 한 마리를 배달시키면서 계약서를 만들고 도장을 찍는 일도 두 사람이 그렇게 하자고 합의하면 가능하다. 옆에서 '왜 그런 바보 같은 일을 하느냐'고 간섭할 수 없다. 방식의 자유 원칙은 무척 중요하다. 계약이라는 말을 들으면 대개 서류를 만들고 이름을 쓰고 도장을 찍거나 사인을 하는 일을 연상한다. 하지만 그러지 않아도 서로 합의하면 계약이 성립한다. 대표적인 것이 '구두 계약'으로 입으로 하는 계약을 말한다. 친구

사이에서 작은 일을 합의하거나 약속하면서 서류를 만드는 일은 무척 드물다. 대개 구두로 약속한다. 이는 서류에 남지는 않지만 엄연한 계약이므로 지켜야 할 의무가 있다. 구두로 한 약속을 어기면서 "우리가 계약서를 썼냐? 도장을 찍었냐?"라며 발뺌을 하는 것은 비겁하면서도 법을 어기는 일이다(그렇지만 세상엔 불행히도 그런 이들이 많으니 중요한 계약 사항은 구두가 아닌 서면으로 하는 것이 좋다).

암살자에게 돈을 돌려받을 수 있을까?
– 반사회질서의 법률행위

영화 〈트랜스포터〉의 설정을 보자. 특수부대 출신인 프랭크 마틴은 범죄 조직이 의뢰한 물건을 운반해주는 일명 트랜스포터다. 비밀스럽고도 위험한 일을 하는 그는 '계약조건을 변경하지 말 것, 거래는 익명으로 할 것, 절대 포장을 열지 말 것'이라는 확고한 룰에 따라 움직인다. 주인공은 왜 자신이 배달하는 물건의 포장을 열지 말자는 규칙을 세운 것일까? 내용물을 봐야 배달하는 데 편리하지 않을까? 유리처럼 깨지는 물건이라면 차를 살살 몰아야 하고, 금덩이처럼 깨질 위험이 없는 물건이라면 차를 마구 몰아도 된다. 그런데도 그는 포장을 열지 않는다. 포장을 열면 자신에게 무척 불리한 일이 벌어지기 때문이다.

이런 상황을 생각해보자. 돈을 주고 암살자를 고용해 누군가를 암살하려고 했다. 그런데 암살자가 약속을 지키지 않았다. 그럼 돈을

유리처럼 깨지는 물건이라면 차를 살살 몰아야 하고, 금덩이처럼 깨질 위험이 없는 물건이라면 차를 마구 몰아도 된다. 그런데도 그는 포장을 열지 않는다.

돌려달라고 할 수 있을까? 사람을 죽이는 일은 당연히 위법이다. 돈을 주고 사람을 죽여달라고 하는 것도 위법이다. 위법 행위는 법의 보호를 받지 못한다. 법은 정의를 지키는 것만으로도 바쁘다. 위법한 일까지 해결해줄 정도로 한가하지 않다. 만일 청부 살인이 벌어진다면 경찰에서 수사를 시작할 것이다. 법을 어긴 사람을 잡아내 그에 맞는 형벌을 내리기 위해서다. 하지만 청부 살인 계약만 이루어지고 실행은 되지 않았다면? 그래서 계약금을 돌려달라는 일이 벌어졌다면? 그런 일은 법으로 보호해주지 않으니 알아서 하라는 말이다.

민법 제103조 (반사회질서의 법률행위)

선량한 풍속 기타 사회질서에 위반한 사항을 내용으로 하는 법률행위는 무효로 한다.

법을 어기거나 사회의 질서를 해치는 계약은 모두 무효다. 그리고 뒤처리도 알아서 해야 한다. 도박을 예로 들어보자. 돈을 걸고 내기하는 도박은 법으로 엄격하게 관리한다. 복권이나 경마 등 일부는 허용하지만 개인끼리 돈내기를 하는 것은 엄하게 금지하고 있다. 만약 두 사람이 도박을 했는데 한 사람이 가진 돈 100만 원을 모두 잃었다. 그러자 돈을 딴 사람에게 돈을 꿔 도박을 계속했다. 돈을 잃고 꾸는 일을 반복하다보니 도박 빚이 천만 원이 넘게 되었다. 이 빚을 갚아야 할까?

도박 자체가 법을 어기는 일이므로 그 때문에 발생한 빚은 무효다. 도박 때문에 진 빚은 갚을 필요가 없다. 그러나 처음에 잃은 돈 100만 원은 상대가 스스로 돌려주지 않는다면 받을 수 없다. 그런 일로 재판을 하는 것도 불가능하다. 도박은 법에서 허용하지 않는 일이므로 보호 역시 해주지 않는다(그런 이유 때문인지 도박으로 인한 범죄는 상당히 많이 일어나는 편이다. 법으로 해결되지 않으니 결국은 비극으로 치닫는 모양이다. 법망을 벗어난 곳에선 누구도 당신을 보호해줄 수 없으니 그 테두리를 벗어나지 않는 것이 좋겠다).

〈베니스의 상인〉으로 보는 명판결
– 근대 민법의 관점

 소설이나 영화에는 악인이 궁지에 몰린 남의 처지를 이용해 말도 안 되는 계약을 하는 내용이 자주 나온다. 셰익스피어의 희곡 〈베니스의 상인〉 중 유명한 한 대목을 보자.

 베니스의 상인 안토니오는 친구 바사니오로부터 포샤에게 구혼하기 위한 여비를 마련해달라는 부탁을 받는다. 안토니오는 유대인 고리대금업자 샤일록에게 돈을 빌린다. 그리고 돈을 갚을 수 없을 때는 자기의 살 1파운드를 제공하겠다는 증서를 쓴다. 친구 바사니오는 포샤에게 구혼하는 데 성공한다. 하지만 안토니오는 배가 돌아오지 않아 생명을 잃을 위기에 처하게 된다. 남장을 한 포샤가 베니스 법정의 재판관이 되어, 살은 주되 피를 흘려서는 안 된다고 판결을 내린다. 샤일록은 재판에 져서 재산을 몰수당하고 그리스도교로 개종할 것을 명령받는다.

 이런 종류의 이야기가 해피엔딩으로 끝나는 데는 대개 현명한 재판관의 기상천외한 판결이 열쇠로 작용한다. 셰익스피어가 이런 상황을 연출한 것은 당시 시대가 근대 이전의 사회였기 때문이다. 〈베니스의 상인〉은 1599년에 쓰인 것으로 근대사회의 출발점인 1789년 프랑스혁명보다 훨씬 앞선 시대의 글이다. 지금이라면 이런 일은 벌어질 수 없다. 근대 민법으로는 이런 계약 자체가 무효다. 의사가 치료를 위해 수술을 하는 정당행위가 아니라면, 사람의 살을 떼내는 일은 상해죄에 해당한다. 무효인 계약이므로 지키지 않아도 된다(현재 시점에선 법정상한선을 넘은 금리 역시 무효한 계약이다).

위의 논리로 〈트랜스포터〉의 주인공이 포장을 열지 않는 이유도 설명이 가능하다. 그에게 거액의 돈을 주고 물건을 배달해달라고 하는 사람들은 대개 범죄자다. 합법한 물건과 행동이라면 택배나 퀵서비스를 이용하지 거액의 돈을 주며 전문가에게 배달을 의뢰할 이유가 없다. 그가 배달하는 물건은 흔히 무기나 마약 같은 것들일 가능성이 크다. 포장을 여는 순간 불법적인 물건이 들어 있다면 주인공은 물건을 경찰서에 신고하고 받은 돈은 돌려주지 않아도 된다. 하지만 그런 일을 하면 두 번 다시 배달 의뢰가 오지 않을 것이다. 불법 물건이라는 것을 알면서도 그대로 배달한다면 그도 범죄자가 된다. 때문에 그에게 제일 안전한 선택은 포장을 열지 않는 것이다. 배달 도중 경찰의 검문에 걸려도 무엇인지 몰랐다며 발뺌할 수 있기 때문이다. 몰랐다는 것을 증명하기가 어렵기는 하지만, 적어도 빠져나갈 구멍 하나쯤은 있는 것이다.

전래 동화 속 불공정 계약
– 불공정한 법률행위

책을 많이 읽으면 인성이 좋아진다고 한다. 즉, 성품이 좋아진다는 뜻이다. 그러나 책도 책 나름일 것이다. 어떤 책은 인성이 좋아지기는커녕 사람을 약게 만들기도 한다. 특히 전래 동화 중에 그런 내용이 많다.

〈꽁지 닷 발 주둥이 닷 발〉이라는 전래 동화는 주인공이 이상한 새가 납치해간 사람을 구해내는 이야기다. 주인공은 납치된 사람을 구하러 가는 와중에 많은 사람들을 만나는데, 이 사람들이 새가 날아간 곳을 알려주는 대가로 요구하는 내용이 가당찮은 것 천지다. 농부는 "내 논 30리에 모를 심어주신다면 가르쳐드리리다"라고 말하고, 냇가에서 옷감을 빨래하는 아낙네는 "여기 쌓인 산더미 같은 옷감들을 흰 빨래는 검게, 검은 빨래는 희게 해서 잘 짜서 말려주면 말해드리지요"라고 말하고, 까치는 "벌레 한 소쿠리만 잡아주시면 말씀해드리지요"라고 말하고, 다람쥐는 "도토리 한 말만 주워다주세요. 그럼 가르쳐드립니다"라고 말한다. 그리고 대답이 "골짜기로 갔다", "산 너머로 갔다"처럼 방향을 알려주는 것이 고작이다(동물이건 사람이건 악독한 것들이 있다).

계약이 이루어지려면 두 사람이 합의를 하면 된다. 이런 것을 법률에서는 '의사표시'라고 한다. 계약을 하겠다는 마음을 먹은 것만으로는 계약이 이루어지지 않는다. 계약을 하겠다는 의사를 밖으로 표시할 때 계약이 이루어진다. 하지만 두 사람이 의사표시를 했다고 해서 반드시 계약이 이루어지거나, 그 계약을 지켜야 하는 것은 아니다. 예외가 몇 가지 있다. 그중 하나는 〈꽁지 닷 발 주둥이 닷 발〉처럼 불공정한 거래다.

민법 제104조 (불공정한 법률행위)
당사자의 궁박, 경솔 또는 무경험으로 인하여 현저하게 공정을 잃은 법률행위는 무효로 한다.

'궁박'은 몹시 가난함을 말한다. 3일 정도 굶은 사람에게 밥 한 공기를 줄 테니 하루 종일 일을 하라는 계약은 현저하게 공정함을 잃은 것이기 때문에 무효다. 가난이 아니더라도 상대가 급한 것을 이용해 불공정한 계약을 맺는 것도 민법 제104조의 불공정한 법률행위에 포함된다. 물에 빠진 사람을 앞에 두고 "구해줄 테니 전 재산을 내놓아라"는 계약도 무효이므로 지키지 않아도 된다.

〈꽁지 닷 발 주둥이 닷 발〉에서 농부가 모를 심어달라고 요구한 30리는 7.5킬로미터나 된다. 그 논에 모를 다 심으려면 1주일은 걸릴 것이다. 골짜기로 갔다는 정보 하나를 얻기 위한 대가치고는 너무 불공정하다. 엄마나 아이가 납치된 것은 한시가 급한 상황이다. 농부와 아낙, 까치, 다람쥐는 이런 상황을 이용해 터무니없는 이익을 얻은 것이다. 이런 상황에서는 일단은 상대의 말을 들어주고(정보를 얻어야 하니까) 나중에 손해배상을 청구하면 된다. 일해준 것에 대한 대가를 제대로 받아야 한다. 단, 까치와 다람쥐는 동물이므로 손해배상 청구를 할 수 없다. 법은 사람과 사람 사이에 벌어지는 일을 처리하기 위한 것이기 때문이다(그런 괘씸한 동물은 일을 다 마친 뒤 잡으러 가면 된다. 아무리 동물이라도 혼이 날 것은 혼이 나야 한다).

전래 동화에는 이런 식의 내용 전개가 너무나 많다. 도와달라, 알려달라는 주인공의 말에 '~하면 ~해주지'라는 답이 흔히 나온다. 도저히 착한 심성을 지닌 이들로는 보이지 않는다. 어쨌든 자신이 그런 처지에 놓인다면 일단은 급하니까 상대가 원하는 것을 들어줘야 겠지만, 현저하게 불공정한 계약은 무효이므로 나중에 그 대가를 받아낼 수 있다는 것을 기억하자.

두 사람이 계약을 하겠다고 의사표시를 했지만 계약이 무효가 되거나 취소할 수 있는 경우는 그 밖에도 많다. 착각이나 실수 같은 착오로 계약 내용의 중대한 부분에 잘못이 있었다면 계약을 취소할 수 있다. 이를테면 집을 팔면서 매매 대금을 3억 원이라고 적어야 하는데 3천만 원으로 잘못 적은 것 같은 일이다. 집을 사는 사람이 '이게 웬 떡이야' 하고 조용히 있어봐야 일은 계약대로 진행되지 않는다. 착오로 인한 것은 언제든지 취소할 수 있다. 다만 '3억 원의 집을 3천만 원에 팔겠다'는 것처럼 누가 봐도 착오라고 인정되는 일이어야 한다.

"떡 하나 주면 안 잡아먹지"라는 말은 어떨까? 이 말은 동화 〈해와 달〉에 나오는 구절이다. 떡장수 어머니가 고개를 넘는데 호랑이가 나타나 이 대사를 한다. 호랑이는 동물이므로 법이 적용되지 않는다. 하지만 산적이 나타나 "떡 하나 주면 무사히 보내주지"라는 말을 했다면 어머니가 그러겠다고 했어도 이 계약은 무효다. 그 이유는 '사기, 강박에 의한 계약'이기 때문이다.

민법 제110조 (사기, 강박에 의한 의사표시)
① 사기나 강박에 의한 의사표시는 취소할 수 있다.

'사기'는 상대를 속이는 것이고 '강박'은 강하게 압박하는 것을 말한다. 어떤 사람과 계약을 하면서 거짓으로 속인 경우도 무효고, 상대를 위협해서 계약을 하게 한 것도 무효다. 일단 산적이 무서우므로 그렇게 하겠다고 하고 위기를 넘겨야겠지만, 협박에 의한 것이므로 경찰에 고발해 벌을 받게 할 수도 있고, 떡값을 받아낼 수 있다. 나아가 협박을 당했을 때 정신적인 피해를 입었으므로 위자료도 청구할 수 있다.

'떡 하나 주면 무사히 보내주지' 같은 계약은 피해가 크지 않으므로 잊어버리고 넘어갈 수 있다. 하지만 협박에 의해 무시무시한 계약을 하는 일도 있다. 빚을 많이 진 사람에게 깡패들이 언제까지 빚을 못 갚으면 몸을 포기하겠다는 신체포기 각서를 쓰라고 강요하는 일도 있다. 협박이 무서워 꾸지도 않은 돈을 꿨다는 차용증에 서명을 하는 일도 있다. 그러나 이렇게 협박에 의해 계약한 것은 모두 무효이므로 걱정할 필요가 없다. 협박 때문에 자신에게 무척 불리한 계약서에 사인을 했다면 고민하지 말고 경찰서에 신고하는 것이 가장 좋은 방법이다(신체포기 각서라는 것 자체가 위법이라 무효이므로 절대 걱정할 필요가 없다).

"별도 따다 줄게"라는 약속은 지켜야 할까?
– 무효한 계약

동화 〈벌거벗은 임금님〉에는 나쁜 사람의 눈에는 보이지 않는 옷을 만들 수 있다는 사기꾼이 등장한다. 이런 거짓말에 속아서 한 계약은 어떻게 처리해야 할까? 또 여자 친구에게 "저 하늘에 별도 따다 줄게"라고 한 약속은 지켜야 하는 걸까? 마법사라고 주장하는 사람에게 돈을 주고 죽은 사람을 살려내라고 한 계약은 효력이 있을까?

이런 계약은 모두 무효다. 서류를 만들고 이름을 쓰고 도장을 찍었어도 무효다. 현실에서는 이루어질 수 없는 일이기 때문이다. 이 중 나쁜 사람의 눈에 보이지 않는 옷은 동화 속에서는 불가능한 일이었지만 현대의 기술로는 가능할 수도 있다. 눈에 보이지 않을 정도로 가는 섬유인 극세섬유로 옷을 만들면 보이지 않을 것이다. 하지만 나쁜 사람의 눈에 보이지 않는 옷이라는 계약은 불가능하다. 나쁜 사람을 판별하는 기준이 애매하기 때문이다. 하늘에서 별을 따오는 것도 불가능하다. 죽은 사람을 살려내는 일도 마찬가지다. 마법사가 진짜로 있다면 가능할지도 모르겠지만 설사 마법사와 계약을 했더라도 무효다. 현실의 법은 마법을 인정하지 않기 때문이다.

이외에도 보통 사람에게 불가능한 일을 조건으로 내세운 계약도 무효다. 한 시간 안에 마라톤 풀코스인 42.195킬로미터를 완주하면 1억 원을 주겠다는 계약 같은 것이다. 그렇게 빨리 뛸 수 있는 사람은 없기 때문이다.

경품으로 전투기를 받을 수 있을까?
– 비진의 의사표시

펩시콜라를 생산하는 회사 펩시코에서 마일리지 포인트를 모아 오면 헤리어 전투기를 주겠다는 광고를 낸 적이 있다. 헤리어 전투기는 수직이착륙이 가능한 군용 전투기다. 전투기를 받는 데는 마일리지 70만 점이 필요했다. 캔 뚜껑을 모으면 마일리지가 모인다. 모자란 포인트는 현찰로 충당할 수 있다는 문구도 있었다.

대개의 사람들은 이런 광고를 보면 웃어넘길 것이다. 그런데 그 전투기를 너무나 갖고 싶어 하는 사람이 있었다. 그러나 마일리지 70만 점은 사실상 불가능했다. 하지만 모자란 포인트는 현금으로 낼 수 있다는 점에 착안해 그는 마일리지 포인트 몇 점과, 현금 1억 달러를 들고 펩시코 본사에 가서 전투기를 달라고 했다(웃자고 한 말에 죽자고 달려든 느낌이다). 회사에서는 이를 거절했고 이들은 결국 법정까지 가게 되었다. 법정에서는 어떤 판결을 내렸을까?

판결은 '주지 않아도 된다'였다. 전투기는 가격을 떠나 민간인이 구입할 수 없는 것이다. 살 수 없는 물건을 경품으로 내건 것은 누가 봐도 농담이다. 이렇게 농담으로 한 계약은 무효다. '내 손에 장을 지지겠다', '너를 업고 시내 한 바퀴를 돌겠다', '평생 하인이 돼주겠다'는 말은 계약으로 성립되지 않는다. 누가 봐도 농담이기 때문이다. 농담은 아니지만 누가 봐도 진심이 아닌 말도 모두 무효다. 연극배우가 무대에서 관객에게 '저녁을 사주겠다'고 하는 말, 교실에서 선생님이 학생에게 '문제를 맞추면 100만 원을 주겠다'고 하는 말 등은 계약으로 성립되지 않는다.

그럼 한 CF에 나왔던 이 내용은 어떨까? 공부를 못하는 반의 담임을 맡아 고생이 많았는지, 선생님이 아이들에게 "이번 중간고사에서 반 평균 1등을 하면 모두에게 햄버거 쏠게"라고 약속한다. 이런 약속은 지켜야 할까? 그 말이 농담처럼 들렸는지 아닌지가 중요하다. 설사 농담으로 말했다 하더라도 듣는 쪽에서 농담으로 듣지 않았다면 계약이 성립된 것이므로 선생님은 약속을 지켜야 한다.

계산을 해보자. 햄버거 세트 하나는 5천 원 정도. 한 반의 학생은 중고등학교의 경우 40명 정도. 햄버거 세트 하나씩을 사주면 총 20만 원이 든다. 조금 미묘한 금액이다. 농담치고는 교사 월급에 비해 돈이 많이 들어간다. 게다가 반 평균 1등이 된다고 담임에게 그만한 혜택이 돌아오는 것도 아니다. 농담으로 생각할 여지가 있다.

하지만 아이들의 성적이 올랐으면 하는 교사로서의 바람이나 꼴지를 면하고 싶다는 체면을 생각하면 농담으로 들리지 않을 수도 있다. 때문에 정말로 반 평균 1등을 했을 때 '농담이었는데 그 말을 믿었니?'라고 한다면 꽤 한심한 교사다. 그런데 '1등을 하면 차 한 대씩 사주마'라고 했다면? 그 말은 믿는 사람이 바보다. 제일 싼 경차로 해도 모두에게 사주려면 3억 원이 넘는다. 게다가 학생은 운전면허를 딸 수 있는 나이가 아니라 차를 몰고 다니지도 못한다. 그런 말은 농담으로 알아들어야 한다.

만약 '1등을 하면 버스를 대절해서 에버랜드에 데려가 주마'라고 했다면? 총 비용 200만 원이 넘는다. 보통의 경우라면 농담으로 받아들여야 한다. 하지만 교사가 재벌 집안 사람이라면 그 정도 돈은 '껌 값'이 될 수도 있다. 반 전체가 합심해서 죽어라고 공부할 일이다. 농담으로 들리지 않는 일이므로 나중에 약속을 지키라고 주장할 수 있다.

왜 농담으로 한 말은 계약 성립이 되지 않을까? 그것은 앞서 나온 '사적자치의 원칙'과 관계가 있다. 사적자치라는 말은 얼핏 듣기에 어려워도 그 내용은 간단하다. 스스로의 재산 문제는 스스로 판단해서 결정한다는 뜻이다. 거꾸로 말하면 개개인이 스스로 판단해서 결정하지 않는 이상 재산상의 변화는 발생하지 않는다는 것이 사적자치의 가장 중요한 내용이다. 왜 그럴까?

민법은 봉건주의에 대한 저항에서 시작된 법이다. 민법이 생기기 전에 개인은 재산이라는 것이 없었고 설사 있다 해도 잘 보호되지 않았다. 농민이 내 땅이라고 생각해도 영주가 뺏으면 그만이요, 농민이 애써 모은 돈도 영주가 세금이라며 뺏으면 그만이었다. 이런 봉건주의를 타파한 것이 민법이기 때문에 남의 뜻으로 재산이 변화하는 것을 원천적으로 봉쇄해야 했다. 방법은 간단하다. 본인의 의사에 따르지 않고서는 재산이 이동하지 않도록 하는 것이다. 개인의 사사로운 재산은 개인의 자치에 맡긴다는 것이 사적자치의 출발이다.

이런 사적자치 개념이 지배하는 민법의 세계에서 가장 중요한 것은 '본인이 정말로 그 재산상의 변화를 원하는가 원하지 않는가'이다. 농담은 어떨까? 당연히 본인은 그냥 웃자고 하는 말이므로 농담에 따른 재산변화는 원하지 않는다. 따라서 상대방이 '이건 농담이

구나' 하고 알 수 있는 상황이라면 재산 변화를 인정해서는 안 된다. 이것이 농담으로는 계약이 성립되지 않는 이유다.

끝으로 계약이나 증여 같은 법률 효과의 발생을 원한다는 의사표시의 개념을 정리해보자. 의사표시에는 표시하는 사람의 진심과 받아들이는 사람의 판단이 다른 경우가 있고, 외부의 사기나 강박에 의해 표시되는 일이 있다. 앞의 것을 '의사표시의 불일치'라고 하고, 뒤의 것을 '의사표시의 하자'라고 한다.

의사표시의 불일치에는 '비진의 표시'와 '착오에 의한 표시'가 있다. 비진의 표시는 농담이나 연극의 대사처럼 의사표시자의 진심과 다른 의사표시다. 진의 아닌 의사표시도 원칙적으로 유효하지만(민법 제107조 제1항) 상대방이 진의가 아님을 알았거나 알 수 있었을 경우에는 무효가 된다.

'착오'는 의사표시의 불일치를 의사표시자 스스로가 알지 못한 경우를 말한다. 중요 부분에 관한 착오이고, 착오에 중대한 과실이 없어야 취소할 수 있다.

의사표시는 표의자가 자유로운 상태에서 자유롭게 행해질 때 유효한 행위가 된다. 사기와 강박 등 위법한 일로 인한 의사표시는 '하자 있는 의사표시'로 취소할 수 있다.

손오공은 할아버지를 살해한 패륜 소년일까?

《드래곤볼》 속 민법

혼자서 외롭게 살던 할아버지가 산책을 하다 버려진 아이를 발견했다. 부모도 연고도 없는 어린아이를 불쌍히 여긴 할아버지는 아이를 거두었는데…….

"손오반 영감, 근본도 없는 아이를 거두어서 좋을 것 없어. 늙어서 오늘내일하는 자네가 그 아이가 다 자랄 때까지 살아 있을 수나 있겠나?"

"무천도사님, 이 아이는 심성이 착해 보여 그냥 놔둘 수가 없습니다. 혹시 아이가 다 자라기 전에 제가 죽거든 불로불사의 명약을 드신 도사님께서 거둬주십시오."

"에이그, 사람이 착하기만 해서 원. 쯧쯧쯧."

손오반은 거둬들인 아이에게 손오공이란 이름을 지어주고 애지중지 키웠다. 장난기는 많았지만 마음이 착했던 손오공은 마을 사람들에게도 귀여움을 받으며 잘 자라는 듯했다. 그러나 어느 날 우려하던 사태가 벌어지고 만다.

"할아버지 저게 뭐야?"

"보름달이란다. 참 아름답지?"

"응. 그런데 할아버지 나 기분이 이상해. 왜 이러지?"

"오공아, 무슨 일이야? 어! 괴…… 괴물이다! 으아악!"

다음 날 신문 1면에서 손오공은 '할아버지를 무참하게 살해한 패륜 소년'으로 장식되었다. 보름달을 보고 무슨 이유에선가 거대한 원숭이로 변한 손오공이 할아버지를 밟아 죽이고 마을을 파괴한 것이다. 범행 이후 손오공은 할아버지의 시체 근처에서 벌거벗은 채 자고 있는 채로 발견되었다. 격분한 마을 사람들은 손오공을 검찰의 손에 넘겼고 이 소식을 들은 무천도사는 검찰청을 찾아갔다.

"이보쇼 검사양반, 이게 무슨 소리요. 오공이가 살인자라니!"

무언가 잘못되었다는 걸 느낀 무천도사는 오공을 대신해 변호사를 선임한다. 과연 오공에게 살인죄가 적용될 것인가?

킹콩에게 입은 피해는 누가 책임질까?
— 천재와 인재

전래 동화에 나오는 괴물 중 최강은 아마도 〈쇠를 먹는 불가사리〉에 나오는 전설의 동물 불가사리가 아닐까 싶다. 이 불가사리는 한 아주머니가 심심풀이로 먹다 남은 밥풀을 이용해 짐승 모양을 만든 것인데, 이 작은 일이 거대한 사건으로 번진다. 짐승의 모양은 살아 움직이더니 쇠를 먹는다. 쇠를 먹으면 먹을수록 몸집이 커지던 이 불가사리는 점점 괴물이 되어갔다.

만약 지금 시대에 불가사리가 나타나면 어떻게 될까? 불가사리는 자동차를 마구 먹어치울 것이다. 아파트 단지에 출현했다면 한두 시간 사이에 자동차 100대는 먹어치울 것이다. 이 불가사리에 자동차를 먹혀버린 사람들은 어떻게 해야 할까? 자동차 보험회사에서 보험금을 주지 않을 가능성이 크다. 이런 변란에는 보험금이 나오지 않기 때문이다. 자동차가 100대 이상 먹혔다면 피해액은 10억 원을 훨씬 웃돈다. 그 피해는 누가 물어줘야 할까? 어쩐지 원인 제공을 한 사람이 생각난다. 불가사리를 만든 아주머니다. 그렇지만 장난 삼아 저녁 먹고 남은 밥풀로 동물 모양을 만들었을 뿐인데 책임이 너무 가혹한 것 아닐까?

이 불가사리처럼 사람들에게 피해를 입히는 괴물은 영화나 책 속에 흔히 등장한다. 거대 고릴라인 킹콩은 세상에 거의 알려지지 않은 해골섬에서 조용히 살고 있었다. 그런데 영화감독 덴햄은 킹콩을 구경거리로 만들어 돈을 벌려고 뉴욕에 데려왔다. 그것이 비극의 시

손오공은 할아버지를 살해한 패륜 소년일까?

〈쥐라기 공원〉도 〈킹콩〉처럼 사람의 관여로 재앙이 시작된 경우다. 호박 안에 들어 있던 모기를 발견한 과학자가 모기가 빤 공룡의 피에서 DNA를 추출해 공룡을 복제하고, 거대한 공룡 공원을 만들었다.

작이었다. 덴헴으로부터 탈출한 킹콩은 빌딩을 파괴하는 등 엄청난 피해를 입힌다. 인명, 빌딩이 입은 피해를 합치면 수백 억 원에 이를 것이다. 이 돈은 덴헴이 물어내야 할까?

〈쥐라기 공원〉도 〈킹콩〉처럼 사람의 관여로 재앙이 시작된 경우다. 호박 안에 들어 있던 모기를 발견한 과학자가 모기가 빤 공룡의 피에서 DNA를 추출해 공룡을 복제하고, 거대한 공룡 공원을 만들었다. 사람들은 화석으로만 보던 공룡 뼈가 아니라 살아 움직이는 공룡을 보자 감동하며 환호성을 지른다. 하지만 기쁨도 잠시, 공룡들은 우리에서 벗어나 사람을 공격한다. 이 인명 피해는 누가 보상해야 할까?

　사람의 실수로 거대한 재앙을 초래하는 일은 현실에서도 자주 벌어진다. 홍수는 비가 많이 와서 발생하지만, 때로는 저수지를 관리하는 사람이 실수로 수문을 빨리 열었거나, 혹은 너무 늦게 열어서 발생하는 일도 있다. 홍수는 천재(天災)지만 사람의 실수가 원인인 경우는 인재(人災)라고 부르기도 한다. 이런 경우 실수를 한 사람이 모든 책임을 져야 할까?

손해배상을 받는 데 필요한 두 가지
- 자기책임의 원칙

근대민법의 3대 원칙은 '사유재산권 존중의 원칙(소유권 절대의 원칙), 사적자치의 원칙(계약 자유의 원칙), 과실 책임의 원칙'을 들 수 있다. 이번에는 마지막인 과실 책임의 원칙을 보자.

　어떤 사람에게 손해를 입은 것을 배상받으려면 두 가지 조건을 만족시켜야 한다. 하나는 그 일이 법을 어긴 일 즉, 위법한 일이어야 한다. 법의 테두리 내에서 벌어진 일에 대해서는 손해배상을 하지 않아도 된다. 예로 음식점 주인이 주방장을 모집했다. 조리사 자격증도 있고 사람도 성실해 보여서 고용하기로 했다. 그런데 음식 솜씨가 너무 형편없어서, 이내 가게에 손님이 뚝 끊기는 신세가 되었다. 주방장 때문에 음식점 주인은 큰 손해를 봤다. 하지만 손해배상을 해달라고 할 수는 없다. 음식 솜씨도 없는 사람이 주방장을 하겠다고 나선 것은 도덕적으로 비난받을 일이지만, 요리사 자격증이 있다면 법을 어긴 것이 아니기 때문이다. 애초에 주인이 피상적으로 면접을 보지 말고 테스트 삼아 요리라도 시켜봤더라면 비극은 피할 수 있었을 것이다. 게다가 여기서도 사적자치의 원칙이 힘을 발휘한다. 누구도 음식점 주인에게 실력 없는 주방장과 계약하라고 강요하지 않았다. 음식점 주인에겐 사적자치 즉, 계약의 자유가 보장되어 있었다. 본인이 판단해서 실력 없는 주방장과 계약한 이상 그 결과에 따른 피해도 본인의 몫이다. 자유에는 책임이 따른다는 말의 좋은 표본이 될 것이다.

또한 손해배상을 받으려면 고의나 과실이 있어야 한다. 고의나 과실이 없는 행위에 대해서는 책임을 지지 않는다는 것이 '과실 책임의 원칙'이다. 자신의 과실(고의를 포함)에만 책임을 지고, 다른 사람의 행위로 인한 일은 책임을 지지 않는다는 의미에서 '자기책임의 원칙'이라고도 부른다.

우연히 생긴 일에도 책임을 져야 할까?
– 민법상의 고의와 과실

어린 시절 주변에서 흔히 일어나는 상황 하나를 예로 들어보자. 운동장에서 친구와 축구 연습을 하고 있었다. 친구를 향해 힘차게 걷어찬 공이 친구의 머리를 넘어 쭉쭉 뻗어 가다가 지나가는 아이의 가방에 맞았다. 그 바람에 가방 속에 있던 필통이 부서졌다. 아이는 씩씩대며 다가와 항의를 한다.

"야, 필통 값 물어내!"

"내가 일부러 그랬냐? 우연히 그렇게 된 건데 왜 물어줘?"

학창 시절에는 이 말이 당연한 주장이라고 생각했을 것이다. 과연 그럴까? 법은 결과보다 원인을 중요하게 생각한다. 결과가 똑같은 일이라도 원인에 따라 책임이 달라진다. 다른 사람의 물건을 망가뜨린 경우는 보통 일부러 그러거나 실수로 한 것이다. 일부러 한 일은 고의, 실수로 한 일은 과실이라 부른다. 좀 더 정확히 말하면 고의는 자기의 행위가 어떤 결과를 낳을지 알면서도 그 일을 하는 것이고, 과실은 어떤 결과가 나올지 인식해야 하는데도 부주의로 인식하지 못한 것을 말한다. 예를 들어 축구공을 찼는데 다른 사람의 얼굴에 맞아 코뼈가 부러졌다. 그 사람을 아프게 하거나 골려줄 생각으로 공을 찼다면 고의이므로 처벌을 받아야 한다. 그런데 실수로 사람을 다치게 한 경우도 처벌을 받아야 할까?

형법은 고의와 과실을 엄격하게 구별한다. 형법은 고의는 처벌하고 과실은 원칙적으로 처벌하지 않는다. 고의로 사람을 때린 것은 사회적으로 용납할 수 없는 범죄지만, 실수로 사람을 때린 것이 범죄는 아니기 때문이다. 예를 들어 뒤에서 사람이 오는 것을 모르고 기지개를 펴다가 손으로 그 사람의 얼굴을 때렸어도 폭행으로 처벌받지 않는다.

다시 축구공 이야기로 돌아가자면 다른 사람의 물건을 일부러 부쉈다면 '재물손괴죄'로 처벌을 받는다. 하지만 축구공을 차서 물건이 부서진 것은 재물손괴죄에 해당되지 않는다. 이는 고의가 아니라 과실인데, 과실로 처벌을 받는 것은 사람이 죽거나 다치는 것처럼 큰일이 벌어진 경우일 때 뿐이다. 물건 정도 부서진 것으로는 형사책임을 지지 않는다.

하지만 민법은 고의인지 과실인지 따지지 않는다. 일부러 그랬든 부주의로 그랬든 사람을 다치게 했다면 치료비를 물어줘야 한다. 축구공이 날아가 우연히 남의 가방을 맞춘 경우도 필통 값을 물어줘야 한다. "우연한 사고일 뿐인데 왜 물어줘?"라는 말은 통하지 않는다. 공을 찰 때는 앞에 사람이 있는지 없는지 확인하고 다른 사람에게 피해를 주지 않도록 주의를 기울여야 한다. 물론 이는 학생들이 자유롭게 이용할 수 있는 공간인 학교이기 때문에 가능한 논리다. 예를 들어 야구를 관람하러 갔는데 홈런볼이 가방에 명중해 필통이 부서졌다 하더라도 야구 선수는 필통 값을 배상하지 않아도 된다. 야구장 티켓과 시설 곳곳에 이럴 경우 책임을 지지 않는다는 경고가 붙어 있기 때문이기도 하지만, 보다 근본적으로 야구장은 자유롭게 야구를 하도록 세워진 공간이며 관객은 객석에 들어설 때 '홈런볼이 날아오면 알아서 피한다'는 것을 전제로 하고 그곳에 앉아 있기 때문이다.

법은 이런 식으로 상황에 따라 비슷한 결과임에도 전혀 다른 결론을 내놓는 경우가 있다. 이런 것을 보면 법이 복잡하고 어렵게 보이지만 그다지 까다로운 것만은 아니다. 법의 기준은 '최소한의 상식'이기 때문이다. 상식적으로 생각해보자. 학생들이 자유롭게 다니는 학교에서 부주의하게 공을 차다 누군가에게 피해를 입히거나, 프로

야구 선수들이 야구장에서 홈런볼로 누군가에게 본의 아니게 피해를 입힌 일에 대한 배상은 어떻게 해야 할까? 상식적으로 생각하면 올바른 결론이 나올 것이다.

다만 과실로 인한 일일 경우는 손해의 일부를 배상하는 때도 있다. 피해를 입은 사람에게도 과실이 있는 경우 즉, 쌍방과실이 있는 경우다. 쉽게 말하면 두 사람 모두 부주의한 경우, 두 사람이 함께 손해를 책임지는 것이다. 도서관에서 물건을 책상 밖으로 나오게 놔두면 사람들이 지나가다 건드려 떨어뜨릴 수 있다. 그런 일이 벌어지지 않게 하려면 주의를 기울여야 한다. 물건 주인도 부주의했고 떨어뜨린 사람도 앞을 제대로 보고 걷지 않았으므로 부주의했다. 이런 경우 발생한 손해는 둘이 나누어 책임을 진다. 손해를 어떻게 나눠서 책임질지는 재판정에서 판사가 결정한다. 만약 판사가 서로 반반씩 책임지라고 판결한다면 물건을 떨어뜨린 사람은 물건 값의 절반만 물어주면 된다.

나도 모르게 한 일도 책임을 져야 할까?
– 행동과 행위의 차이

친구와 나란히 앉아 커피를 마시는데 갑자기 벌이 날아와 팔을 쐈다. 깜짝 놀라 반사적으로 팔을 휘둘렀는데 친구의 얼굴에 맞아 타박상을 입혔다. 이 경우는 과실일까? 과실이 성립하려면 "정상의 주의를 태만함"에 해당돼야 한다. 커피를 마시면서 벌이 올 것에 대비해 주의를 하는 것은 정상적인 일이 아니다. 이런 경우는 단순 실수나 불가항력으로 처리돼 과실이 아니다. 법률용어로는 과실이 없다는 뜻의 '무과실'이라고 한다.

그런데 운동장에서 친구와 야구를 하다 반대쪽에 있는 모래놀이터에서 놀던 아이의 머리에 공이 날아가 큰 혹이 생겼다면 이는 과실이다. 사람이 있는 운동장에서 공을 멀리 쳐내면 다른 사람이 맞을 수 있다는 것은 누구나 예상할 수 있는 일이므로 당연히 주의를 기울였어야 한다. 사람이 별로 없어 맞을 확률이 낮을 것 같았다는 말은 변명이 되지 못한다. 확률이 높든 낮든 사고가 날 가능성이 있는 일은 하지 않거나 주의를 기울여야 한다.

잘못된 결과에는 형사책임과 민사책임 두 가지가 발생한다. 야구공으로 머리에 혹을 낸 것은 생명을 위협하는 중대한 일이 아니므로 형사책임은 면할 수 있지만 민사책임은 남는다. 치료비를 물어줘야 한다. 그러나 커피를 마시다 타박상을 입힌 경우는 무과실이므로 배상책임이 없다. 다친 사람만 억울하다 해도 어쩔 수 없다. 대개 이런 경우 도의적인 책임에 따라 피해를 준 사람이 치료비를 물어주기 마련이지만 법적인 책임은 없다. 법은 왜 이런 황당한 판단을 내리는 것일까? 그래야 우리가 안심하고 살아갈 수 있기 때문이다.

의자에 앉은 상태에서 무릎 밑을 딱딱한 물건으로 치면 자신도 모르게 발이 올라간다. 이런 식으로 저절로 몸이 움직여지는 것을 반사행동이라고 한다. 날파리가 눈으로 날아들어 반사적으로 팔을 휘둘렀다. 그런데 팔이 다른 사람 책상 위에 놓여 있던 핸드폰을 쳤고 땅에 떨어지면서 깨져버렸다. 이런 경우는 핸드폰 값을 물어줘야 할까? 실제로 이런 일이 벌어지면 핸드폰 값을 물어주는 일이 많다. 자신의 행동 때문에 핸드폰을 망가뜨려 미안하기 때문이다. 하지만 법적으로 따지면 물어주지 않아도 된다(그렇다고 인간관계가 다 법대로 흘러가는 건 아니니, 상대가 직장 상사나 선배라면 다시 한번 잘 생각해보자). 법이 문제 삼는 것은 행위이기 때문이다. 행동과 행위는 비슷한 뜻으로 쓰이지만 중요한 차이가 있다. 사람이나 동물이 움직이는 것은 모두 행동이라고 부르지만, 그중 의식을 갖고 하는 행동만 행위라고 부른다. 쉽게 말해 지금 내가 무엇을 하고 있는지 알고 하는 일을 행위라고 한다. 즉, 행위는 행동의 일부분이다.

반사적으로 한 행동은 자신이 지금 무슨 일을 하는지 인식하지 못하는 상태에서 벌어진 일이다. 그래서 반사행동이라고 하지 반사행위라고는 하지 않는다. 행위가 아닌 반사행동 때문에 벌어진 피해는

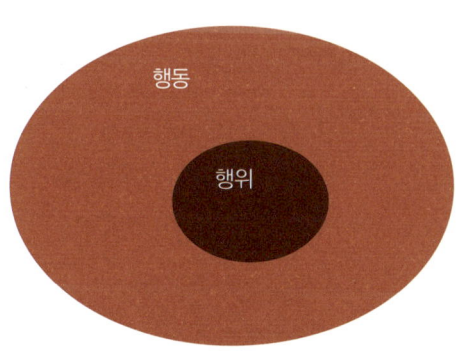

표 2-1 행동과 행위

배상하지 않아도 된다. 반사행동으로 다른 사람의 물건을 망가뜨렸다면? 그 물건이 비싼 것이 아니라면 '이 정도야' 하면서 손해배상을 해줄 수도 있을 것이다. 하지만 반사행동이 심각한 문제를 발생시킨 경우는 좀 다르다. 친구와 옥상에서 얘기를 하고 있는데 벌에 물려서 팔을 휘둘렀다. 그런데 하필 그 팔에 맞아 친구가 옥상에서 떨어졌다. 만일 그런 사건까지 책임지라고 한다면 지나치게 가혹한 일이 될 것이다. 그렇게 된다면 사람들은 안심하고 살아갈 수 없다. 법은 우리가 안심하고 살아가도록 도와주기 위해 있는 것이다. 그래서 나도 모르게 한 일에 대해서는 책임을 지라고 하지 않는다. 즉, 사람은 자신이 무슨 일을 하는지 알고 있는 일만 책임지면 된다.

하지만 주의를 기울여야 한다. 길을 걸을 때 친구와 잡담을 하면서 앞을 제대로 보지 않고 걷다가 사람과 부딪혀 다치게 하면 치료비를 물어줘야 한다. 앞을 보고 주의해서 걸어야 할 의무가 있기 때문이다. 하이힐을 신고 걷다 실수로 다른 사람의 발을 밟아 상처를 냈을 때도 치료비를 물어줘야 한다. 주의해서 걸어야 할 의무가 있기 때문이다. 하지만 갑자기 정신을 잃고 쓰러지면서 다른 사람의 발을 밟은 것은 책임지지 않아도 된다. 내가 무슨 일을 하는지 알고 한 것이 아니기 때문이다.

상상 초월의 일은 누가 책임져야 할까?
– 과실의 범위

도서관에서 바람을 쐬려고 창문을 열었는데, 갑자기 돌풍이 불어 어떤 사람의 책상에 놓인 노트북이 떨어져 부서져 버렸다. 이럴 때 미안하다며 물건 값을 물어주는 사람은 거의 없을 것이다. 사실 미안하다는 생각도 그다지 들지 않는다. "제가 생각해도 낮은 확률입니다. 이상할 정도의 상황입니다. 그런데 그것이 실제로 일어났습니다"라는 항간에 유행하는 유머로 상황을 종결시키고 싶을 것이다. 하지만 물건 주인은 억울하다. 그래서 "당신 때문이야. 당신이 창문을 열어서 내 노트북이 고장났잖아"라며 따지기 마련이다. 결국 두 사람은 티격태격 싸우지만 좀처럼 결론이 나지 않는다.

 이런 경우는 법적으로 손해배상을 하지 않아도 된다. 주의를 제대로 기울이지 않아서 벌어진 과실은 재산 피해를 책임져야 하지만, 인간의 힘으로 예상할 수 없는 일까지 주의를 해야 하는 것은 아니다. 상상을 초월하는 일까지 책임을 지라고 하면 사람들도 안심하고 세상을 살 수 없기 때문이다. 만일 창밖에 태풍이나 강풍이 불고 있을 때, 창문을 열어 다른 사람의 물건을 상하게 했다면 부주의로 인한 과실이므로 손해배상 책임이 있다. 하지만 창밖에 바람 한 점 불지 않거나, 산들바람이 불고 있을 때라면 창문을 여는 일이 다른 사람에게 피해를 줄 것이라고 생각하기는 힘들다. 창문을 열었는데 때마침 돌풍이 불어 닥쳤다. 이런 일은 예상할 수 없는 일이므로 책임지지 않아도 된다.

공원 풀숲에 무심코 돌을 던졌는데 하필이면 누군가 풀숲에서 쪼그리고 앉아 볼일을 보고 있었다. 돌에 맞은 사람은 병원에 실려 갔다. 이런 경우는 치료비를 물어줘야 한다. 공원은 사람이 많이 오는 곳이므로 풀숲에 사람이 있을지 여부는 충분히 생각할 수 있기 때문이다. 그러나 지리산 원시림에서 무심코 돌을 집어 풀숲에 던졌는데 사람이 맞았다면 어떨까? 이런 경우는 치료비를 물어주지 않아도 된다. 그런 곳에 사람이 웅크리고 앉아 있을 것이라고는 상상할 수 없기 때문이다.

이쯤에서 한 가지 의문이 생길 수도 있다. 왜 민법에서는 사람들이 불안해하지 않고 자유롭게 행동할 수 있도록 하는 것이 이렇게

표 2-2 고의와 과실에 따른 책임 정리

- 물건이 부서진 일 (재산에 피해를 준 경우)

	고의인 경우	실수(과실)인 경우	나도 모르게 한 경우 (상상을 초월한 일인 경우)
형법	재물손괴죄로 처벌	처벌하지 않음	처벌하지 않음
민법	손해배상 책임 있음	손해배상 책임 있음	손해배상 책임 없음

- 코뼈가 부러진 일 (사람을 상하게 한 경우)

	고의인 경우	실수(과실)인 경우	나도 모르게 한 경우 (상상을 초월한 일인 경우)
형법	상해죄로 처벌	과실치상죄로 처벌 받을 수 있음	처벌하지 않음
민법	손해배상 책임 있음	손해배상 책임 있음	손해배상 책임 없음

중요할까? 민법은 부주의로 인한 피해가 아니라면 배상하지 않아도 되니까 사람들에게 "그러니 겁먹지 말고 마음대로 행동해"라고 이야기한다. 왜 그럴까? 이것 역시 민법의 탄생 과정과 관계가 있다. 민법은 봉건주의를 타파하면서 나온 자유의 법이다. 개개인이 누구의 눈치도 보지 않고 자유롭게 생각하고 행동해서 자신의 재산을 늘려나가는 것을 전제로 하고 있다. 이것이 가능해지기 위해서는 본인의 잘못도 아닌 일 때문에 누군가에게 손해를 배상해주거나 금전적인 책임을 지는 일은 없어야 한다. 본인이 주의를 기울여도 막을 수 없었던 일임에도 불구하고 '그냥 결과가 이러니 당신이 책임을 지시오'라는 식이라면, 누구도 겁이 나서 함부로 경제활동을 할 수 없을 것이다. 따라서 과실책임의 원칙은 사람의 행동을 자유롭게 하기 위한 원칙이라고도 할 수 있다.

불가사리를 만든 아주머니는 책임이 있을까?
– 확대해석과 예견가능성

다시 〈쇠를 먹는 불가사리〉 이야기로 돌아가자. 불가사리를 만든 아주머니는 불가사리가 먹어 치운 재산에 대한 책임을 져야 할까? 그러려면 불가사리를 만든 아주머니에게 고의나 과실이 있어야 한다. 하지만 고의는 없어 보인다. 그렇다면 과실은? 과실이 인정되려면 불가사리가 쇠를 먹어 치우는 괴물이 될 거라는 결과를 인식할 수 있었어야 한다. 하지만 그런 인식을 한다는 것은 불가능하다. 밥풀로 만든 인형이 쇠를 먹는 괴물이 될 수도 있다고 어떻게 미리 알 수 있겠는가? 과실 역시 인정되지 않는다. 불가사리가 나쁘기는 하지만 불가사리를 만든 아주머니는 전혀 탓할 이유가 없다. 고의도 과실도 없기 때문이다.

자신이 버린 바나나 껍질에 누군가 미끄러져 다쳤다면 그 치료비를 물어줘야 할지 고민해보자. 친구를 다치게 할 생각으로 바닥에 바나나 껍질을 여러 개 떨어뜨리고, 그쪽으로 오도록 유도하고, 주의를 다른 데로 돌려 바나나 껍질을 보지 못하게 했다면 고의다. 친구를 다치게 한 죄로 처벌을 받고 치료비도 물어내야 한다. 하지만 거리에 무심코 바나나 껍질을 버렸는데 다른 사람이 미끄러져 다쳤다면 어떻게 될까? 쓰레기를 아무 데다 버린 것은 잘못이지만 치료비를 물어주는 일은 면할 수 있다. 바나나 껍질을 버린다고 누가 꼭 넘어져서 다치는 것은 아니기 때문이다. 바나나 껍질을 버린 것 때문에 사람이 다쳤다고 생각하기에는 인과관계가 약하다.

어떤 일이든 원인과 결과가 있겠지만 법률에서는 이런 인과관계를 지나치게 확대해석하는 것을 경계한다. 이를테면 이런 것이다. 어떤 사람이 범죄를 저질렀다. 그 사람은 당연히 벌을 받아야 한다. 하지만 원인과 결과를 확대해석하면 이렇게 된다. 범인을 낳은 엄마가 교육을 잘못해서 그렇다, 그러니까 엄마도 처벌받아야 한다, 그 엄마를 낳아서 기른 할머니도 잘못됐다, 할머니도 벌을 받아야 한다. 이런 식으로 나가면 결국 인간을 이렇게 만든 신이 잘못되었으니 신이 벌을 받아야 한다는 결론밖에 나오지 않는다.

어떤 일이 과실인지 아닌지를 판정하는 데도 원인과 결과의 관계가 중요하다. 자신의 행동이 어떤 결과를 낳을지 충분히 알 수 있는 경우여야 즉, 예견가능성이 있어야 책임 문제가 발생한다. 확대해석을 금하는 것은 원인을 파고들다 보면 무심코 한 작은 행동 때문에 큰 책임을 지는 일이 생길 수 있기 때문이다. 그렇게 되면 누구도 안심하고 살아갈 수 없게 된다. 그래서 인과관계로 설명하기 힘든 일 즉, 어떤 행동의 결과로 그 일이 벌어졌다고 생각하기 어려운 경우는 과실로 인정하지 않는다.

킹콩을 데려온 영화감독 덴헴의 경우는 어떨까? 영화 속에서 킹콩은 최강의 공룡인 티라노사우루스도 이길 만큼 힘이 센 동물로 나온다. 그런 괴물을 도시로 데려오면 어떤 일이 벌어질지는 상식적으로 예측이 가능하다. 때문에 만에 하나의 사태가 일어나지 않도록 철저히 관리해야 한다. 그런데 관리 소홀로 킹콩이 탈출해 난리가 벌어지게 되었다. 관리 소홀은 본인의 부주의로 발생한 일이므로 과실에 해당한다. 따라서 덴헴은 킹콩이 발생시킨 모든 피해에 대해 책임을 져야 한다. 쥐라기 공원을 관리하는 회사도 책임이 있다. 공룡이 사람 사는 곳으로 들어오면 어떻게 될지 결과를 충분히 예측할 수 있기 때문이다.

거대 아이의 횡포는 누가 책임질까?
– 법적 무능력자

민법 제3조(권리능력의 존속기간)에는 "사람은 생존한 동안 권리와 의무의 주체가 된다"고 써 있다. 이 말은 이제 막 태어난 갓난아이도 권리와 의무의 주체가 된다는 뜻은 아니다. '계약 자유의 원칙'은 민법 제2원칙이지만 이것의 전제는 사람이 합리적인 판단을 내릴 수 있는 지능을 가졌을 때 효력을 가진다. 그런데 세상에는 그렇지 않은 사람들도 있다. 법률에서는 이런 사람들을 '무능력자'라고 한다. 이때 무능력이란 일상에서 사용하는 실력이 없다는 의미와는 다르다. 법률행위에서 자신의 의사를 표시하거나 어떤 일을 할 수 있는 능력을 인정하지 않거나, 제한을 두는 것을 말한다.

   법적인 무능력자로 취급하는 사람은 세 종류가 있다. 첫째는 '미성년자'다. 법적으로 어른이 되는 성년은 만 20세이다. 20세 이전의 사람은 미성년자로 능력에 제한을 받는다. 두번째 유형은 '한정치산자'다. 심신이 박약하거나, 제대로 된 판단이 되지 않거나, 돈을 너무 낭비해서 가족의 생활을 어렵게 하는 낭비중독자 같은 사람을 말한다. 낭비의 목적이나 금액의 크기는 문제되지 않는다. 비도덕적인 목적으로 소비하는 것만이 낭비가 아니며 교육, 자선, 종교 등의 목적으로 소비하는 것도 낭비가 된다. 이런 사람은 법원에 가서 한정치산자 선고를 받아야 한다. 한정치산자가 되면 미성년자와 동일한 취급을 받는다.

   민법에 의하면 미성년자가 법률행위를 할 때는 부모나 보호자의 허락을 얻어야 한다. 물건을 사거나 학원에 등록하는 일 모두 여기에 속한다. 청소년이 부모의 허락 없이 한 일은 언제든지 취소할 수 있다. 쉽게 말하면 집 앞 가게에서 산 물건도 얼마든지 취소할 수 있다는 것이다. 가게 주인은 싫어하겠지만 법적으로는 가능한 일이다. 다만 그런 일이 거의 없을 뿐이다. 미성년자 혼자서 할 수 있는 일도 있는데 이는 미성년자에게 전적으로 유리한 일이다. 누가 물건을 공짜로 주거나 빚을 없애주는 것 같은 일이다. 이런 일은 "권리만을 얻거나 의무만을 면하는 행위는 그러하지 아니하다"에 해당하고, 미성년자 혼자서도 할 수 있다.

그런데 미성년자가 다른 사람에게 피해를 줬을 때 그 책임은 누가 질까? 부모나 보호자가 책임을 져야 한다. 하지만 미성년자가 너무 어려서 자신이 한 일이 어떤 것인지 잘 판단하지 못하는 경우, 그리고 부모가 충분한 주의를 기울인 경우에는 책임을 면할 수 있다. 영화 〈아이가 커졌어요〉에는 전자파를 맞아 거대해진 아기가 나온다. 아기가 남의 자동차를 밟아 망가뜨렸다면 손해배상은 누가 해야 할까? 물론 아기는 미성년자므로 책임을 지지 않아도 된다. 아기의 부모 역시 손해배상을 하지 않아도 된다. 어린 아기가 자동차를 밟고 피해를 입힐 거라는 예측은 할 수 없고, 부모가 주의의 의무를 다하지 않았다고 보기도 힘들다. 어떤 부모가 아이가 거대해질 것이라고 상상할 수 있겠는가. 게다가 집채만큼 커진 아이를 어떻게 말릴 수 있겠는가. 이럴 때 자동차 주인은 빨리 자동차를 대피시켜야 한다. 이미 아이가 밟아서 망가졌다면 빨리 사태가 수습돼 큰 피해가 벌어지지 않기만을 기도해야 한다. 아이가 마을 하나를 초토화시킬 정도의 큰 피해를 주었다면 재난이나 변란으로 분류돼 보험금을 탈 수 없는 일이 벌어질 수 있기 때문이다.

영화 속에서 자동차를 가장 많이 부순 사람은 누구일까? 아마 헐크가 아닐까? 헐크는 미성년자가 아닌 성인이다. 그렇다면 자신이 부순 자동차를 모두 손해배상해야 할까? 그렇다면 큰일이다. 피해액이 수십 억 원 단위일 테니까. 하지만 헐크는 한 푼도 배상하지 않아도 될 가능성이 높다. 법적으로 무능력자이기 때문이다. 법률적으로 무능력자에 속하는 세번째 유형은 '금치산자'다.

민법 제12조 (금치산의 선고)
심신상실의 상태에 있는 자에 대하여는 법원은 제9조에 규정한 자의 청구에 의하여 금치산을 선고해야 한다.

심신상실은 한마디로 정신에 이상이 생긴 것을 말한다. 이런 사람의 행위도 언제든지 취소할 수 있다. 금치산자로 법원의 선고를 받은 사람에게 아이스크림을 팔았는데, 얼마 지나지 않아 다 녹은 아이스크림을 들고 와서 계약을 취소하겠으니 돈을 돌려달라고 하면 가게 주인은 억울하지만 어쩔 수 없다. 법적으로 그렇다. 하지만 현실에서는 이런 일이 좀처럼 벌어지지 않는다. 아이스크림 하나 산다고 큰일이 나는 것도 아닌데 누가 취소하러 오겠는가. 다만 실성한 사람이 큰 사고를 치는 것, 이를테면 집을 터무니없는 가격에 싸게 판다거나 가보를 누구에게 줘버렸다거나 하는 큰일을 막기 위해 이런 법이 있는 것이다.

 영화 속 헐크는 사고를 칠 때 이성도 없고 기억도 하지 못하는 상태다. 몸속에 든 괴물이 각성해서 생긴 일인데 현재의 법이나 의학으로는 이런 상태를 금치산자로 판단한다. 때문에 다른 사람에게 입힌 피해를 책임질 필요가 없다. 단, 한정치산자나 금치산자가 다른 사람에게 피해를 입힌 경우는 보호자가 책임을 져야 한다. 하지만 헐크는 보호자가 없다. 따라서 책임을 질 사람이 하나도 없다. 자동차를 몰고 가는데 헐크가 나타난다면 무조건 피하고 볼 일이다.

스파이더맨이 부순 건물은 누가 보상할까?

〈스파이더맨〉 속 민법

 오늘도 악당을 물리치고 집으로 돌아온 스파이더맨. 코스튬을 벗고 일반인 피터 파커로 돌아와 빈둥빈둥 휴식 시간을 즐기고 있다.
 "오늘도 열심히 지구를 구했으니 딱 두 시간만 놀고 셀카 찍어서 〈데일리 뷰글〉에 납품해야지. 참, 내 기사에 댓글이 얼마나 달렸는지 볼까?"
 현실은 사진을 찍어 판 돈으로 먹고사는 하루살이 인생이지만 키보드 앞에서 피터는 연예인만큼 인기가 있다. 그의 기사에는 늘 그렇듯 팬들의 댓글이 잔뜩 달려 있었다.
 "스파이더맨 킹왕짱! 나랑 사귀어주세요. 엉엉."
 "솔직히 스파이더맨이 히어로 중 짱 아님? 슈퍼맨보다 간지나는 듯."

그런데 그의 눈을 의심하게 하는 댓글이 하나 있었으니…….

"스파이더맨에게 진실을 요구합니다."

깜짝 놀라 작성자의 홈페이지 링크를 눌러보니 스파이더맨에게 피해를 입었다는 사람들이 잔뜩 몰려 있는 안티카페가 나왔다.

"스파이더맨이 설치는 덕에 교통이 마비돼서 중요한 계약을 놓쳤어요. 소송 가능할까요?"

"거미줄로 자꾸 저희 가게 간판을 당기는 바람에 새로 달게 생겼습니다. 합의하면 얼마쯤 받을 수 있을까요?"

"욕실에서 샤워를 하는데 스파이더맨이 지나가다 절 본 것 같아요. 정말 충격입니다. 저랑 비슷한 경험이 있는 여성분 많다던데 집단으로 소송 들어가시죠?"

이 안티카페의 주인장은 개업 변호사인 김 모로 회원들에게 수임료를 후불로 받기로 하고 대규모의 집단소송을 준비하고 있었다. 카페 회원 수는 무려 30만 명!

"이…… 이럴 수가. 어떡하지? 공돌이라 변호사 친구도 없고, 부자 친구 해리도 죽어서 손 벌릴 데도 없고 이대로 코스튬플레이 생활, 아니 히어로 생활을 접어야 하나."

과연 스파이더맨은 이 위기를 극복해낼 수 있을 것인가!

영화 속 히어로들의 양극화 현상?
– 배트맨과 스파이더맨의 빈부 격차

SF란 Science Fiction의 약자로 공상과학 즉, 과학을 기반으로 한 지어낸 이야기라는 뜻이다. 그래서 SF 영화를 공상과학 영화라고도 부른다. SF 영화에는 세계 정복을 꿈꾸고 인류를 노예로 만들려는 악당들이 무척 많이 등장한다. 악당들은 세상을 휘젓고 다니며 사람을 다치게 하고 건물을 파괴하며 평화로운 세상을 위협한다. 그래도 사람들이 안전하게 살 수 있는 것은 슈퍼히어로가 많기 때문이다. 스파이더맨, 슈퍼맨, 엑스맨, 아이언맨, 배트맨, 헐크, 판타스틱 4……. 그들이 악당을 퇴치하는 장면은 언제 봐도 재미있고 통쾌하다. 결국 악당은 최후를 맞이하고 영화는 해피엔딩으로 막을 내린다.

그런데 현실에서 정말 이런 일이 벌어진다면 어떨까? 영화 속 사람들의 삶은 영화가 끝나면서 함께 사라진다. 하지만 현실 세계에 사는 사람들은 악당이 퇴치된 후에도 생활을 해야 한다. 악당을 퇴치하고 평화가 다시 찾아온 것을 마냥 기뻐할 수만은 없다. 슈퍼히어로가 악당과 싸우는 과정에서 수없이 많은 것들이 부서졌기 때문이다. 자동차, 집, 도로……. 지구의 평화를 지키기 위해 어쩔 수 없이 생긴 피해지만 당한 사람들은 억울하기 그지없다. 만약 자신의 집이 무너져 당장 생활할 곳이 없는데 "지구를 위해서 어쩔 수 없었던 일이야. 그냥 참아"라고 한다면 "그렇군요. 알겠습니다"라며 참을 수 있을까? 그렇지 않을 것이다. 자동차가 부서지고 집이 무너진 것에 대한 피해를 보상받고 싶을 것이다.

슈퍼히어로와 악당들이 싸우면서 벌어진 재산 피해에 대해서는 민사책임이 발생하고, 사람이 다친 데는 형사책임이 발생한다. 악당들이 없었다면 아무런 피해도 발생하지 않을 일이므로 상식적으로 악당들이 책임을 져야 한다는 생각이 든다. 슈퍼히어로가 책임질 이유는 하나도 없어 보인다. 오히려 목숨을 걸고 사회의 안전을 지켰으므로 영웅으로 칭송받아야 한다. 그것이 법이 지키려 하는 정의에 어울리는 일이다. 그런데 슈퍼히어로의 행동에 법을 엄격히 적용한다면 반드시 그런 결과가 나오지 않을 수도 있다. 슈퍼히어로 중에는 재산상의 피해를 배상해줘야 하는 캐릭터가 나올 수도 있다. 여기서 슈퍼히어로들의 운명이 갈릴지도 모른다.

배트맨은 어마어마한 부자다(88만 원 세대인 스파이더맨과는 차원이 다

배트맨은 어마어마한 부자다. 88만 원 세대인 스파이더맨과는 차원이 다르다. 집도 중세시대의 성 같은 곳이다. 악당과 싸우면서 발생한 재산 피해를 물어주는 데 별 무리가 없을 것이다.

르다). 집도 중세시대 성 같은 곳이다. 악당과 싸우면서 발생한 재산 피해를 물어주는 데 별 무리가 없을 것이다. 정 안 되면 배트카라도 팔아 보상해주면 된다. 그 정도 성능에 세상에 한 대밖에 없는 차라면 무척 비싼 값에 팔릴 수 있을 것이다. 배트맨이 직접 사인까지 해 넣는다면 50억 원이라도 사겠다는 사람이 나타날 것이다.

==스파이더맨은 무척 난감할 것이다. 전혀 부자가 아니기 때문이다. 그는 평범한 가정집에 산다. 돈을 벌어서 갚아야 하는데 만만치 않을 것이다.==

하지만 스파이더맨은 무척 난감할 것이다. 그는 전혀 부자가 아니기 때문이다. 그저 평범한 가정집에 살면서 노동을 해 돈을 벌어먹고산다. 주인공은 〈스파이더맨 1〉에서는 고등학생이었고 〈스파이더맨 2〉에서는 대학생이었다. 〈스파이더맨 3〉에 가서야 계약직 신문기자라는 직업을 갖게 된다. 학생 신분으로 아르바이트를 해서 번 돈이나 신문기자 월급으로는 다른 사람의 건물을 파괴한 것을 배상하기는 힘들다. 돈을 많이 버는 직업으로 바꾸지 않으면 평생 빚 독촉에 시달리며 살게 될 것이다. 큰일이다! 게다가 스파이더맨만 가난한 것이 아니다. 슈퍼맨도 엑스맨도 헐크도 부자가 아니다. 괜히 영웅으로 태어나 빚만 잔뜩 지고 살아가야 하는 처지에 빠질 수 있다. 그런데 왜 이런 일이 벌어지는 걸까? 나쁜 것은 악당인데 왜 스파이더맨이 돈을 물어줘야 하지? 법이 지키려는 정의는 어디로 사라진 걸까?

히어로는 조심조심 싸워야 할까?
– 고의와 목적의 관계

스파이더맨이 왜 손해배상을 해야 할 경우가 발생하는지 생각해보자. 먼저 스파이더맨이 악당과 싸우는 일은 행동일까 행위일까? 스파이더맨이 자신도 모르게 싸우고 있거나, 자신이 무슨 일을 하고 있는지 모르는 것이 아니므로 이는 행위에 해당한다. 따라서 그 행위

결국 악당이 나타난 곳에서 싸워야 한다. 악당은 주로 도시에 나타나므로 사람도 자동차도 건물도 많은 도시에서 싸울 수밖에 없다. 때문에 악당을 집어 던질 때는 건물이나 자동차가 없는 곳을 추천한다.

가 위법한 일이라면 법적인 책임을 져야 한다. 그리고 이 행위는 고의일까 과실일까? 놀랍게도 고의에 해당한다. 고의는 의도나 목적의 문제가 아니다. 자신의 행동이 어떤 결과로 이어질지 알고 있었느냐의 문제다. 스파이더맨이 일부러 사람을 다치게 하거나 건물을 부수려고 악당을 던진 것은 아니다. 악당과 싸우다 어쩔 수 없이 벌어진 일이다. 하지만 그렇게 강한 힘으로 강철 다리를 가진 악당을 패대기치면 자동차가 부서지고 건물이 망가질 것이라고 쉽게 예상할 수 있다. 스파이더맨은 자신의 행동이 어떤 결과로 이어질지 알 수 있었으므로 고의에 해당한다. 사람이 다친 것에 대해 형법상의 처벌을 받을 수 있다. 게다가 민법은 고의인지 과실인지 따지지 않으므로, 스파이더맨은 치료비와 건물비, 자동차 수리비를 모두 물어줘야 한다.

이런 일을 피하려면 어떻게 해야 할까? 악당과 싸울 때 세심한 주의를 기울여야 한다. 먼저 장소를 잘 골라야 한다. 사람이나 건물이 없는 곳으로 유도해서 싸워야 법적인 책임을 피할 수 있다. 그런데 악당이 그런 유도에 넘어갈까? 악당들은 몹쓸 짓을 일삼는 게 취미인 존재들인데, 다른 사람에게 피해를 주지 않기 위해 한적한 시골로 자리를 옮기려고 할까? 그럴 리는 없으므로 결국 악당이 나타난 곳에서 싸워야 한다. 악당은 주로 도시에 나타나므로 사람도 자동차도 건물도 많은 도시에서 싸울 수밖에 없다. 때문에 악당을 집어 던질 때는 건물이나 자동차가 없는 곳을 추천한다. 도로를 상하게 만드는 일도 법적인 책임이 따르므로 살살 던지는 것이 좋다.

이렇게 세심한 주의를 기울이며 싸우면서 악당도 물리치고 지구를 구할 수 있을까? 악당은 나쁜 놈이므로 다른 사람에게 손해를 입히는 일을 전혀 신경쓰지 않을 것이므로 스파이더맨도 물불 가리지 않고 싸워야 한다. 사람이 다치고 건물이 부서지는 것은 피할 수 없다. 오직 정의를 지키려고 한 일인데 민사책임, 형사책임을 모두 지라고 한다면 누가 세상을 구하려고 할까? 스파이더맨을 외면하는 것이 법이 추구하는 정의란 말인가. 이런 일을 막을 수 있는 방법은 과연 없는 걸까?

스파이더맨이 뽑을 수 있는 정의의 칼
– 민법상의 정당방위와 긴급피난

안심하라. 법은 정의를 지키기 위해 있는 것이다. 스파이더맨처럼 지구를 구하는 영웅을 위한 조항이 없을 리 없다. 악당을 물리치는 과정에서 벌어진 일에 대해 스파이더맨은 전혀 책임을 지지 않을 수 있다. 스파이더맨은 법이 제공해주는 정의의 칼을 뽑을 수 있기 때문이다. 결과적으로 사람을 다치게 했다고 해서 항상 책임을 지고 처벌을 받아야 하는 것은 아니다. 예외적으로 처벌하지 않는 일이 있다. 형법편에서 보았던 '위법성조각사유'인데, 스파이더맨의 행동은 '정당방위' 혹은 '긴급피난'에 해당할 수 있다.

형법 제21조 (정당방위)
① 자기 또는 타인의 법익에 대한 현재의 부당한 침해를 방위하기 위

한 행위는 상당한 이유가 있는 때에는 벌하지 아니한다.

형법 제22조 (긴급피난)
① 자기 또는 타인의 법익에 대한 현재의 위난을 피하기 위한 행위는 상당한 이유가 있는 때에는 벌하지 아니한다.

쉽게 풀이하면 자신이나 다른 사람에게 위급한 일이 닥쳤을 때 그 일을 피하기 위해서 한 일은 처벌하지 않는다는 말이다. 정당방위는 개인에게 가해지는 부당한 행위에 대항하는 것이지만, 긴급피난은 사회 전체에 벌어지는 일에도 적용이 가능하다. 즉, 세상을 정복하거나 파괴하려는 악당으로부터 시민들을 구하기 위해서 한 행동은 긴급피난에 해당한다. 스파이더맨의 행동이 정당방위인지 긴급피난인지는 명확하지 않다. 〈스파이더맨 1〉에서는 악당에게 세상을 해칠 의도가 분명히 있었다. 하지만 2, 3편의 경우는 악당의 목적이 스파이더맨에 대한 복수로 보인다. 악당의 행동이 세상을 해칠 목적이었다면 스파이더맨은 긴급피난, 개인적인 복수였다면 정당방위의 칼을 뽑아 들 수 있다. 어느 쪽이든 악당과 싸우는 과정에서 사람을 다치게 한 것에 대한 형사책임은 지지 않을 수 있다. 그럼 민사책임은 어떨까? 민법에도 정당방위나 긴급피난에 대한 규정이 있다.

민법 제761조 (정당방위, 긴급피난)
① 타인의 불법행위에 대하여 자기 또는 제삼자의 이익을 방위하기

위하여 부득이 타인에게 손해를 가한 자는 배상할 책임이 없다. 그러나 피해자는 불법행위에 대하여 손해의 배상을 청구할 수 있다.
② 전항의 규정은 급박한 위난을 피하기 위하여 부득이 타인에게 손해를 가한 경우에 준용한다.

살짝 어려운 법조문을 쉽게 이해해보자. ①항은 정당방위에 대한 내용이다. 정당방위를 실현하는 과정에서 생긴 피해는 배상하지 않아도 된다는 말이다. 이를테면 강도가 덮치기에 옆에 있던 자전거를 집어 던졌다. 슈퍼히어로라면 자동차를 던질 수도 있다. 이때 던져진 자전거나 자동차는 파손돼도 물어주지 않아도 된다. 그럼 주인은 억울하지 않을까? 물론 억울하다. 정의를 지키는 법이 이런 억울함에 대해 가만히 있을 리 없다. ①항의 뒷부분을 보자. "그러나 피해자는 불법행위에 대하여 손해의 배상을 청구할 수 있다." 정당방위로 벌어진 일에 손해를 입은 사람은 불법행위를 한 사람에게 손해배상을 청구할 수 있다. 강도를 피하려다 벌어진 피해에 대해서는 강도에게 손해배상을 청구할 수 있다는 말이다. 강도라는 것이 불법행위이고 피해가 발생하게 된 원인이기 때문이다. ②항은 긴급피난에 관한 것이다. 세상을 파괴하려는 악당에 맞서 싸우는 과정에서 건물이 부서지고 철탑이 무너졌다면, 그 피해보상 역시 불법행위를 한 악당이 해야 한다.

악당이 손해배상을 해주지 않는다면?
– 정당방위와 손해배상

이렇게 정의의 여신은 스파이더맨의 손을 들어주었다. 악당과 스파이더맨과의 싸움에서 생긴 손해는 악당에게 손해배상을 받을 수 있다. 그런데 쉽지 않을 수도 있다. 슈퍼히어로에게 패한 악당은 대개 죽고 없기 때문이다. 그렇다면 악당이 남기고 간 재산을 처분해 손해배상을 받아야 하는데, 보통 악당들은 사는 곳이 일정하지 않거나 찾아내기 힘들다(현실이 만족스러우면 악당 짓을 할 이유가 없지 않을까?). 때문에 악당에게서 손해배상을 받는 것은 꽤 어려운 일이다.

현실에서도 이런 일이 벌어질 수 있다. 어떤 사람이 강도를 막기 위해 내 물건을 집어 던져서 망가뜨렸다. 강도에게 손해배상을 받아야 하지만 강도는 이미 도망가 버리고 없다. 누구인지도 모르므로 찾아내기도 힘들다. 나중에 경찰에 잡혔다고 해서 찾아갔더니 재산이 하나도 없다고 한다. 이럴 때는 아무리 정당방위에 해당하고 정의를 위한 일이라고는 하지만 재산을 피해본 사람 입장에서는 억울할 수밖에 없다. 법에 왜 이런 규정이 있는지 불만일 것이다. 아무리 악당을 물리치기 위한 것이라지만, 자신의 집이 몽땅 파괴되어 당장 살 곳이 없다면 곤란하기 때문이다.

흔히 '법'이라는 단어를 떠올리면 무엇인가 금지하고 규제한다는 이미지가 강하다. 하지만 법은 정의를 수호하며 사람들이 편하게 살 수 있도록 해주는 고마운 존재다. 그러나 이런 법이 추구하는 정의가 때로는 서로 충돌할 수도 있다. 악당으로부터 몸을 보호하는 것도 정의고 재산을 보호하는 것도 정의다. 정당방위로 재산 피해가 발생했다면 두 가지 정의가 충돌된다. 이런 경우 더 높은 정의를 우선으로 생각한다. 몸을 지키는 것과 집을 지키는 정의 중 어느 것이 더 우선일까? 법이 추구하는 정의 중 가장 높은 것은 헌법이 추구하는 정의다. 헌법은 다른 법률에 비해 분량이 많지 않지만 하나하나가 중요하고 생활의 근본이 되는 것들로 이루어져 있다. 그중 가장 중요한 것으로 헌법 제10조를 꼽는 사람들이 많다.

헌법 제10조
모든 국민은 인간으로서의 존엄과 가치를 가지며, 행복을 추구할 권리를 가진다. 국가는 개인이 가지는 불가침의 기본적 인권을 확인하고 이를 보장할 의무를 진다.

인간으로서의 존엄이란 각자 개성이 있음을 인정하고, 개성의 자유로운 발전을 가치 있는 일로 여기는 것이다. 헌법 제10조는 모든 국민은 행복을 추구할 권리가 있으며 기본적 인권 즉, 자신의 생명과 신체를 지키며 평온하게 생활할 권리를 지닌다고 선언한다. 생명을 지키는 일은 무엇보다 소중하다. 위급한 일이 생기면 이것저것 따질 것이 아니라 온 힘을 다해 자신의 생명을 지키고 보호해야 한다. 칼을 들고 덤비는 사람에게 자신을 방어하기 위해 물건을 던질 때 '나중에 어떻게 배상하지?' 따위의 생각은 하지 말아야 한다. 다른 사람의 생명을 구하는 것 역시 무엇보다 중요한 일이다. 그런 경우도 뒷일은 생각할 필요가 없다. 민법에서 정당방위나 긴급피난 행위로 다른 사람에게 입힌 손해에 대해서 책임을 묻지 않는 것은, 생명을 지키는 정의가 재산을 지키는 정의보다 중요하기 때문이다. 재산은 인간의 존엄보다 중요하지 않다고 판단한다.

히어로의 싸움 구경이 위험한 이유
- 변란과 보험금

스파이더맨과 악당의 싸움으로 생명이나 집을 잃은 사람이 보험에 가입돼 있다면 보험금을 받을 수 있을까? 원칙적으로는 가족이나 본인이 보험금을 받을 수 있다. 하지만 받을 수 없는 경우도 있다. 우선 스파이더맨과 악당이 싸우는 것을 구경하러 갔다가 사고를 당한 사람은 보험금을 받을 수 없다. 자동차를 집어 던지며 싸우는 곳 근처에 가면 죽을지도 모른다는 것은 누구나 아는 일이다. 그런 위험한 곳에 일부러 접근하는 것은 스스로 위험을 초래한 일이므로 보험금을 받지 못할지도 모른다. 혹시라도 현실에서 슈퍼히어로와 악당이 싸우는 일이 벌어진다면 무조건 현장에서 멀리 떨어진 곳으로 도망쳐야 한다. 너무나 보고 싶다고? 그렇다면 TV로 보면 된다. 굳이 보험금을 못 받을 위험까지 무릅써가며 현장 가까이에 갈 필요는 없다.

　슈퍼히어로와 악당이 대도시에서 싸움을 벌인다면 많은 사람들이 희생될 가능성이 크다. 사망자 수가 몇 천명을 넘어선다면 도망치다 죽어도 보험금을 타지 못할지도 모른다. '천재지변, 폭동, 내란,

혹시라도 현실에서 슈퍼히어로와 악당이 싸우는 일이 벌어진다면 무조건 현장에서 멀리 떨어진 곳으로 도망쳐야 한다. 너무나 보고 싶다고? 그러면 TV로 보면 된다.

전쟁, 그 밖의 변란 등' 중 가장 갖다 붙이기 편한 '그 밖의 변란'으로 처리될 가능성이 있다. 이런 일로 사망한 경우에는 생명보험금을 받을 수 없다. 천재지변은 태풍, 홍수, 해일, 지진 등을 말한다. 폭동은 집단적 폭력 행위를 일으켜 사회의 안녕과 질서를 어지럽게 하는 일이고, 그것이 더 커져서 나라를 뒤집으려 하면 내란이다. 변란은 생각할 수 없는 큰 사고가 벌어지는 것이다. 스파이더맨과 악당이 도심에서 싸우는 일은 변란에 해당할 것이다.

천재지변, 폭동, 내란, 전쟁 등이 일어나면 많은 사람들이 사망하게 된다. 그런데 왜 이런 사고에는 보험금이 나오지 않을까? 보험회사에서는 '그런 일에 보험금을 지급하면 살아남을 보험회사가 하나도 없다'고 변명한다. 보험의 취지는 적은 돈을 모아 큰 사고를 대비하는 것이므로, 보험회사의 말대로 사람이 대량으로 사망하는 일에 보험금을 지급하면 보험이라는 제도가 유지될 수 없을지도 모른다. 하지만 보험회사들마다 비싼 곳에 높은 건물을 소유하고 있는 것을 보면 '정말 돈이 없어서 못 주는 거야?'라는 의문이 들기도 한다. 건물이나 자동차가 가입하는 손해보험 역시 절망적이다. 마찬가지로 천재지변이나 폭동 등에 의해 발생한 피해에 대해서는 보험금을 지급하지 않는다.

그럼 피해를 당한 사람들이 구제받을 길은 없는 것일까? 나라에서 피해보상을 해주기도 하지만 손해에 비하면 턱없이 적은 돈이다. 그래서 사람들은 의연금을 모은다. 방송국이나 학교에 거두는 수재의연금 등이 그런 종류다. 홍수로 집이나 생명을 잃어도 천재지변에 의한 것이므로 보험금이 나오지 않는다. 그래서 국민들이 돈을 모아 피해자들을 돕는 것이다. 2008년 5월 발생한 쓰촨 대지진 피해자들에게 모아진 의연금과 물자는 총 760억 위안(약 13조 8,920억 원)에 이르렀다. 이 의연금 덕분에 많은 사람들이 새로운 생활을 시작할 수 있게 되었다. 이런 의연금을 기부하면서 사는 것은 보험이 불완전한 세상에서 더불어 살아가기 위해 필요한 일이다.

핸콕이 감옥에 간 이유는 무엇일까?
– 긴급피난의 성립요건

슈퍼히어로가 악당을 물리치는 과정에서 무수한 건물과 도로가 파괴돼도 이를 비난하는 사람은 거의 없다. 사회정의를 위해서 어쩔 수 없는 일이기 때문이다. 하지만 대중의 비난을 받아 스스로 감옥에 간 슈퍼히어로가 있었으니, 바로 '핸콕'이다.

영화 〈핸콕〉의 첫머리에 등장하는 사건을 보자.

세 사람의 무장 강도가 자동차를 타고 도주 중이다. 자동차는 고속도로를 질주하고 경찰차 몇 대와 헬기가 추격하고 있다. 그 광경은 실시간 뉴스를 통해 TV로 중계된다. 거리의 벤치에서 술에 취해 낮잠을 자던 핸콕은 술병을 들고 하늘로 날아올라 범인이 탄 자동차를 쫓아간다. 고속도로에 접어들면서 잠시 시야를 잃은 핸콕은 도로표지판과 충돌한다. 너덜너덜해진 표지판이 도로에 떨어져 달리던 자동차를 덮치고 몇 대가 사고를 당한다. 도주 차량에 착륙한 핸콕에게 범인들은 총을 쏴댄다. 술병이 깨진 것에 화가 난 핸콕은 다리로 자동차 바닥을 뚫고 두 발을 땅에 디뎌 차를 세운다. 그 때문에 도로가 10미터 이상 파손된다. 그리고 핸콕은 도주 차량을 손에 들고 하늘로 올라가 창 모양의 건축물에 꽂아버린다.

범인을 잡는 과정에서 핸콕은 표지판을 부쉈고 그로 인해 자동차 사고가 났다. 몇 사람인가는 크게 다쳤거나 죽었을지도 모른다. 그리고 10미터가 넘는 고속도로도 파괴됐다. 범인들의 자동차는 높은 빌딩 위에 꽂아 뒤처리 비용이 많이 들게 만들었다. 핸콕은 이런 행위에 대해 민사책임과 형사책임을 물어야 할까? 범인들이 핸콕을 먼저 공격한 것은 아니므로 정당방위는 아니다. 핸콕이 범죄자를 잡기 위해 벌인 일이므로 긴급피난을 적용할 수 있을까? 우선 법률에서 긴급피

범인을 잡는 과정에서 핸콕은 표지판을 부쉈고 그로 인해 자동차 사고가 났다. 몇 사람인가는 크게 다쳤거나 죽었을지도 모른다. 그리고 10미터가 넘는 고속도로도 파괴됐다.

난을 인정하는 경우를 보자. 하나의 사건이 벌어졌을 때 어떤 사람이 '아무것도 하지 않았을 때 사회가 입는 피해'를 A라 하고, '그 사람이 적극적으로 나섰을 때 사회가 입는 피해'를 B라고 하자. A가 B보다 클 것으로 보일 때 긴급피난이 성립된다. 아무것도 안 하는 것의 피해가 무엇을 했을 때의 피해보다 클 것으로 보이므로 다른 사람의 생명과 재산에 해를 끼치는 일에 책임을 묻지 않는 것이다. 스파이더맨이나 배트맨의 행위가 긴급피난으로 성립하는 것은 그들이 나서지 않았다면 사회가 치명적인 위협에 처할 수 있기 때문이다.

하지만 핸콕의 경우는 다르다. 당시의 상황을 보면 핸콕이 아무 일도 하지 않았어도 경찰은 범인을 잡았을 것이다. 혹시 잡히지 않았다 하더라도 강도를 놓친 것에 대한 피해는 차량 사고로 몇 명이

다치고 죽는 것에 비하면 너무 가볍다. 고속도로를 부수고 자동차를 빌딩 위에 꽂아버린 것은 불필요한 일이었다. 때문에 핸콕의 행위는 긴급피난에 해당하지 않는다. 따라서 핸콕은 자신의 행동에 모든 책임을 져야 한다. 핸콕이 관여한 일들이 영화 속에서 대개 이런 식이었기에 사람들은 그를 영웅이라고 칭송하는 것이 아니라 '영웅 놀이에 지쳤다'며 비난한다. 그리고 감옥에 가둬야 한다고 말한다. 모두 옳은 말이다. 핸콕을 완전히 가둘 방법이 없기는 하지만 말이다. 결국 핸콕은 자신의 이미지를 바꾸기 위해 스스로 감옥에 간다. 그러다 경찰의 요청으로 은행에서 인질을 잡고 있는 무장 강도를 퇴치하게 되는데 그 과정에서 은행 유리창을 두 장이나 깬다. 하지만 이번에는 영웅으로 칭송받는다. 그리고 유리창 값도 물어내지 않는다. 이 사건은 긴급피난이 적용될 수 있기 때문이다.

슈퍼히어로를 보호해줄 법의 필요성
– 영웅법의 '법익'

핸콕의 사례에서 볼 수 있듯 슈퍼히어로의 활약이 영웅적인 일로 칭송받기 위해서는 한 가지 공식을 만족시켜야 한다.

> 히어로들이 아무것도 하지 않았을 때의 피해 〉 활약했을 때의 피해

일이 벌어진 뒤에 꼼꼼히 계산을 해야 한다는 말이 아니다. 일이

벌어지기 전에 누구나 그럴 만하다고 생각할 수 있으면 된다.

슈퍼히어로의 행동이 긴급피난으로 인정받으려면 눈앞에 나타난 악당에게 입을 피해가 너무나 큰 것을 대중들이 알아야 한다. 만일 스파이더맨이 세상을 구하는 영웅이라는 것을 사람들이 모르고 본다면 어떨까? 사람들 눈에는 이상한 두 괴물이 도심에서 싸우는 것으로 보일 것이다. 복면을 뒤집어쓰고 거미줄을 날리는 괴물과 여덟 개의 금속제 발이 달린 괴물과의 싸움. 어느 쪽도 정의의 편으로 보이지 않을 가능성이 높다.

예를 들면 이런 상황이다. 동네 공원에서 사람들이 한가로이 휴식을 취하고 있다. 그런데 험상궂은 남자 두 명이 나타나 갑자기 싸움을 벌이기 시작한다. 돌을 집어 던지고 버팀목을 뽑아 던지며 격렬한 싸움을 벌인다. 그 와중에 근처에 있던 사람 몇이 다쳤고 놀이기구도 파손됐다. 싸움이 한 남자의 승리로 끝나는 순간 경찰이 도착했다. 경찰은 그 남자를 체포하고 사람들은 몰려가 치료비 물어달라고 아우성을 친다. 그때 남자가 웃으며 말한다.

"저 사람이 여러분을 해치려 하기에 내가 미리 처리한 겁니다."

이 말을 듣고 "아, 그렇군요. 고맙습니다"라고 사람들이 납득할까? 남자는 틀림없이 경찰서에 끌려갈 것이고 사람들의 치료비와 기물 파손에 대한 손해배상을 하게 될 것이다. 스파이더맨이 경찰서에 끌려가지 않으려면 사람들이 구원의 손길을 내밀 때까지 기다려야 한다. 예전 영화나 애니메이션에서는 악당이 방송국을 점령하거나, 강력한 전파를 이용해 전 세계를 상대로 협박하는 일이 있었다. 그런 일이 벌어졌을 때 바로 나서는 것도 현명하지 않다. 경찰 특공대가 먼저 진압할 수 있는 기회를 줘야 한다. 경찰력만으로 충분히 해결할 수 있는 일을 먼저 나서서 해결하면 핸콕 꼴이 난다.

악당이 사전 예고 없이 도시에 나타난 경우에도 일단은 참아야 한다. 악당이 건물을 부수고 사람을 해칠 때 등장해야 긴급피난으로 책임을 면할 수 있다. 하지만 악당이 눈앞에 있는 데도 참아야 하는 슈퍼히어로라니, 이런 건 영웅이 아니지 않은가. 영웅치고는 너무 쪼잔하다. 아니, 영웅이라는 말도 아깝다.

슈퍼히어로가 법의 보호를 받지 못하거나 무고한 시민들이 다치는 일을 방지하려면 지금의 법률로는 조금 무리다. 하지만 앞으로 과학이 더 발달하고, 실제로 슈퍼히어로들이 탄생하는 시대가 온다면 이들이 마음껏 활약할 수 있도록 보장하는 법률이 필요할지도 모른다. 이름은 '영웅법' 정도가 될 것이다.

이런 새로운 법을 만드는 데는 이유가 필요하다. 그 법이 사회나 개인에게 어떤 이익을 줄 것인가를 먼저 생각해야 한다. 이런 것을 '법익'이라고 한다. 영웅법의 법익은 악당이 등장했을 때 영웅이 사람들의 구조 요청을 기다리지 않고, 스스로의 판단으로 악당을 퇴치하는 것을 보장함으로써, 사회와 시민의 안전을 지키는 것이다. 하지만 보통 사람이 죄도 없는 사람을 때려눕히고 사회를 해칠 악당을 퇴치한 것이라고 주장한다면, 사회는 안정되기는커녕 혼란만 커질 뿐이다. 아무나 영웅이 될 수 없도록 조치를 취해야 한다. 이럴 때 필요한 것이 면허다. 국가에서 영웅면허 시험을 치르고 시험에 합격한 사람에게만 영웅면허증을 발급해야 한다. 영웅면허는 세 가지 과목 정도를 시험보면 좋을 듯하다.

① 능력시험 : 영웅에 적합한 특수한 능력을 지니고 있는가.
② 지능검사 : 상대가 악당인지 아닌지 판단하는 데 충분한 지능을 갖추고 있는가.
③ 적성검사 : 악당도 특수한 능력과 지능이 있다. 악당이 영웅면허증을 가져서는 곤란하다. 영웅으로서의 적성을 검사해야 한다. 얼마나 정의감에 불타는지 측정하기 위해 영웅 적성검사를 실시해야 한다.

대개의 시험은 본인 확인을 위해 가면을 쓰고 치르는 것을 금지한다. 영웅면허 시험에 통과하려면 스파이더맨도 배트맨도 가면을 벗어야 한다. 과연 그들이 얼굴을 공개하고 시험을 치를지 궁금하다.

라이어게임에서 보낸 돈은 보관할 의무가 있을까?

〈라이어게임〉 속 민법

드라마와 영화로도 만들어진 일본 만화 〈라이어게임〉의 한 장면이다.

18세의 칸자키 나오. 100엔짜리 동전을 주워도 경찰서에 가져다주는 그녀는 지나친 성실함 때문에 주위 사람들에게 '미련퉁이 나오'라고 놀림을 받는다. 그러던 어느 날 '라이어 게임 사무국'이라는 곳에서 소포를 받는데 그 안에는 상상도 못한 물건이 들어 있었다. 바로 현금 1억 엔!

상자 속의 편지에는 나오가 어떤 게임의 참가자로 지정되었고 그 돈은 '라이어 게임'이라는 대회의 게임머니라는 설명이 있었다. 게임의 규칙은 상대방에게 돈을 빼앗기지 않은 채 상대의 돈을 빼앗는 것. 돈을 빼앗는 데 성공한 이는 빼앗은 만큼을 상금으로 받게 되나, 빼앗긴 사람은 그만큼을 라이어 게임 사무국에 빚지게 되는 것이었다. 나오는 이 게임의 룰이며 큰돈이 너무 부담스럽고 걱정이 되었으나 발신인의 주소도 연락처도 없는 상태라 돌려줄 수도 없는 상황이었다.

'이러다 돈을 잃어버리거나 도둑맞기라도 하면 내가 물어줘야 하는 건 아닐까?'

불안에 떨며 며칠을 지내고 있는데 다시 라이어 게임 쪽에서 편지가 도착했다. 1라운드의 상대인 앞으로 돈을 빼앗아야 할 대상이 정해졌다는 것이다. 다행스럽게도 상대는 모르는 사람이 아닌 중학교 2학년 때 담임이던 후지사와 선생님. 나오는 선생님을 찾아간다.

"이건 사기가 분명해. 우리를 서로 의심하게 만들고 그 사무국이라는 데서 돈을 훔쳐가는 수법일 거야. 그럼 둘 다 빈털터리가 되고 빚을 지게 되겠지."

"아, 정말 그러네요. 너무해요. 선생님이 아니었으면 틀림없이 속았을 거예요. 그럼 앞으로 우린 어떻게 하죠?"

"이 돈을 은행의 안전 금고에 같이 보관하자. 그럼 사기를 피할 수 있을 거야."

"네! 잘 부탁드리겠습니다."

그렇지만 실상은 후지사와 선생이 나오를 속여 게임에서 이기려 했던 것이었다.

"너무해요, 선생님. 선생님도 어려우시겠지만 저도 말기 암인 아버지가 계세요. 지금 1억의 빚을 질 순 없어요."

"알 게 뭐야! 네 아버지 따위 어떻게 되든 내 알 바 아니야!"

칸자키 나오는 어떤 선택을 해야 했을까? 애초에 모르는 이가 맡긴 곤란한 돈을 보관해줄 의무가 있었을까? 그걸 강제로 맡았다 잃었다고 해서 배상책임이 있을까? 그리고 나오를 속여 돈을 가로챈 후지사와 선생에게는 법적인 제재가 가능할까?

귀중품은 왜 카운터에 맡겨야 할까?
– 카운터의 책임 범위

사람들은 모두 똑똑해지기를 원하지만 마음 한편에서는 바보를 응원하기도 한다(그래서 영구 캐릭터가 그렇게 오랫동안 사랑을 받았는지도 모른다). 동화에는 이런 미워할 수 없는 바보들이 자주 등장한다. 그들은 터무니없는 일을 벌여 손해를 보거나 나쁜 사람들에게 일방적으로 당하는 일이 많다. 그러다 뜻하지 않게 공주나 원님의 딸을 웃겨서 부자가 되기도 하고, 주위의 도움으로 나쁜 사람을 물리치며 행복한 결말을 맺기도 한다. 그런데 현실에서 그런 일이 벌어지면 법은 바보들을 보호해줄 수 있을까? 〈도깨비가 준 보물〉이라는 전래 동화를 보자.

  옛날에 한 바보가 어머니와 살고 있었다. 하루는 바보가 나무를 하러 갔다가 산에서 도깨비를 만났다. 도깨비는 엉덩이를 때리면 돈이 나오는 당나귀를 주었다. 바보는 하산하는 길에 날이 저물자 주막에 묵기로 하고 주인에게 엉덩이를 치면 돈이 나오는 당나귀니 잘 보관해달라고 부탁한다. 다음 날 주인은 당나귀가 없어졌다고 거짓

말을 한다. 바보는 다시 산꼭대기를 찾았다. 그러자 이번에는 도깨비가 보자기 하나를 주며 "쌀아 나와라, 하면 쌀이 나오는 보자기"라고 했다. 또 날이 저물고 바보가 보자기를 주막 주인에게 맡겼더니 이번에도 없어졌다고 했다. 바보는 엉엉 울며 산꼭대기에 올라갔다. 도깨비는 방망이를 하나 주며 "때려라 방망이" 하면 보물이 나온다고 했다. 또 날이 저물어 주막에 묵었다. 바보는 "때려라 방망이"를 외치면 보물이 나오는 방망이라며 잘 보관해달라고 한다. 방망이도 욕심이 났던 주막 주인이 바보 몰래 "때려라 방망이"를 외치자 방망이가 사정없이 그를 때렸다. 주인은 "당나귀랑 보자기 돌려줄 테니 제발 살려줘"라며 싹싹 빌었다. 바보는 당나귀, 보자기, 방망이를 모두 되찾고 부자가 되었다.

바보도 이런 바보가 없다. 주막 주인에게 물건을 맡기면 없어진다는 경험을 하고도 또 소중한 물건을 맡긴다. 주인을 전혀 의심하지 않는다. 이래서 사람들이 바보를 좋아하는지도 모르겠다. 한없이 순수하고 착한 모습 때문이다. 동화 속에서는 도깨비가 바보를 구해주지만 현실에서 어떻게 될까? 주막집 주인이 보물이 없어졌다고 할 때 억울한 마음에 엉엉 울면서 집으로 가야 할까? 그건 정의가 아니지 않을까?

주막집 주인에게 손님이 물건을 맡기는 것은 일종의 계약이다. 주인은 잘 보관했다가 돌려줄 책임이 있다. 목욕탕이나 찜질방 같은 곳에서 귀중품은 카운터에 맡기라는 푯말을 본 적이 있을 것이다. 손님이 맡긴 물건을 잃어버렸다면 손해배상을 해주어야 한다. 엉덩이에서 돈이 나오는 마술 당나귀는 법적으로는 인정할 수 없으므로 같은 물건으로 배상할 수는 없겠지만, 적어도 비슷한 당나귀 한 마리 값은 물어줘야 할 것이다. 목욕탕이나 찜질방에서 물건을 맡겼는데 주인이 잃어버렸다면 그에 상응하는 돈이나 물건으로 보상해줘야 한다. 카운터에 맡기지 않은 물건을 잃어버렸을 때 가게에서는 "그러니까 귀중품은 카운터에 맡기라고 하지 않았냐"며 보상해줄 수 없다고 할 것이다.

하지만 이런 경우도 주인에게 일부 책임이 있다. 찜질방 같은 곳에서 옷과 물건을 보관하는 로커의 문을 쉽게 열 수 있는 싸구려로 구비해놓았다면 주인에게도 책임이 발생한다. 로커에 넣어둔 고급 시계를 누가 몰래 열고 가져갔다고 하자. 누가 로커 문을 강제로 연 것은 육안으로 쉽게 알 수 있다. 하지만 시계가 그곳에 원래 있었다는 것은 증명하기 힘들다. 그러므로 귀중품은 카운터에 맡기는 것이 제일 좋다.

일방적으로 맡게 된 물건도 책임을 져야 할까?
- 호의관계

전래 동화가 흔히 그렇듯 〈도깨비가 준 선물〉도 여러 버전이 있다. 그중에는 바보가 머문 곳이 주막이 아닌 오두막집이라는 이야기도 있다. 주막은 돈을 받고 손님에게 밥과 잠자리를 제공하는 곳이다. 하지만 오두막은 그렇지 않다. 한밤중에 산속을 돌아다니는 것은 위험한 일이므로 곤경에 빠진 사람을 선한 마음으로 재워준 것이다. 이런 경우도 맡긴 물건을 책임져야 할까?

동화 속에서는 오두막 주인이 물건이 탐이 나 사라졌다고 거짓말을 한다. 이런 것을 법률에서는 '편취'라고 한다. '속여서 빼앗았다'는 뜻이다. 이때 주인은 경찰서에도 가야 하고 물건도 물어줘야 한다. 하지만 진짜로 없어졌다면 어떻게 할까? 그런 경우도 오두막 주인이 책임을 져야 할까? 돈을 받고 재워준 것도 아니고 곤경에 빠진 사람을 도와주려고 한 것일 뿐인데, 물건 보관의 책임까지 지는 것은 너무 가혹하지 않을까?

이와 비슷한 경우는 실제 생활에서 많이 일어난다. 화장실이 급해서 뛰어가다 친구에게 가방을 맡아달라고 부탁하면서 나중에 커피를 사주겠다고 했다. 친구가 그러겠다고 말하거나 고개를 끄덕이며 '맡아주겠다'는 의사표시를 하는 순간 계약이 성립된다. 따라서 가방을 잃어버렸다면 책임을 져야 한다.

한 사람이 다른 사람에게 일방적으로 무엇을 해주겠다고 약속하는 것을 '호의관계'라고 한다. 이를테면 대가 없이 승용차로 집에 데려다주는 일 같은 경우다. 아무 대가 없이 가방을 맡아주겠다고 한 것도 일종의 호의관계다. 호의관계인 경우에도 가방을 잃어버렸다면 책임을 져야 하지만 액수는 감해준다. 호의로 대가 없이 맡은 선한 일이기 때문이다.

그런데 친구가 맡아주겠다는 말도 하지 않았는데 화장실이 급하다며 던지듯 맡겨놓고 간 경우는 어떨까? 볼일을 보고 나와서 친구에게 가방을 달라고 했는데 잃어버렸다고 한다. "잘 봐야지. 잃어버리면 어떡해. 물어내"라고 했더니, 친구가 "내가 언제 맡아준다고 했느냐"며 되레 화를 내고 물어주지 못하겠다고 한다. 이런 경우는 어떻게 처리해야 할까?

집 앞에 버려진 강아지는 책임져야 할까?
– 신의성실의 원칙

아침에 일어나 집 밖으로 나오니 바구니에 강아지 한 마리와 함께 '사정상 놓고 갑니다. 잘 키워주세요'라고 쓴 쪽지가 들어 있다. 누가 바구니를 놓고 갔는지 모르는 상황이다. 이런 경우에 '정말 내가 키워야 하나? 안 돼. 난 모르는 일이야'라며 외면해도 될까? 오두막 주인도, 가방을 맡아달라고 일방적으로 부탁을 받은 친구도, 강아지를 떠맡게 된 사람도 모두 어느 정도의 책임이 있다. 민법 제2조의 '신의성실의 원칙' 때문이다.

민법 제2조 (신의성실)
① 권리의 행사와 의무의 이행은 신의에 좇아 성실히 하여야 한다.

신의성실의 원칙은 쉽게 말하자면 '상대방이 나를 믿었다면 나도 그 믿음에 맞게 성실히 행동할 의무가 있다'는 뜻이다. 상대가 나를 믿고 물건을 맡겼다면 잘 보관했다가 돌려주려고 노력해야 한다. 설사 허락도 받지 않고 일방적으로 맡기고 간 물건이라도 상대가 급해서 그런 것이고, 나를 믿기 때문에 물건을 맡겼다고 생각하고, 그 믿음에 보답하기 위해 행동해야 한다는 것이 '신의성실의 원칙'이다.

친구가 가방을 맡아준 대가로 무엇을 해줄 것인지는 전혀 중요하지 않다. 민법이 재산을 중요하게 다루는 것은 자유로운 생활에는 어느 정도 재산이 필요하기 때문이지, 모든 일을 재산이나 돈의 잣대로 판단하는 것은 아니다. 신의처럼 재산보다 중요하게 생각하는 가치도 있다.

신의성실의 원칙이 없는 자본주의는 사회를 혹독하게 만들 수 있다. 이런 사회에서는 어떻게든 남을 이용해 돈을 벌려는 파렴치한 사람들이 판을 치게 된다. 이탈리아는 유럽에서 살기 힘든 나라에 속한다고 한다. 그 이유 중 하나로 신의성실의 원칙이 잘 지켜지지 않는 점을 꼽는 사람들이 있다. 신의성실의 원칙은 유럽에서 나온 것인데 이탈리아에서는 이 원칙을 찾아보기 힘들다고 한다. 원인은 이탈리아의 역사적 특수성 때문이라고 본다. 이탈리아는 로마제국이 무너진 후 프랑스, 독일, 스페인 등 외세의 침략을 오랫동안 겪었다. 그런 과정에서 '남을 믿다간 나만 손해보는구나'라는 인식이 퍼졌다고 한다.

우리나라도 신의성실의 원칙이 잘 지켜지지 않는 나라에 속한다. 침략을 당한 적이 많기 때문일 것이다. 그래서 뉴스를 보면 신의성실의 원칙에 어긋나게 위생 관념 없이 음식을 만들며, 먹을거리로 장난을 치는 사람들이 끊이지 않는지도 모른다.

그런데 대부분의 사람들이 신의성실의 원칙을 지키는 상황에서 혼자 어기면 비난을 받지만, 아무도 신의성실의 원칙을 지키지 않는데 혼자만 지키면 바보가 되는 기분이 든다. 신의성실의 원칙이 무시당하는 사회에서는 남을 믿고 배려하다가 손해를 보는 일도 많다. 이 문제는 너무나 뿌리가 깊기 때문에 쉽게 고치기 힘들겠지만, 지금부터라도 신의성실의 원칙에 따라 행동하는 법을 배우면 우리나라는 진정한 선진국이자 사람 살기 좋은 나라가 될 것이다.

신의성실의 원칙의 두 가지 예외
– 성문법과 불문법

신의성실의 원칙은 좋은 사회를 만드는 데 너무나 중요한 일이기는 하지만 목숨을 걸어서라도 꼭 지켜야 하는 것은 아니다. 이에 예외를 인정하는 두 가지 파생적 원칙이 있다.

첫째는 '사정 변경의 원칙'이다. 신의에 따라 성실하게 행동하려 했는데 예상치 못한 일이 벌어져 신의를 지키기 힘든 경우다. 이를테면 친구가 맡긴 가방을 잘 보고 있는데 갑자기 사나운 개가 나타나 내 쪽으로 달려온다. 가방을 들고 뛰자니 너무 무거워서 빨리 달리지 못할 것 같다. 그런 경우는 피하는 것이 우선이다. 이 때문에 가방을 잃어버려도 신의성실의 원칙에 어긋난 것은 아니다.

둘째는 '실효의 원칙'으로 효력을 잃는다는 말이다. 학교에서 친구가 가방을 맡기면서 화장실에 다녀오겠다고 했는데 한 시간이 지나도 오지 않았다. 그래서 가방을 운동장 한쪽 구석에 두고 다른 친구들과 축구를 했다. 가방을 맡긴 친구는 가방을 맡긴 것을 잊어버리고 집에 가서 놀다가 문득 생각이 나 두 시간 뒤에 돌아왔지만 그 사이에 가방이 없어졌다. 이때 일방적으로 잠깐만 봐달라며 맡겨놓고는 두 시간 뒤에 와서 책임을 지라는 것은 뻔뻔한 일이다. 언제 올지 모르는 사람을 마냥 기다려줄 수는 없기 때문이다. 가방 주인이 오랫동안 가방을 찾으러 오지 않는 것처럼, 자신의 권리를 오랫동안 주장하지 않으면 그 권리가 없어질 수 있다. 이런 경우는 신의성실의 원칙이 효력을 잃는다.

이 원칙은 법이라기보다 사람이 지켜야 할 도리 같은 것이다. 실제로 재판에서 법을 적용할 때 최후의 보루로 사용하는 것이 신의성실의 원칙이다. 법전을 아무리 뒤져봐도 관련된 조항이 없을 때 마지막으로 신의성실의 원칙을 사용한다. '사람이라면 모름지기 이렇게 해야 하는 것이 맞다'며 판단을 내리는 것이다. 법은 대개 앞에 있는 조항일수록 중요하다. 민법에서 제일 중요하게 여기는 제1조를 보자.

민법 제1조 (법원)
민사에 관하여 법률에 규정이 없으면 관습법에 의하고 관습법이 없으면 조리에 의한다.

민법 제1조의 '법원'은 재판을 하는 법원(法院)이 아니고 법원(法源) 즉, 법을 생기게 하는 근거나 존재 형식을 말한다.

후자의 법원은 크게 성문법과 불문법으로 나뉜다. '성문'은 글로 이루어져 있다는 뜻이다. 성문법은 국회처럼 법을 만드는 곳에서 일정한 절차를 거쳐 '조문(조목조목 적어놓은 글)' 형식으로 만든 것이다. 성문법은 문서로 만든 법으로 국민에게 널리 알려 지키게 하려는 법이다. 법전에 나오는 헌법, 민법, 형법 등 각종 법률은 모두 성문법이다. 성문법은 프랑스를 비롯한 유럽 대륙 국가들이 발전시킨 법체계인데 우리나라도 이 제도를 채택해 사용하고 있다.

불문법은 글로 이루어져 있지 않은 법이라는 뜻이다. 문서화된 법이 아니라 영국의 대헌장, 권리장전 등과 같이 역사적인 합의나 타협이 헌법으로 사용되는 경우를 말한다. 불문법은 크게 관습법과 판례법으로 나눌 수 있다. 관습법은 문서로 써진 것은 아니지만 오랜 세월 동안 국민들이 지켜온 관습을 국가가 법으로 인정한 것이다. 판례법은 법원의 판례를 법으로 인정한 것이다. 영국, 미국, 호주 같은 나라들은 전통적으로 판례법과 관습법을 인정해온 불문법주의 국가다. 그런데 요즘에는 불문법주의 국가에서도 성문법 사용이 크게 증가하고 있다(판례법이 있기에 법의 적용에서 일관성을 유지할 수 있으며, 판결자의 자의적 법 해석을 상당 부분 막을 수 있다는 순작용이 영향을 미친 것으로 보인다).

재산을 둘러싼 다툼에 있어서 누가 옳은지 판결할 때 제일 먼저 보는 것이 민법이다. 민법에 관련 사항이 없으면 관습법에 의하고, 관습법에도 없으면 '조리'를 따르라는 말이 민법 제1조의 의미다. 조리란 많은 공동생활의 원리인 사회통념, 선량한 풍속 기타 사회질서

등을 위해 '사람은 모름지기 이렇게 행동해야 한다'고 생각하는 것이다. 신의성실의 원칙은 법조문에 들어 있어서 이제는 성문법이 되었지만, 그 내용은 조리에 가깝다.

조리는 재판에 있어서 성문법이나 관습법이 없는 경우를 보충하는 기능을 한다. 민법 제1조는 법률과 관습법의 결함을 보충해 조리를 판단의 근거로 쓸 수 있다고 명시한다. 왜 조리를 써야 할까? 법관은 법률과 양심에 따라 판단해야 한다. 법률에도 없고 관습법에도 없더라도 판단을 회피하지 말아야 하는 것이다. 민사재판의 목적은 두 사람의 다툼에 판결을 내려 다툼을 끝내기 위한 것이기 때문이다.

빌린 돈을 10원짜리로 갚을 수 있을까?
– 권리남용

어떤 사람이 친구에게 100만 원을 빌렸다. 한 달 뒤에 갚기로 했는데 사정의 여의치 않아 제날짜에 돌려주지 못했다. 돈을 빌려준 친구는 빨리 갚으라고 성화를 부렸다. 며칠 뒤 돈을 마련한 그 사람은 무슨 생각에서인지 은행에서 모두 10원 짜리 동전으로 바꾸었다. 개수로 10만 개다. 10원 동전의 무게는 한 개에 4.06그램. 100만 원이면 406킬로그램 정도다. 이를 열 개의 자루에 나눠 담아 트럭에 싣고 약속 장소로 향했다. 그 사람은 친구에게 동전도 돈이라며 받으라고 했다. 친구가 이런 식으로는 받지 못하겠다며 거부하자 동전 자루를 땅에 내려놓고 가져가라며 자리를 떴다. 결국 동전은 이들이 손을 놓은 사이 누군가 가져가 사라져버렸다. 그 책임은 누가 져야 할까?

민법은 소유권 절대의 원칙에 의해 자기 재산을 마음대로 할 수 있는 권리를 보장해준다. 돈을 어떤 형태로 갚을지도 개인의 자유다. 100만 원짜리 수표 한 장으로 갚을 수도 있고 만원 지폐 100장으로 갚을 수도 있다. 이런 일은 자유롭게 할 수 있다. 하지만 100만 원을 10원짜리 동전으로 갚는 것은 허용되지 않는다. 받는 사람에게 거부할 수 있는 권리가 있다. 민법 제2조 신의성실의 원칙 2항에 '권리 남용의 금지' 조문이 들어 있기 때문이다.

민법 제2조 (신의성실)
① 권리의 행사와 의무의 이행은 신의에 좇아 성실히 하여야 한다.
② 권리는 남용하지 못한다.

남용은 일정한 기준이나 한도를 넘어서 함부로 쓰거나, 권리나 권한 따위를 본래의 목적이나 범위를 벗어나 함부로 행사한다는 뜻이다. 민법에서 말하는 권리남용은 민법이 보장하는 권리를 올바르지 못한 방법으로 사용하는 것을 말한다. 권리남용에 해당하려면 권리행사의 목적이 오직 상대방에게 고통을 주고 손해를 입히려는 데 있을 뿐 행사하는 사람에게 아무런 이익이 없어야 한다. 혹은 권리행사가 사회질서에 위반되어야 한다.

100만 원을 10원짜리 동전으로 바꾸는 것은 돈을 갚는 사람에게 아무런 이득을 주지 않는다. 그럼에도 불구하고 그런 일을 한 것은 돈을 갚으라고 재촉당한 것에 대한 분풀이일 것이다. 권리행사의 목적이 오직 상대방에게 고통을 주기 위한 것이라고 볼 수 있다. 이 경우 돈을 받을 사람이 동전을 받지 않겠다고 하면, 갚을 사람이 와서 다시 가져가야 한다.

남의 땅을 밟고 걸어다니면 안 될까?
– 사용권과 권리남용

동화에서는 땅 부자가 나쁜 사람으로 나오는 경우가 종종 있다. 이를 테면 이런 이야기다.

우리 집에서 이웃 마을로 가려면 땅 부자의 땅을 밟고 가야 한다. 그런데 땅 부자가 심술이 나 땅에 울타리를 치고 내 땅이니까 밟지 말라고 한다. 땅 부자의 땅을 밟지 않고 마을로 가려면 30분 이상 돌아가야 한다. 이럴 때 땅부자가 자기 마음대로 다른 사람이 오는 걸 막는 것 역시 권리남용에 해당한다. 오직 이웃에게 심술을 부리기 위한 이유이기 때문이다. 이웃집 사람은 민사소송을 통해 땅 부자의 땅을 가로질러 갈 수 있는 권리를 행사할 수 있다.

요즘은 학교에서 학생들이 각자 자기 책상을 하나씩 쓰는 편이지만 얼마 전까지만 해도 기다란 책상 하나를 짝꿍과 나눠서 사용했다. 이럴 때는 대개 가운데 금을 그어놓는다. 두 사람이 하나의 책상을 두고 반씩 사용할 권리를 갖는 것이다. 이런 것을 '사용권'이라고 한다. 그런 공간을 침해받지 않고 자신을 위해 사용하는 일은 정당한 권리행사다. 짝이 자꾸 내 영역을 침범해 방해한다면 가운데 금을 넘어오지 말아달라고 요청할 권리가 있다. 그때 짝이 "이 책상이 네 거야? 학교 거잖아"라고 한다면 무식하고 용감한 말이다. 책상은 내 소유는 아니지만 이를 사용할 수 있는 사용권을 학교로부터 받았기 때문이다.

그런데 짝과 다툰 날 짝이 앞으로 이 금을 넘어오는 물건은 다 자기 것이라고 말하며, 행여 책이라도 조금 넘어가면 손으로 밀쳐 책상 아래로 떨어뜨린다면 어떨까? 이는 권리남용이다. 오로지 짝을 괴롭힐 목적으로 자신의 사용권을 이용했기 때문이다.

약자를 보호하기 위해 제한하는 계약의 자유
– 현대 민법의 수정 3원칙

근대 민법의 3원칙을 다시 한 번 정리해보자.

1. 소유권 절대의 원칙

재산은 누가 간섭할 수 없는 절대적인 것이다. 내 재산을 마음대로 쓰는 것에 대해서 누구도 뭐라고 할 수 없다.

2. 계약자유의 원칙

내가 맺는 계약은 상대방과 내가 결정할 일이고 어떤 내용을 누구와 어떤 방식으로 하든 자유다.

3. 과실책임의 원칙

내가 남에게 피해를 주었을 때 그것이 고의나 과실일 경우에만 책임을 진다.

사회가 크게 변하면 원칙도 흔들리기 마련이다. 절대왕정의 억압에서 벗어나면서 개인주의와 자유주의를 기본으로 만든 근대민법은 인류의 발달에 크게 기여해왔다. 하지만 자본주의가 발전하면서 빈부 차가 벌어지고, 법적으로는 자유와 평등 내지 계약 자유의 원칙이 지켜지고 있지만, 실제 생활에서는 경제적 강자가 약자를 착취하고 일방적으로 이용하는 일이 벌어지게 되었다. 회사에서 직원을 고용하면서 일방적으로 회사에 유리한 근로계약을 하는 경우 같은 것이다. 회사는 직원 한 사람을 고용하지 않아도 큰 문제가 되지 않지만, 고용되지 않는 사람은 당장 먹을 것을 마련할 수 없는 곤란한 일이 벌어진다.

이렇게 힘의 격차가 생기면 정의가 실현되기 힘들다. 따라서 근대민법의 3원칙도 본래의 모습 그대로 유지될 수 없게 되었다. 그래서 경제적 약자의 보호를 위해 자유경쟁에 일정한 간섭을 하는 것이 국가의 의무라는 새로운 사상이 등장하게 되었다. 이에 따라 강자에게 무한히 주어지던 계약의 자유를 약자를 보호하기 위해 제한해야 한다고 생각하게 된 것이다. 그렇게 등장한 것이 현대 민법의 수정 3원칙이다.

1. 소유권 상대의 원칙

권리를 남용해 남에게 피해를 줘서는 안 된다는 원칙이다. 자신의 물건이라도 남에게 피해를 주지 않게 그 권리를 행사해야 한다. 즉, 소유권의 행사는 공공복리에 적합해야 한다.

2. 계약공정의 원칙

계약자유의 원칙에 신의성실의 원칙을 더한 것이다. 계약의 내용이나 방식이 사회적으로 건전하고 공공이념에 적합해야 한다. 상대방이 믿음을 준 것만큼 배신하지 말고 성실히 이행해야 한다.

3. 무과실책임의 원칙

과실이 없는 경우도 책임이 발생할 수 있다.

1, 2번의 수정원칙은 민법 제2조 신의성실의 원칙에 반영돼 있다. 그런데 3번은 조금 생소하다. 무과실책임의 원칙은 원칙적으로 고의나 과실이 없어도 손해배상을 하는 책임이 발생할 수 있다는 것이다. 자신에게 잘못이 없는데도 뭔가를 책임져야 한다는 걸까? 그러면 불안해서 살 수 없지 않을까?

잘못의 유무는 누가 증명해야 할까?
– 증명 책임의 전환

현대사회에서는 전통적인 민사책임의 원리로는 손해와 이익을 공평하게 조정할 수 없는 영역이 등장하고 있다. 의료, 제조물, 환경오염 등에 의한 사고 같은 것들이다. 이런 영역은 행위자의 과실에 대해 전문적인 지식이 없으면 판단하기 어렵고, 어떤 전문 지식을 동원하는가에 따라 판단이 달라질 수 있다. 또한 손해를 일으킨 행위와 손해 사이의 인과관계를 확정하는 것이 과학기술적으로 쉽지 않다는 특징을 지닌다. 그러다보니 각 영역에서의 사회적 약자들 즉, 의료 사고에서는 환자, 제조물 사고에서는 소비자, 환경오염에서는 시민들의 손해가 제대로 배상되지 못하는 문제가 발생하게 되었다.

그래서 최근에는 책임이 누구에게 있는지를 가릴 때 사회적 약자에게 유리한 방향으로 생각하는 변화가 이루어지고 있다. 이를 위해 먼저 과실을 따지는 요건을 완화시킨다. 예컨대 의료과실 같은 전문적 과실을 일반적인 관점에서 파악할 수 있는 '상식적 과실'로 대체하거나, 제조업자에게 요구되는 주의의무의 기준을 높여 과실을 쉽게 인정하게 한다. 커피 판매업자가 커피 컵을 다리 사이에 끼고 운전하는 경우까지 고려해 컵에 안전장치를 마련해야 한다고 판단하거나, 뚜껑을 열면 화상을 입을 수 있다는 경고 문구를 넣게 하는 등의 일이다.

또한 손해를 일으킨 행위와 손해 사이의 인과관계를 완화시키는 방향으로도 변화가 이루어지고 있다. 예전에는 인과관계에 확실함이 필요했다면 지금은 그럴 수 있다는 정도로도 책임을 인정하게 하는 것이다. 또한 인과관계를 증명할 책임을 피해를 발생시킨 사람에게 부담시킨다. 이것을 '증명책임의 전환'이라고 부른다. 본래 인과관계 증명의 책임은 피해자에게 있었다. 피해자가 그것을 증명하지 못하면 인과관계가 성립되지 않는 것으로 간주했다. 하지만 증명책임이 전환되면, 반대로 가해자가 인과관계가 없음을 적극적으로 증명하지 못하는 한, 인과관계는 있는 것으로 간주된다.

예를 들어 공장 폐수가 공장 실수로 잘못 방류되어 김 양식 어장에 도달했다. 이로 인해 김이 제대로 자라지 못했고 어민들은 큰 피해를 입었다. 예전에는 피해를 입은 어민이 공장폐수와 김이 자라지 못한 것 사이에 인과관계가 있다는 것을 증명해야 했다. 증명책임이 전환되면 가해자인 폐수를 방출한 공장 측에서 적극적으로 폐수에 오염물질이 없다거나, 폐수가 김이 자라지 못한 것과는 관계가 없다는 것을 증명해야 한다. 그러지 못하면 인과관계가 인정된다. 이런 변화는 과실책임이 위험책임으로 변하는 것을 말한다. 즉, 과실이 없는 경우에도 위험한 요소를 관리하고 있다는 사실 자체로 책임을 져야 하는 일이 발생하는 것이다.

로보트 태권 V를 아버지로부터 물려받을 수 있을까?

〈로보트 태권 V〉 속 민법

"훈아, 나 영희야. 문 좀 열어봐."

밖에서 두드리는 문소리에도 훈이는 반응하지 않았다. 지금 영희와 이야기를 나눌 기분이 아니기 때문이다. 지구의 미래를 위해 아버지가 혼신을 기울여 만든 로보트 태권 V. 로봇을 타고 있을 때는 세상 모든 것이 찬란했다. 지구를 구한다는 사명감 외에도 나만큼 강하고 위대한 사람은 없다는 허영이 없었다고 하면 거짓일 것이다. 그러나 아버지가 돌아가시고 나자 모든 일은 '어른들의 사정'에 의해 틀어지고 말았다.

"아니 이보세요! 지구를 지키는 일이란 말입니다!"

훈이의 절규에도 불구하고 태권 V에는 차압 딱지가 붙었다.

"그러게 어째서 탈세를 하세요? 부끄러운 줄 알아야지! 정당하게 상속세를 내면 우리도 저런 고철덩이에는 관심 없어요."

"아니 저건 고철덩이가 아니라 지구를 지키기 위한……."

"아무튼 저걸 포기하시든가 기한 내로 상속세를 내든가 하세요. 젊은 사람이 탈세나 하고 말야. 쯧쯧."

이대로 태권 V를 빼앗길 수는 없었다. 이대로 빼앗기면 조각조각 분해돼 팔릴지도 모르고, 혹은 경매를 통해 오히려 지구를 노리는 적들의 손에 넘어갈지도 모를 일 아닌가? 이대로는 안 되겠다는 생각에 훈이는 변호사를 찾아간다.

"꼭 되돌려 받아야 합니다. 저는 에반게리온 초호기 파일럿 이카리 신지……가 아니라. 태권 V의 파일럿 김훈이란 말입니다."

훈이에게 법률 상담을 해주는 변호사의 얼굴에 그늘이 짙어가는데…….

빚을 물려받지 않을 수 있을까?
– 상속의 원칙

전래 동화 〈흥부와 놀부〉의 줄거리를 잠시 보자.

흥부와 놀부는 형제로 아버지가 돌아가시자 놀부는 모든 재산을 독차지하고 동생 흥부를 쫓아낸다. 가난하게 살던 흥부는 제비의 다리를 고쳐준 일로 제비에게 박 씨를 받았다. 박 씨를 심어 열린 박을 타자 거기서 쌀, 금은보화, 집이 나와 흥부는 부자가 되었다. 그 소식을 들은 놀부는 제비 다리를 일부러 부러뜨려 고쳐준 다음 박 씨를 얻었다. 놀부가 박을 타자 도깨비, 거지, 똥물 같은 것이 나와 놀부는 혼쭐이 나고 빈털터리가 되었다.

이때 놀부의 박에서 무엇이 나왔는지는 동화책에 따라 내용이 조금씩 다르다. 원전의 이야기가 복잡하고 길다보니 알기 쉽게 줄이면서 이야기가 조금씩 달라진 것이다. 개중에는 이런 내용도 있다. 놀부가 박을 타자 병에 걸린 환자들이 잔뜩 튀어나와 놀부의 아버지가 나라에서 주는 돈을 가로채는 바람에 병을 고치지 못했다고 말한다. 아버지가 떼먹은 돈을 받겠다며 놀부의 재산을 멋대로 들고 나간다. 이런 일은 법적으로 문제가 없을까? 일단 두 가지 의문이 든다. 첫째, 놀부는 아버지의 빚을 갚아야 할까? 둘째, 받을 돈이 있는 쪽은 멋대로 재산을 가져가도 되는 것일까?

먼저 놀부는 아버지의 빚을 대신 갚아야 한다. 아버지의 재산을 물려받았기 때문이다. 부모가 돌아가시면서 남긴 재산을 유산이라고 하고 이를 물려받는 것을 상속이라고 한다. 그런데 사람에게는 재산만 있는 것이 아니라 빚도 있다. 상속을 받으려면 재산과 함께 빚도 물려받아야 한다. 예를 들면 이런 것이다. 아버지가 돌아가시면서 유산으로 아파트 한 채를 남겼다. 아파트는 3억 원 정도 한다. 그런데 그 아파트를 담보로 은행에서 빌린 돈이 1억 원 남아 있다. 이때 아파트만 물려받고 빚은 나 몰라라 하고 싶지만 법적으로는 허용되지 않는다는 말이다. 아파트를 물려받고 싶다면 빚도 같이 물려받아야 한다. 그 빚이 아파트를 담보로 은행에서 빌린 돈이 아니라, 아버지가 친구에게서 빌린 돈이라 하더라도 결과는 같다. 그런데 만약 재산보다 빚이 더 많다면? 그러니까 재산은 3억 원인데 빚은 5억 원이라면? 유산을 물려받는 것이 손해가 된다. 이럴 경우 상속을 포기할 수 있다. 재산을 물려받지 않는 대신 빚을 갚지 않아도 되는 것이다.

그러나 놀부는 아버지의 재산을 모두 물려받았다. 현재의 법대로라면 동생 흥부와 똑같이 나눠 가져야 하지만 혼자 독차지했다. 조선시대에는 이런 일이 가능했겠지만 지금 사회에서는 어림없는 일이다. 형이라고 혼자 물려받거나 더 많이 물려받고 동생이라고 적게 물려받는 일은 법적으로 허용되지 않는다. 아버지가 형에게만 재산을 물려주겠다고 유언장을 쓴 게 아니라면 말이다.

상속을 받으면 상속세를 내야 한다. 상속세는 물려받는 재산의 금액에 따라 세율이 달라지는데 큰 재산을 물려받았을 때는 재산의 절반 정도를 세금으로 내야 한다. 이는 부의 세습 즉, 부자의 자식이 계속 부자로 사는 것을 막기 위함이다. 세상은 공평해야 한다. 조상이 부자라고 자손들이 별다른 노력 없이 계속 부자로 사는 것은 사회 정의와 평등에 어긋나기 때문에, 거대한 유산에는 상속세를 많이 내게 하는 것이다. 그런데 이 상속세가 지구의 평화를 지키는 데 큰 지장을 줄 수 있다. 앞서 나왔던 〈로보트 태권 V〉 훈이 이야기다. 로보트 태권 V가 사라지면 지구는 위험에 처할 수도 있다.

로보트 태권 V는 무슨 돈으로 만들어졌을까?
– 재산과 빚의 상속

Robot은 보통 로봇이라고 쓰는데 왜 태권 V만 '로보트'라고 쓸까? 태권 V가 처음 등장한 것은 1976의 일인데, 당시 외래어 표기는 로보트가 맞는 말이었기 때문이다. 그러다 원래 발음에 가깝게 표기하기 위해 로봇으로 표기가 바뀌었다. 하지만 로보트 태권 V는 고유명사이므로 바꾸지 않고 계속 로보트라고 쓰는 것이다. 어쨌든 잠시 로보트 태권 V의 설정을 보자.

세계 무술대회에 참가했던 선수들이 잇따라 행방불명된다. 알고 보니 선수들은 악의 무리인 '붉은 제국'의 우두머리 '말콤'에게 납치

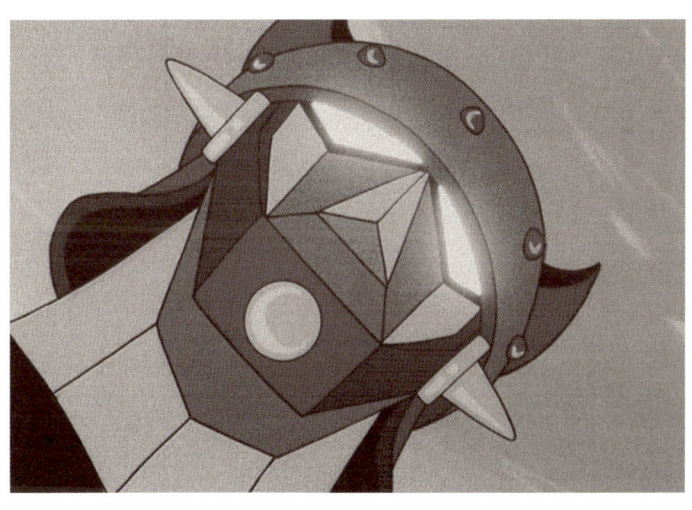

로보트 태권 V는 주인공인 훈의 아버지가 만들고 아버지가 돌아가시면서 훈이 물려받은 것이다. 훈의 아버지는 무슨 돈으로 로보트 태권 V를 만들었을까?

된 것이다. 말콤은 우수한 무술 실력을 가진 선수들을 세뇌시켜 붉은 제국의 로봇을 조종하는 조종사로 이용한다. 한편 세계적인 로봇 전문가 김 박사는 최첨단 로봇인 태권 V의 개발을 막 마치자마자 붉은 제국의 군사들에게 목숨을 잃게 된다. 곧 붉은 제국의 무술 로봇들은 평화로운 지구를 공격하기 시작한다. 이에 김 박사의 아들이자 세계 최고의 태권도 선수인 훈은 단짝 친구 영희와 함께 아버지가 남긴 태권 V의 조종사가 되어, 붉은 제국의 로봇들과 맞서 싸운다. 지구의 운명은 로보트 태권 V와 훈이의 어깨에 달린 것이다.

그렇다. 로보트 태권 V는 주인공인 훈의 아버지가 만들고 아버지가 돌아가시면서 훈이 물려받은 것이다. 훈의 아버지는 무슨 돈으로 로보트 태권 V를 만들었을까? 박사라고는 하지만 어디 기관에 속해 월급을 받으며 일한 것으로는 보이지 않는다. 그렇다면 로보트 태권 V를 만들면서 상당한 빚을 졌을 가능성이 높다. 훈이가 로보트 태권 V를 가지려면 빚도 함께 물려받아야 한다. 돈을 빌려준 사람은 김 박사를 보고 빌려준 것이지, 아들인 훈을 보고 빌려준 것이 아니니까 당장 갚으라고 할 수도 있다. 훈이는 로보트 태권 V를 팔아서 빚을 갚아야 할지도 모른다.

태권 V를 상속받으려면 세금은 얼마나 낼까?
– 상속세와 공매

김 박사가 로보트 태권 V를 만들 때 자신의 돈을 투자했을 가능성도 있다. 조상에게 물려받은 땅이 많다면 자신의 돈으로 만들 수도 있다. 땅 부자 중에는 재산이 몇 천억 원에 이르는 사람도 많으니까. 하지만 이 경우에도 로보트 태권 V가 훈의 것이 되기는 힘들어 보인다. 훈이가 로보트 태권 V를 유산으로 상속받으려면 상속세를 내야 한다. 도대체 얼마를 내야 할까? 태권 V는 판매하는 물건이 아니므로 얼마짜리인지 정확히 알 수는 없다. 이럴 경우에는 상황을 고려해 추정해야 한다.

〈로보트 태권 V〉의 공식 홈페이지를 봐도 무엇으로 만들었는지, 어떤 첨단 장비와 기술이 들어 있는지는 알 길이 없다. 붉은 제국의 로봇들과 싸우는 광경을 보면 쇠로 만들어진 것은 아니고, 그보다 훨씬 비싼 금속으로 만든 것임에 틀림없다. 흔히 애니메이션에 등장하는 로봇들은 '초합금' 같은 정체불명의 금속으로 만든다. 아마 지구에서 나오는 금속 중에 가장 비싸다는 백금보다 가격이 높을 것이다. 태권 V를 만든 김청기 감독에 의하며 태권 V의 키는 56미터라고 한다. 우리나라에서 만든 휴머노이드 로봇인 휴보는 키 120cm, 몸무게 55kg이므로 같은 비율로 계산하면 태권 V의 무게는 5천6백 톤에 이른다. 만약 백금으로 만들었다면 태권 V에는 재료비만 242조 원 정도가 들어간다. 우리나라 국민이 1인당 504만 원을 내야 만들 수 있는 것이다. 도대체 김 박사는 어디서 그런 돈이 났을까?

백번 양보해 태권 V가 100억 원 정도의 가치가 있다고 하자. 훈이는 상속세율 규정에 따라 '10억 4천만 원+30억 초과 금액의 50%'에 해당하는 상속세를 내야 한다. 로보트 태권 V의 가격이 100억 원이라면 45억 4천만 원의 세금을 내야 한다. 도대체 훈이가 어떻게 이런 큰돈을 어떻게 마련할 수 있겠는가. 이는 불가능하다. 상속세를 내지 못하면 그 물건은 국가가 일단 몰수를 한 다음 '공매'에 붙인다. 로보트 태권 V를 공개적으로 팔아서 그 돈으로 상속세를 납부하게 하고 남은 돈을 훈에게 주는 과정을 거치게 된다.

그런데 누가 100억 원이나 되는 큰돈을 내고 로보트 태권 V를 사려고 할까? 가능성이 제일 높은 구매자는 붉은 제국이다. 붉은 제국은 로봇을 수시로 만든다. 그만한 돈이 있는 것이다. 정의의 태권 V는 결국 붉은 제국의 손아귀에 들어가 지구를 정복하는 도구로 사용되는 것일까? 이쯤 되면 국가가 나서야 한다. 정의를 지키기 위해 특단의 조치를 내려야 할 것이다. 국가에서 태권 V를 관리하고 훈이에게는 그에 상응하는 돈을 줄 수 있다. 물론 상속세는 떼고 난 금액이다. 이렇게 태권 V가 국가의 소유가 되었다고는 해도 훈이가 로봇을 조종할 가능성은 희박하다. 아직 성인이 아닌 사람을 위험한 전장에 내보내는 것은 사회적인 비난을 살 수 있기 때문이다(옆 동네 일본에서는 사회적 비난 같은 건 신경쓰지 않는 모양인지 에반게리온에 소년 소녀들을 잘만 태우지만 말이다).

로보트 태권 V는 태권도를 잘하는 사람이 조종해야 전투력이 극대화된다. 태권도를 잘하고 성인인 사람은 누구일까? 2008년 북경 올림픽에서 태권도 부분에 금메달을 딴 선수는 임수정, 손태진, 황경선, 차동민 선수다. 임수정, 황경선 선수는 여자, 손태진, 차동민 선수는 남자다. 로보트 태권 V는 두 사람이 조종해야 한다. 남녀 차별은 있을 수 없으므로 남자 한 명, 여자 한 명이 조종사로 뽑혀 번갈아 나설 것으로 보인다. 이런 생각을 하면 훈이 가엾게 느껴진다. 모처럼 지구를 지킬 기회가 생겼는데 세금과 나이 문제로 태권 V를 조종할 수 없다. 단지 어리다는 이유로 전장 대신 학교를 지켜야 하는 것이다. 안타까운 일이다.

남이 내 돈을 갚지 않을 때는 어떻게 할까?
– 공적구제

박에서 나온 거지 떼가 놀부에게 돈을 갚으라고 하는 것은 당연한 권리다. 이런 것을 '채권'이라고 한다. 앞서 말한 것처럼 채권은 상대에게 어떤 것을 요구할 수 있는 권리고, 그 요구에 따라 어떤 일을 해야 하는 의무를 '채무'라고 한다. 즉, 돈을 빌려준 사람의 권리는 채권이고 갚아야 하는 사람의 의무는 채무다.

요구에 따라 일을 하는 것을 채무의 '이행'이라고 한다. 세상에는 돈을 빌려가서 갚지 않는 사람이 있다. 이런 사람에게서는 강제로 돈을 받아야 하는데 이것을 '강제집행'이라고 한다. 채무의 이행을 강제로 한다는 뜻이다. 친구에게 책을 빌려줬는데 돌려주지 않을 때 어떻게 강제집행을 해야 할까? 거지 떼들이 그랬듯 멋대로 재산을 가져가도 될까? 법적으로 이런 일은 허용되지 않는다. 친구가 물건을 빌렸든 돈을 빌렸든 갚지 않을 경우에는 법적인 절차에 따라 강제집행을 해야 한다. 자기 멋대로 남의 돈이나 물건을 가져올 수는 없다. 그 친구가 신고하면 꼼짝없이 절도에 해당한다. 자기가 빌려준 물건을 갖고 오는 경우도 그렇다. 그런 일이 도덕적으로 문제가 되는 것은 아니지만, 법에서는 자기 마음대로 처리하는 것을 금하고 있다. 우리는 법치국가에 살고 있기 때문이다. 법치국가의 권리의 보호와 규제는 일반적으로 국가구제, 공적구제에 의해 진행한다. 나라나 정부 기관의 힘을 통해 자신의 권리를 보호받아야 한다. 국가구제, 공적구제의 대표는 재판제도이다. 빌려간 돈을 갚지 않는 사람에게 재판을 신청해 법원으로부터 강제이행명령을 받아내야 한다(돈 받는 과정이 길고 지루할지도 모르지만 공정한 법치사회를 위해서는 조금 참아야 할 부분이다).

채무자의 재산을 직접 가져와도 될까?
– 사력구제

자기의 힘으로 권리를 보호하는 것은 '사력구제'라고 한다. 사력(私力) 즉, 개인의 힘으로 구제를 받는다는 뜻이다. 법치국가에서는 사력구제를 허용하지 않는 것이 원칙이지만 부득이한 경우에 한해서는 예외로 인정한다. 법에서 인정하는 사력구제는 정당방위, 긴급피난, 자력구제이다.

정당방위와 긴급피난은 앞서 살펴봤으니 여기서는 자력구제를 알아보자. 권리를 침해당한 사람이 법률 절차에 의하지 않고 자기 힘으로 해결하는 것을 자력구제 행위라고 한다. 민법에서는 내 물건을 누가 멋대로 가져가는 경우에만 자력구제를 인정한다. 하지만 단서 조항이 있다. 법적 절차를 밟는 것이 무척 어려운 상황에서만 인정한다.

예를 들어 도둑이 물건을 훔쳐 달아나는 것을 보고 현장에서 도둑을 추적해 물건을 빼앗아오는 것은 자력구제로 허용되는 일이다. 그러나 도난당한 지 며칠 뒤 누군가 그 물건을 들고 있는 것을 보고 힘으로 빼앗는 일은 자력구제에 해당하지 않는다. 그 사람이 도둑이 아닐 수도 있기 때문이다. 우연히 똑같은 물건을 갖고 있거나 도둑이 훔쳐간 물건을 모르고 샀을 수도 있다. 이런 경우 자력구제를 허용하면 본의 아니게 폭행 등의 사고로 이어질 수 있다. 그 물건이 내 것인지가 확실하고, 물건을 가진 사람이 도둑이 확실하고, 지금 되찾지 않으면 나중에 다시 찾을 길이 없어 보일 때만 자력구제가 허용된다.

만일 돈을 빌려간 사람이 갚지 않는다고, 멋대로 그 집에 쳐들어가 돈을 들고 나오거나 값어치가 있는 물건을 들고 나오는 일은 법으로 허용되지 않는다. 영화 〈비열한 거리〉를 보면 돈을 대신 받아주는 일로 대가를 받는 깡패 조인성이 등장한다. 그는 남의 집에 들어가기는 하지만 생활을 방해할 뿐 물건을 들고 나오지는 않는다. 불법 행위이기 때문이다. 아무리 깡패라도 경찰서에 갈 일은 되도록 하지 않는다. 깡패에게 가장 무서운 것은 법과 법을 집행하는 검찰과 경찰이다.

억울한 일을 당하면 스스로 해결해도 될까?
– 자력구제

고대사회에서는 사람들이 억울한 일을 당하면 스스로의 힘이나 가족, 부족의 힘으로 해결하는 것이 당연했다. 자력구제를 한 것이다. 하지만 근대사회에서는 자력구제를 금지하고 있다. 이유는 크게 두 가지다. 첫째, 힘에 의한 해결은 개인의 생명과 안전을 위협한다. 둘째, 문제가 발생했을 때 모든 사람이 스스로의 힘으로 해결하면 사회가 불안해질 수 있기 때문이다. 그래서 현대사회에서는 특별한 경우를 제외하고는 자력구제를 인정하지 않는다. 자력구제를 이해했다면 다음 물음에 답해보자.

- 친구가 내 물건을 멋대로 가져갔다면 친구의 집에서 그 물건을 찾아올 수 있을까?
- 친구가 빌려간 물건을 돌려주지 않는다면 내 힘으로 그 물건을 찾아올 수 있을까?
- 친구가 A라는 물건을 멋대로 가져갔거나 빌려가서 돌려주지 않는다고, 친구의 물건 B를 가져올 수 있을까?
- 친구가 빌린 돈을 갚지 않는다고 친구의 지갑에서 멋대로 돈을 가져올 수 있을까?
- 친구가 빌린 돈을 갚지 않는다고 친구의 물건 중에서 값이 나가는 물건을 멋대로 가져올 수 있을까?

답은 모두 '그럴 수 없다'이다. 지금 아니면 되찾을 수 없는 긴박한 상황이 아니기 때문에 자력구제가 허용되지 않는다. 그러나 친구가 내 호주머니에서 멋대로 만 원을 꺼내 가져가려 한다면 빼앗아올 수는 있다. 현재 벌어지는 일이므로 자력구제가 허용된다.

03 〈트랜스포머〉로 알아보는 헌법

Am I a murderer if I write down his name on the Deathnote?

들어가는 글

헌법 이야기

우리나라 법 관련 서적의 제목들은 〈헌법학 원론〉, 〈민법 총론〉, 〈형법 각론〉처럼 딱딱한 것들이 대부분이다. 하지만 외국에서는 사람들이 법에 대해 친밀감을 갖도록 책에 멋진 이름을 붙이기도 한다. 미국에서 출판된 헌법을 알기 쉽게 설명한 책의 제목은 〈우리는 얼마나 자유로운가!〉이다.

이 책의 제목처럼 헌법은 시민이 누릴 수 있는 최대의 자유와 권리를 보장해주기 위해 존재한다. 현행 헌법이 근거를 두는 것들을 보자. 국왕의 독선적 행위로부터 국민의 권리와 자유를 보장받기 위해 작성된 대헌장(마그나카르타), 영국 국왕으로부터 실질적으로 권력을 빼앗은 명예혁명, 자유가 아니면 죽음을 달라고 외친 미국의 독립혁명과 독립선언서, 국왕과 귀족의 봉건적 특권을 폐기한 프랑스 혁명과 인권선언문…….

이처럼 인류가 절대 권력의 폭정과 봉건제에 의한 자유의 억압으로부터 벗어나기 위한 노력의 결정체가 바로 헌법이다. 인간이 인간답게 살기 위한 토대를 마련해주는 것도 바로 헌법이다. 그래서 헌법은 법체계 중에서 가장 높은 위치에 있다. 수많은 법 중에 가장 높은 법이 헌법인 것이다. 모든 법은 헌법에 근거해서 만들어진다. 헌법을 '어머니 같은 법'이라고 부

르는 이유다. 같은 뜻이지만 최고의 법보다 어머니 같은 법이 훨씬 부드럽게 들린다.

    자유로운 사람의 근간이 되는 헌법이지만 그 내용이 쉽지는 않다. 헌법을 일반 시민이 쉽게 이해하지 못한다는 것은 비극적인 일이다. 창의적인 문제 해결은 창의적인 질문을 던지는 것에서 출발하는 때가 많다. 법률과 전혀 상관이 없을 것 같은 트랜스포머나 E.T., 독수리 오형제, 피터팬 등을 이용한 창의적인 질문 다섯 가지와 그에 따른 작은 질문들을 통해 헌법의 기본 정신과 내용을 쉽게 이해해보자.

트랜스포머를 죽이는 것은 살인죄일까?

《트랜스포머》 속 헌법

평범한 소년이던 샘 윗위키는 우연히 구한 중고차가 '범블비'라는 이름의 외계인이었다. 이로 인해 그는 졸지에 외계인들의 싸움에 휘말리게 된다. 옵티머스 프라임, 라쳇, 범블비, 아이언하이드, 재즈로 이루어진 '오토봇'은 메가트론을 비롯한 '디셉티콘'이라는 악당들에 비해 열세에 놓여 있었으나 마지막 싸움에서 옵티머스를 용감하게 도와준 샘 덕분에 승리를 거두게 된다.

한때 지구를 지배할 위세를 떨치던 디셉티콘의 악당들은 결국 여기저기에 가전제품으로 위장한 채 숨어 살아야 했는데, 미국 정부는 그 외계인들에게 현상금을 걸어 모두를 색출하려 했다.

"여러분 가정에 있는 가전제품들은 사악한 외계인일지도 모릅니다. 휴대폰, 라디오, 텔레비전 같은 것들이 움직이는 모습을 보인다면 즉시 파괴하도록 하십시오."

외계인들에게 걸린 꽤 높은 액수의 현상금 덕에 사람들은 가전제품들을 두들겨 패기 시작했다. 대부분은 외계인이 아닌 애꿎은 가전제품을 부수는 경우였지만, 가끔 로또 맞듯이 디셉티콘을 발견하는 사람도 종종 있었다. 인터넷에는 디셉티콘을 발견해서 부수고 현상금을 받았다는 인증 글이 올라오기 시작했다.

제목 : 집에서 썩고 있던 구형 워크맨 부쉈더니 디셉티콘인 게 자랑

내용 : 님들 나 어제 엄마가 창고 청소를 시켜서 열받아서 씩씩거리며 대충 하고 있는데 뭐가 막 움직이는 거야. 뭐지? 하고 보니까 디셉티콘. ㅋㅋ 벌레 같은 게 내가 못 본 줄 알고 워크맨으로 변신했는데 내가 시치미 떼고 청소하는 척하다 밟아서 정ㅋ벅ㅋ. 이거 신고해서 상금 받았는데 댓글 남기는 님들한테 피자 쏘겠음.

처참하게 부서진 디셉티콘의 잔해를 핸드폰으로 찍어서 인터넷 사이트에 올리는 것을 보고 통쾌해하는 사람도 있었지만 이에 경악하는 이들도 있었다.

"아니 아무리 그렇지만 생명체고…… 말도 할 줄 알고 사고도 한다면 인간으로 봐야 하는 거 아닌가요? 외계인에 '인'자가 들어간다는 건 인간이란 뜻이잖아요. 더 이상 이걸 보고 있을 수는 없어요."

인권 단체들이 들고 일어난 것이다. 그들은 정부의 현상금을 살인을 유도하는 행위로 규탄하고 정부를 향해 소송을 걸고 디셉티콘을 위한 쉼터를 만들려고 하기 시작했다. 이에 대해 정부는 이렇게 발표한다.

"디셉티콘은 인간이 아니고 단순한 우리의 적입니다. 디셉티콘을 인간이라 말하는 그들의 성명은 포퓰리즘(populism)에 불과합니다."

결국 법원에서 한판 승부를 벌이게 되는 인권 단체와 정부. 과연 승자는 누가 될 것인가? 디셉티콘, 다시 말해 외계인을 죽이는 것은 살인일까 아닐까?

외계인은 인간일까 아닐까?
— 지적생명체의 법적 취급

트랜스포머는 로봇처럼 보이지만 영화 속 설정은 우주에서 온 생명체로 돼 있다. 이런 외계인을 죽이면 살인죄에 해당할까? 만약 외계인과 전쟁 상태라면 아무 문제가 없을 것이다. 나를 공격해온 외계인을 죽인 것이라면 정당방위에 해당하므로 죄가 되지 않을 가능성이 크다. 하지만 아무 이유 없이 죽인 경우는 어떨까? 단지 외계인이라는 이유로, 외계인이 미워서, 외계인은 모두 나쁘다는 생각으로 죽인다면 살인죄일까?

'그렇다'는 사람도 '아니다'는 사람도 있을 것이다. 이런 다른 판단은 상당 부분 외계인에 대한 이미지 차이에서 기인할 것이다. 외계인

트랜스포머는 로봇처럼 보이지만 영화 속 설정은 우주에서 온 생명체.
이런 외계인을 죽이면 살인죄에 해당할까? 만약 외계인과 전쟁 상태라면 아무 문제가 없을 것이다.
나를 공격해온 외계인을 죽인 것이라면 정당방위에 해당하므로 죄가 되지 않을 가능성이 크다.

에게 E.T. 같은 친근한 이미지를 느끼거나, 영화〈스페이스 오디세이〉처럼 인간을 창조한 것은 외계의 지적생명체가 아닐까 생각하는 사람은 외계인을 죽이는 것은 살인죄로 볼 것이다. 반면 외계인은 UFO를 타고 와 사람들을 납치해 생체 실험을 하거나, 지구를 정복하려는 음모를 꾸미거나, 영화〈에일리언〉의 괴물 같은 존재라고 생각하는 사람은 외계인을 죽여도 살인죄는 아니라고 생각할 것이다. 그래서 질문을 이렇게 바꿔보려 한다. 아마 답이 또 달라질 것이다.

1. 외계에서 온 인류 이상의 지적인 생명체를 죽이는 것은 살인죄일까?
2. 외계에선 온 사람과 똑같은 존재를 죽이는 것은 살인죄일까?
3. 외계에서 온 문어 모습의 생물을 죽이는 것은 살인죄일까?
4. 외계에서 온 흉측한 모습의 괴물을 죽이는 것은 살인죄일까?

아마 1, 2번에는 '그렇다', 3, 4번에는 '아니다'라고 답하는 사람이 많을 것이다. 하지만 법적인 판단은 동일하다. 법에서는 외계인이 사람 모양이든 문어 모양이든 천사처럼 신비한 모습이든 괴물처럼 흉측한 모습이든 문제 삼지 않는다. 법적으로 문제가 되는 것은 '외계에서 온 생명체를 죽였다'는 사실이고, 그에 따른 판단과 처리를 할 뿐이다. 그 이유는 법은 '만인 앞에 평등하다'는 정의를 지니고 있기 때문이다. 외계인의 모습에 따라 법적 처리가 달라지는 것은 법이 추구하는 정의와 어긋나는 일이다. 법은 과연 외계에서 온 생명체를

E.T.라고 하면 거미형 체형의 영화 속 E.T.만 연상되겠지만 외계에서 박테리아가 발견된다 하더라도 E.T.라고 부를 수 있다.

 죽인 일에 대해 어떤 판단을 내릴까(어째서 그런 걸 우리가 생각해야 하나 는 의구심을 가질 수도 있겠지만, 대부분의 SF 영화에서 외계인이 오는 것에 대한 군사적, 법률적 준비가 없기 때문에 생기는 혼란을 여지없이 보여준다. 절대 오지 않을 거라고 말할 순 없다)?

 먼저 '외계인을 죽이면 살인죄인가?'라는 질문이 혼동을 주는 것은 외계인이라는 단어 때문이다. 외계인은 한자로 표기하면 外界人이 다. 사람 인 자가 들어 있으므로 어쩐지 사람이지 싶다. 그렇다면 영 어로는 어떻게 표현할까? 가장 많이 사용하는 것은 두 가지다. 하나 는 Extra Terrestrial로 지구 밖 생명체라는 뜻이다. 무척 어려운 단 어로 보이지만 약자를 쓰면 우리가 잘 아는 E.T.가 된다(E.T.라고 하면 거미형 체형의 영화 속 E.T.만 연상되겠지만 외계에서 박테리아가 발견된다 하더라도 E.T.라고 부를 수 있다). 외계인을 뜻하는 또 다른 단어는 에일리언(alien)으로 이것 역시 영화 제목으로 사용된 적이 있다.

    영어 표현인 E.T.와 에일리언에는 '사람'이라는 뜻은 들어 있지 않다. 아무리 사람과 비슷하게 생겼어도 외계인은 사람이 아니기 때문이다. 따라서 외계인을 죽이는 일은 살인죄에 해당하지 않는다. 형법의 살인죄는 사람이 사람을 죽인 경우에만 적용되기 때문이다. 로봇이 사람을 죽여도 살인죄가 되지 않듯이, 사람이 외계인을 죽여도 살인죄가 성립하지 않는다. 살인죄가 성립하지 않으므로 당연히 그에 따른 처벌도 없다.

사람을 죽이면 안 되는 이유는 무엇일까?
– 헌법 제10조의 정신

외계인을 죽이는 것이 살인죄인지 아닌지 살펴보기 전에, 먼저 생각해볼 가치가 있는 문제가 있다. 왜 사람을 죽이면 안 되는 것일까? 10여 년 전 일본의 한 생방송 토론 프로그램에서 전화로 연결된 중학생 시청자가 "왜 사람을 죽이면 안 되냐?"는 질문을 해서 일본 열도가 발칵 뒤집어진 적이 있다. 더욱 놀라운 것은 그에 대해 명확한 답변을 한 패널이 없다는 점이다. 그만큼 어려운 질문이다.

    왜 사람을 죽이면 안 되는 것일까? 흔히 대답할 수 있는 것이 '살인을 하면 벌을 받으니까'이다. 정말 우리는 형법 제250조에 "사람을 죽인 자는 사형, 무기 또는 5년 이상의 징역에 처한다"는 규정 때문에 사람을 죽이지 않는 것일까? 형법의 처벌 때문에 사람을 죽이면 안 된다는 사람은 사이코패스에 가깝지 않을까 싶다. 대부분의 사람들은 그런 답을 하지 않는다. 나쁜 일이니까, 하고 싶지 않으니까 사람을 죽이면 안 된다는 답을 할 것이다.

세상에는 수많은 범죄가 있다. 상해, 협박, 공갈, 사기, 절도, 강도, 폭행, 모욕, 명예훼손 등. 만일 이 모든 일을 저질러도 법으로 처벌받지 않는다면 어떤 일을 할 수 있을 것 같은가? 죄를 묻지 않는다는 전제하에 상해나 공갈, 강도, 사기를 하겠다는 사람은 흉악범 소질이 있다. 절도는? 상대에게 치명적인 상처를 주지 않는 값싼 물건이라면 재미 삼아 훔칠 수도 있다고 생각할 것이다. 누구나 한번쯤 마트나 편의점에서 절도 충동을 느꼈던 것처럼.

사람들이 처벌받지 않는다는 것이 전제라면 할 수 있을 만한 것은 기껏해야 미운 사람을 한두 대 때리는 폭행 정도일 것이다. 그리고 모욕과 명예훼손은 누구나 자기도 모르게 저지를 때가 많다. 어려운 말을 쓰니까 '나는 아니겠지'라고 생각할지 모르지만, 다른 사람에게 흔히 '바보'라고 놀리는 것도 모욕죄에 해당한다. 타인의 험담을 하는 것은 명예훼손이다. 이런 일을 하지 않고 사는 사람이 얼마나 있을까? 아마 거의 없으리라고 생각된다. 이런 모욕죄나 명예훼손으로 재판정에 가도 특별히 악의가 있거나 피해가 큰 경우가 아니라면, 판사가 그 자리에서 사과를 하라고 명령하는 경우가 대부분이다. 이로 인해 처벌받거나 위자료를 지불하는 것은 매우 드문 일이다.

주변의 지인들을 보면 대부분 '법 없이도 살 수 있는 사람'처럼 보인다. 그래도 법이 필요한 것은 '법이 없으면 더 잘 살 수 있는 사람들' 즉, 우범자(虞犯者)들이 있기 때문이다. 그런 사람들로부터 선량한 시민들을 보호하기 위해 형법이 있는 것이다. 범죄를 저지를 것을 미연에 방지하기 위해 형법이 존재하는 것은 아니다.

때문에 처벌을 받으니까 사람을 죽이면 안 된다는 것은 무척 하찮은 이유이다. 사람을 죽이면 안 되는 것은 인간 모두가 존엄하고, 인간의 생명과 삶에는 무한한 가치가 있기 때문이다. 대개의 사람들은 이런 것을 느끼고 있기 때문에 다른 사람을 죽이고 싶지 않다고 생각한다. 이를 법으로 명시한 것이 헌법 제10조 "모든 국민은 인간으로서의 존엄과 가치를 가지며, 행복을 추구할 권리를 가진다. 국가는 개인이 가지는 불가침의 기본적 인권을 확인하고 이를 보장할 의무를 진다"라는 조문이다.

헌법이 가장 높은 법인 이유는 인간의 삶에서 가장 중요한 가치를 선언하기 때문이다. 헌법 이외의 법은 모두 헌법이 선언한 가치를 지키기 위해 있는 것이다. 헌법의 존재 이유처럼 행복하게 살기 위해서는 무엇보다 인간의 생명을 지키는 일이 중요하다. 이 생명권을 지켜주기 위해 하위 법률인 형법은 살인에 대해 무거운 처벌을 내린다(생명이 없는 이상 자유고 평등이고 재산이고 모든 게 사라진다. 모든 권리의 제1전제에는 권리를 누릴 '인간'이 있기 때문이다).

행복하게 살기 위해서는 평온한 생활도 필요하다. 평온하게 살아갈 권리를 침해하는 모든 행위 즉, 폭행, 상해, 협박, 모욕 등도 처벌한다. 평온하게 살아가려면 자기 재산도 필요하다. 다른 사람의 재산을 위법적인 방법으로 빼앗는 강도, 공갈, 절도, 사기도 처벌한다. 범죄가 아니라도 누가 내 재산에 피해를 주면 보상을 받아야 한다. 헌법은 민법을 통해 재산권을 보호하고, 재산상의 손해가 발생한 경우에 누가 누구에게 얼마를 배상해야 할 것인지에 대한 처리 절차를 제시한다.

도로 같은 공공시설은 원칙 없이 사용하면 혼란과 불편이 있다. 평온하게 살아가려면 규칙에 따라 자동차를 운전해야 한다. 아무리 급하더라도 빨간 불에서는 멈춰야 한다. 빨간 불에 정차하지 않는 차는 도로교통법에 의해 벌금 같은 처벌을 받는다. 하지만 사람의 생명보다 귀중한 것은 없기에 위급한 환자를 싣고 병원으로 달리는 구급차나 소방차는 신호를 위반해도 벌을 내리지 않는다. 헌법 제10조에서 말하는 가치를 지키기 위해서다.

외계인 방문시에는 어떤 법을 적용할까?
– 외계인과 헌법

현행 헌법은 인권 즉, 인간의 권리를 지키기 위해 만들어졌다. 따라서 하위 법률인 형법에도 외계인에 관한 조항이 없고, 때문에 외계인을 죽여도 살인죄가 성립되지 않는다. 하지만 정말 이대로 괜찮을까? 21세기는 과학의 발달로 혹은 일방적인 방문으로 외계의 지적 생명체와 만나거나 교류하는 일이 벌어질 수도 있다. 그래서 헌법에

외계인이라 총칭하게 될 존재들이 여러 행성에서 다양한 종으로 나뉘어진다면, 그들을 몽땅 외계인으로 묶어 다루기에는 문제가 많을 것이다. E.T.와 에일리언에게 동일한 법을 적용할 수는 없는 노릇 아닌가?

외계인에 대한 조항을 만들어둘 필요가 있다고 본다. 헌법에 있어야 관련 법을 만들 수 있으니 말이다.

하지만 외계의 생명체가 어느 정도의 지적 능력을 갖춰야 생명에 관한 권리를 존중해줄 것인지 그 기준도 딱 잘라 말하기 힘들다. 모든 외계 생명체의 생명을 소중히 한다는 것도 지키기 힘든 일이다(인간이 서로 어느 정도의 차이는 있지만 상당한 동질성을 가지고 있는 것과 달리, 외계인이라 총칭하게 될 존재들이 여러 행성에서 다양한 종으로 나뉘어진다면, 그들을 몽땅 외계인으로 묶어 다루기에는 문제가 많을 것이다. E.T.와 에일리언에게 동일한 법을 적용할 수는 없는 노릇 아닌가?).

이러한 법보다 좀 더 포괄적인 것이 종교다. 불교에서는 모든 살아 있는 것들의 생명을 소중히 하라고 말한다. 하지만 함부로 죽이지 말라고 할 뿐, 절대 죽여서는 안 된다고 하지 않는다. 사람은 무의식적으로 다른 생명을 죽이는 일을 할 수밖에 없기 때문이다. 절대로 생명을 죽이지 않으려면 한 발짝도 걸을 수 없다. 언제 개미를 밟을지 모르기 때문이다. 모기가 물어도 참아야 한다. 반사적으로 손을 움직이는 것도 훈련을 통해 고쳐야 한다.

어쨌든 외계의 생명체를 어떻게 만날지, 그 외계 생명체가 어떤 생명인지는 알 수 없다. 모든 것을 고려하면 생명존중 원칙을 세우는 것이 합리적으로 보인다.

헌법 제0조
생명은 무엇보다 소중하며 우주에 있는 모든 생명체의 생존할 권리를 존중한다.

생존할 권리를 '존중한다'와 '반드시 지켜준다'는 다른 말이다. 지켜주고 싶지만 어쩔 수 없는 경우는 할 수 없다는 말이다. 외계 생명체 중에는 세균이나 개미처럼 작은 것도 있을 수 있다. 인류와 만날 가능성이 높은 지적 생명체는 과학기술이 엄청나게 발달했을 것이다. 마음먹기에 따라 인류를 멸망시킬 수도 있다. 우리가 외계인에게 생존권을 보장해달라고 사정해야 할 가능성이 크다. 그럴 때 헌법 제0조를 들이밀 수 있겠다. "우리는 온 우주의 생명체의 생존권을 존중하므로 당신네들도 존중해줘야 하지 않느냐"면서.

홍길동에게 빼앗긴 재산은 누가 배상할까?

《홍길동전》 속 헌법

따뜻한 봄날 김 노인은 자신이 물려준 밭에서 신명나게 농사일을 하는 아들과 근처에서 흙장난을 하는 손자를 보며 흡족한듯 미소를 짓는다. 그리고 그날을 떠올린다.

"영감, 이거 받으슈."
"아이구, 이게 뭐요? 갑자기 이렇게 큰돈을 주시니 어디서 난 건지도 모를 돈을 내가 어떻게 받는단 말이오."
"지금껏 서민을 갈취해온 탐관오리들의 부정한 재산을 원래 있어야 할 곳에 돌려주는 것뿐이니 거절하지 마시오."

"아이구, 세상에 이런 일이. 이렇게 고마울 수가. 저…… 성함이라도."
"따…… 딱히 영감을 위해 한 일은 아니니까 고마워할 필요 없다고!"
"아…… 네……."
"……홍길동."
"네?"
"홍길동이오. 기억해달라고 말한 건 아니지만."

"그 고마운 분이 아니었다면 내가 지금 이렇게 태평하게 살 수도 없었겠지. 고마운 일이야. 고마운 일. 허허허."
그 순간 한양에서는 촛불시위, 아니 횃불시위가 일어나고 있었다.
"탐관오리 다 죽게 생겼다, 이놈들아!"
홍길동이 활동을 끝내고 어딘가로 사라진 후 홍길동에게 재산을 빼앗긴 탐관오리와 부자들이 재산을 다시 돌려달라고 시위를 하고 있었던 것이었다. 조정에서는 골머리를 앓고 있었다. 어떻게 해야 할 것인가? 아무리 그들의 재산이 부정하게 축적된 것이라 해도 홍길동 역시 절도라는 부당한 방법으로 재산을 빼앗은 것이 분명했다. 그러면서도 한편으로 홍길동의 행위에는 소위 '대의'라는 것이 있었다. 과연 어떻게 해야 할 것인가.
결국 조정에서는 이를 정치적으로 해결하는 대신 사법부의 손에 맡기는 쪽으로 가닥을 잡았다. 과연 법은 누구의 손을 들어줄까?

홍길동에게 돈을 받아도 될까?
– 백성들의 법적 책임

흔히 도적은 나쁘다고 생각하지만 의적은 정의롭다고 여긴다. 이야기 속에는 나쁜 양반들의 재산을 빼앗아 불쌍한 백성들에게 나누어 주는 의적이 자주 등장하는데 이 중 대표적인 인물이 홍길동이다. 홍길동의 이름은 〈조선왕조실록〉 등의 역사적 기록에도 나오는데, 연산군 시절의 도둑으로 기록돼 있다. 어쩌면 허균이 지은 소설 〈홍길동전〉의 모티프가 되었는지도 모를 일이다.

부패한 양반의 재산을 빼앗아 백성들에게 나눠주는 홍길동은 백성들에게 당연히 찬양받았을 것이나, 양반 사회에는 커다란 근심이 었을 것이다. 홍길동에게 재산을 빼앗긴 양반들은 어떻게든 홍길동을 잡아 재산을 돌려받고 싶었을 것이다. 하지만 홍길동은 지금의 울릉도에 있던 나라인 우산국으로 떠나버렸다.

만약 소설과 달리 홍길동이 잡혔다면 어떻게 될까? 우선 절도죄로 형사처벌을 받는다. 게다가 야간주거 침입절도죄, 흉기를 소지하고 도둑질을 했으므로 특수절도죄에 해당하고 상습범 가중처벌까지 받아야 한다. 또한 민사책임에 따라 다른 사람의 재산을 손해를 입히기 전 상태로 돌려놔야 한다.

홍길동은 훔친 재산을 가난한 백성들에게 나누어주었다. 백성들은 자기 집 앞에 곡식이나 돈이 놓여 있으면 홍길동이 두고 갔다는 것을 알았을 것이다. 그리고 홍길동이 준 물건은 모두 훔친 것이다. 훔친 물건이라는 것을 알고도 신고하지 않고 자기 것으로 만든 것은 '장물

취득'에 해당되어 7년 이하의 징역형을 받는다. 만일 홍길동이 준 것을 쓰지 않고 갖고 있었다면 모두 원래 주인에게 돌려줘야 하고, 만약 써버렸다면 그에 상응하는 만큼의 돈으로 물어내야 한다.

홍길동이 잡히고 나면 백성들은 오히려 전보다 못한 처지가 된다. 받은 것은 모두 돌려줘야 하고 감옥에 갈 수도 있다. 뭐 하나 나아진 것이 없다. 홍길동이 탐관오리의 재산을 훔쳐 가난한 백성들에게 나누어준 것은 정의로운 일 같지만, 정의를 위해 존재하는 법은 이런 정의를 벌하기도 한다. 비극도 이런 비극이 있을까.

법은 왜 홍길동의 손을 들어주지 않을까?
– 범죄피해자구조법

홍길동은 징역 15년 정도의 형을 받을 것 같고, 가난한 백성들 역시 경우에 따라 징역을 살 수도 있다. 받은 것도 모두 돌려줘야 한다. 법은 왜 이렇게 처리하는 것일까? 법이 지키려는 정의는 공평함이지 권선징악이 아니기 때문이다(아무리 현실이 비극이더라도 공권력에 의해 행해진 것이 아닌, 개인이 정의임을 자임해 초법적인 행위를 해서는 안 된다. 그게 결과적으로 좋은 의도였다 하더라도 말이다). 여자든 남자든 착한 사람이든 나쁜 사람이든 공평하게 대한다는 것이 법이 추구하는 정의다.

홍길동의 사례에서 법이 답답하게 느껴지는 것은 조선시대 때의 일, 그것도 극단적인 일에 현행 법률을 들이댔기 때문이다. 현재는 이런 일이 좀처럼 벌어지지 않는다. 가난한 사람들을 돕기 위해 자원

봉사를 하는 사람들은 많아도 도둑질을 하는 사람은 없다.

  부패한 탐관오리를 혼내주는 방법이 조선시대 때는 '암행어사 출두' 정도 밖에 없었다. 암행어사마저도 부패한 경우가 많아서 정의가 지켜지지 않는 일도 있었다. 하지만 지금은 죄가 있으면 전직 대통령도 감옥에 보낼 수 있는 민주주의 시대, 법치주의 시대다. 도둑질이 아닌 정당한 방법으로 탐관오리를 혼내줄 방법이 얼마든지 있다는 말이다(홍길동보다는 인터넷의 힘을 믿는 것이 낫다).

  현행 법률은 홍길동을 보호해주기는커녕 오히려 처벌하지만, 그렇다고 정의와 반대되는 일을 하는 것은 아니다. 현실의 도둑은 홍길동 같은 의적이 아니라 다른 사람에게 공포와 피해를 주는 흉악한 사람들이 대부분이다. 이런 도둑에게 입은 피해를 보상받을 수 있을까? 도둑은 절도죄로 형사책임을 지는 것은 물론 손해배상이라는 민사책임도 져야 한다. 그런데 도둑에게 재산이 하나도 없다면? 훔친 물건을 팔아서 얻은 돈을 흥청망청 모두 써버리고 없다면? 나라에서 대신 보상해줄까? 헌법에는 국민들을 범죄 피해로부터 보호하는 조항이 있다. 헌법 제30조인데 "타인의 범죄행위로 인하여 생명·신체에 대한 피해를 받은 국민은 법률이 정하는 바에 의하여 국가로부터 구조를 받을 수 있다"는 조항이다.

  이러한 헌법정신을 실현하기 위해 '범죄피해자보호법, 범죄피해자구조법' 등에서 범죄 피해자의 보호를 규정하고 있다. 그런데 나라로부터 구제를 받을 수 있는 경우는 현실적으로 극히 제한돼 있다. 범죄로 인해 죽거나 다쳤는데 범인이 누구인지 모르거나, 범인을 잡기는 잡았는데 재산이 하나도 없어 손해배상을 받을 수 없는 경우에만 국가에서 배상을 해주고 있다. 그 금액도 그다지 크지 않다. 당한 사람으로서는 억울하기 짝이 없는 일이다. 어째서 이런 일이 벌어질까? 법은 국민의 행복하고 평온한 생활을 지켜주기 위한 것인데, 왜 범죄로 인해 재산 피해는 배상해주지 않는 것일까?

헌법에서 보호해주는 것은 무엇일까?
– 국민의 기본권

헌법에는 인간이 살아가면서 누려야 하는 기본적인 권리가 보장돼 있다. 이 중 '자유권'은 국가의 간섭을 받지 않고 자신의 의사에 따라 행동할 수 있는 권리이다. 여기에는 신체의 자유, 거주 이전의 자유, 직업 선택의 자유, 종교의 자유, 재산권의 보장 등이 있다. '평등권'은 성별, 종교, 신분 등에 의해 불합리한 차별을 받지 않을 권리이다. 교육의 기회 균등, 법 앞에서의 평등, 가정에서의 성 평등 등이 있다. '참정권'은 국가의 정책 결정에 직접 또는 간접으로 참여할 수 있는 권리이다. 선거권, 공무 담임권, 국민 투표권 등이 있다. '사회권'은 최소한의 인간다운 생활을 국가에게 요구할 수 있는 권리로 현대 국가가 복지를 추구하면서 나오게 된 권리다. 교육권, 근로권, 노동3권, 사회 보장권, 환경권 등이 있다. '청구권'은 국가에 대해 일정한 권리를 요구할 수 있는 권리로 다른 기본권을 보장하기 위한 수단적 권리이다. 청원권, 재판 청구권, 형사 보상 청구권, 국가

배상 청구권 등이 있다.

주거의 자유가 보장돼 있기 때문에 서울에 살다가 언제든지 제주도로 이사를 갈 수 있는 것이다. 종교의 자유가 있기 때문에 내 마음에 드는 종교를 선택해서 믿을 수 있고, 신체의 자유가 있기 때문에 법에 따른 절차에 의하지 않고서는 누구도 체포되거나 교도소에 갇히지 않는다.

또한 헌법 제23조 1항은 "모든 국민의 재산권은 보장된다. 그 내용과 한계는 법률로 정한다"며 재산권을 보장한다. 헌법에서 이렇게 재산권을 보장해주는데 왜 도둑에게 입은 피해는 보상해주지 않는 것일까? 헌법에서 지켜주려는 것은 재산권이지 재산 자체가 아니기 때문이다. 내 재산을 마음대로 사용하고 처분할 수 있는 재산권은 보호하지만, 개인의 재산 자체를 보호해주는 것이 아니라는 말이다. 나라에서는 국민의 재산권을 보호하기 위해 경찰을 조직해 도둑을 예방하거나 체포하고, 도둑으로부터 훔쳐간 물건을 다시 받아내 돌려주려고 노력한다. 하지만 재산 자체를 보호해주지는 않기 때문에 도둑이 훔쳐간 돈을 모두 써버렸다 해도 대신 보상해주지는 않는 것이다.

왜 그럴까? '생명권'을 생각하면 알 수 있다. 헌법에서는 국민의 생명권을 지켜주기 위해 살인에 대해 엄중한 책임을 묻는다. 살인사건이 발생하면 그 어떤 사건보다도 강력하게 범인을 잡으려고 한다. 하지만 범죄 피해로 이미 죽은 사람에게 생명을 돌려줄 수는 없는 일이다. 생명권을 존중하지만 생명 자체를 돌려줄 수 없는 것처럼, 재산권을 존중하지만 재산 자체를 돌려줄 수는 없는 것이다. 물론 생명과 재산은 다르다. 생명은 그 어떤 방법으로도 되돌릴 수 없다. 국가에서 하고 싶어도 할 수 없는 일이다. 하지만 재산은 다르다. 국가에서 되돌려줄 수 있다.

하지만 이런 일은 돈이 너무 많이 들어가 불가능하다. 개인이 재산을 지키려는 노력도 별로 하지 않는 도덕적 해이 상태인 모럴 해저드(Moral Hazard)가 발생할 수도 있다. 사람들은 현관에 비싼 자물쇠를 채우지 않거나 사설 경비 업체도 이용하지 않을 것이다. 누가 도둑질을 해가도 나라에서 배상을 해준다고 안심하기 때문이다. 이런 상황은 도둑질을 부추길 것이고, 그 피해배상을 하느라 나라는 다른 일은 하지 못할 수 있다. 도로를 지을 돈이 부족하고 학교 예산도 줄어들 수 있다. 이런 사태를 방지하려면 정말 철통같이 도둑을 막아야 한다. 경찰 수를 열 배로 늘려 100미터마다 경찰이 한 사람씩 서 있게 하고, 수상한 사람은 무조건 경찰서에 데려가 조사를 해야 한다. 경찰은 남의 가방도 아무 때나 열어 볼 수 있고 범죄의 느낌이 들면 아무 집이나 들어가 도둑이 숨어 있지 않은지 조사할 수 있어야 한다. 국민이 평온하게 생활할 수 있는 권리를 제한하지 않는 한 범죄 피해의 대부분을 막을 방법이 없는 것이다.

그래서 재산권은 보장해주지만 재산은 보상해줄 수 없는 것이다. 재산도 중요하지만 사생활을 즐길 자유, 마음껏 이동할 자유, 단지 복장이 이상하다는 이유만으로 경찰서에 끌려가지 않을 자유 등을 보장받는 것이 더 중요하기 때문이다.

E.T.는 나라에서 가져갈 수 있을까?

〈E.T.〉 속 헌법

"멀더, 이곳에서 기묘한 광선이 나오고 자전거가 날아 다녔다는 목격담이 있었어요."

"외계인이 분명해요, 스컬리. 그들은 언제나 우리를 지켜보고 있죠."

"그만해요, 멀더. 무슨 일만 있으면 외계인 타령이군요?"

언제나처럼 티격태격 하며 현장으로 향하는 〈엑스파일〉의 주인공 멀더와 스컬리. 한적한 시골마을에서 이상한 사건이 일어났다니, 스컬리는 그저 눈의 착각임이 분명할 것이라고 생각한다.

"스컬리, 이곳이 어떻게 보이나요?"

"그야…… 평화로운 시골 마을이죠."

"그렇게 생각하나요? 한적한 곳일수록 사람들이 비명을 듣기 힘들고 경찰도 출동이 늦죠. 나는 이런 풍경은 평화롭기보단 위태롭다고 느껴져요."

'이런 사이코 패스 같으니……'라고 스컬리는 생각한다. 어쩌다 의학 박사 학위가 있는 자신이 멀더 같은 괴짜와 얽혀 매번 고생만 하고 결혼도 못한 채 늙어가고 있는지…….

"멀더, 아이들이에요. 천진난만하게 놀고 있군요. 제가 보기에는 평화롭게만 보이는걸요?"

몇 명의 아이들이 뛰어다니고 있다. 한 아이가 어딘가 몸이 불편한지 두건 같은 것을 쓰고 어색해 보이는 걸음걸이를 하고 있을 뿐 조금도 이상한 점이라고는 없다. 그런데 갑자기 총을 꺼내는 멀더. 스컬리는 당황한다.

"머…… 멀더!"

"가만히 있어요. 이봐, 너희들! 꼼짝 말고 있어!"

아이들은 갑자기 당황하더니 서로 눈을 마주치고 달리기 시작한다. 그걸 보고 곧바로 하늘을 향해 총을 발사하는 멀더. 아이들은 깜짝 놀라 바닥에 엎드린다. 그리고 멀더는 곧바로 달려가 두건을 쓴 아이의 두건을 벗겨낸다.

"뭐하는 짓이에요, 멀더!"

소리를 지르며 달려가던 스컬리는 두건이 벗겨진 아이의 모습을 보고 숨이 턱 하고 막힌다.

"보이죠, 스컬리? 드디어 찾았어요."

"이…… 이게 그?"

"네. 바로 외계인입니다."

총소리에 놀라 엎드렸던 아이들이 갑자기 일어나 멀더에게 달려온다.

"아저씨, 그러지 마세요. 얘 착한 아이란 말이에요."

"맞아요. 우리 친구라고요. 괴롭히지 마세요."

그러자 FBI 배지를 아이들에게 내미는 멀더.

"FBI다. 이건 너희들 친구가 아니라 이제부터 국가의 재산이야."

"그래도 우리 친군데……."

"이제부턴 아니야. 이건 내가 가져간다."

"안 돼요, 아저씨!"

E.T.를 생포해 강제로 끌고 간 멀더. 과연 E.T.는 국가에 귀속되는 것일까? 멀더의 행위는 정당한 것일까?

우주에서 떨어진 것의 주인은 누구일까?
– 운석과 E.T.의 법적 취급

영화 속에서는 국가가 매우 부정적인 모습으로 그려지는 경우가 많다. 국가에서는 사회의 안전을 위해 어쩔 수 없는 일이라고 하지만, 결코 그 모습이 정의로워 보이지 않는 경우도 있다. 영화 〈E.T.〉 같은 것이 대표적인 사례다.

우주선이 추락해 지구에 불시착하게 된 E.T.를 한 소년이 구해주

영화 〈트랜스포머〉 역시 범블비를 둘러싸고 주인공과 정부 사이에 한판 승부가 펼쳐진다. 이 영화에서는 정부가 하는 일이 사회 전체를 위한 것이기는 했지만 영화의 중간까지는 정부가 뭔가 나쁜 음모를 꾸미는 것처럼 보인다.

는데 정부에서는 이 생명체를 데려가려고 한다. 소년은 자신의 기지로 위기를 넘기고 E.T.가 무사히 우주로 돌아갈 수 있도록 도와준다. 영화 〈트랜스포머〉 역시 범블비를 둘러싸고 주인공과 정부 사이에 한판 승부가 벌어진다. 이 영화에서는 정부가 하는 일이 사회 전체를 위한 것이기는 했지만 영화의 중간까지는 정부가 뭔가 나쁜 음모를 꾸미는 것처럼 보인다.

그런데 과연 정부에서 이런 일을 마음대로 해도 괜찮은 것일까? 정부가 할 수 있는 일은 헌법에 명시된 정부의 기능 범위 내에서다. 개인이 우연히 만난 E.T.를 정부에서 마음대로 가져가는 일이 가능할까? 이 E.T.를 법적으로 어떻게 해석하는지에 따라 다르다. E.T.는 외계에서 지구로 온 것이다. 이와 비슷한 것으로는 운석이 있다. E.T.는 법적으로 운석과 같은 취급을 받게 될 것이다.

운석은 1그램당 천 원 정도의 싸구려부터 수억 원에 이르는 것까지 가격대가 천차만별인데, 평균적으로 1그램당 300~500달러 정도에 거래된다. 순금보다 비싼 셈이다. 운석에는 보석 원석이 든 경우도 있고, 색감이나 문양이 독특해 수집을 하는 사람들 사이에서 비싼 값에 팔린다. 돌과 금속이 절반 정도 섞인 운석은 희귀성과 아름다운 내부 무늬 때문에 얇은 판 형태로 가공해 판매되기도 한다. 외국에서는 운석을 전문적으로 발굴해 파는 운석사냥꾼이 있을 정도다. 지금까지 발견된 운석 중에서 가장 비싼 것은 100만 달러(10억 원) 정도였다. 운석사냥꾼이 생길 만하다.

그런데 동네 뒷산에 떨어진 운석은 누구의 것일까? 정부? 땅 주인? 먼저 발견한 사람? 먼저 주운 사람? 민법 편에서 본 것처럼 주인 없는 동산은 먼저 주운 사람의 것이다. 마찬가지로 E.T.도 먼저 주운 사람의 것이다. 이런 것을 정부가 마음대로 가져갈 수 있을까? 〈E.T.〉에서 정부가 저지른 일도 불법적이고 해서는 안 되는 것일까? 답은 무척 의외다. 정부에서 가져갈 수는 있지만 〈E.T.〉에서 정부가 한 일은 법을 어긴 것이다. 왜 그럴까? 민법 255조 문화재의 국유 제1항에는 "학술, 기예 또는 고고의 중요한 재료가 되는 물건에 대하여는" 국유로 할 수 있다는 내용이 있다. 주인 없는 동산은 주운 사람의 것이지만, 그것이 학술적으로 가치가 있거나, 연구의 대상이 되거나, 중요한 문화재가 될 만한 것이라면 국유로 할 수 있다는 말이다. 운석을 주웠든 E.T.를 주웠든 정부에서 연구에 필요하다고 말한다면 줘야 한다.

단, 2항에 단서 조항이 있는데 "습득자, 발견자 및 매장물이 발견된 토지 기타 물건의 소유자는 국가에 대하여 적당한 보상을 청구할 수 있다"는 내용이다. 정부에서 가져가겠다고 할 때 적당한 보상을 청구할 수 있다는 뜻이다. 운석의 경우는 사고팔린 적이 있으니 가격을 쉽게 알 수 있겠지만 E.T.가 얼마나 하는 물건인지는 아무도 모른다. 하지만 정부에서는 외계에서 떨어진 것을 소유할 수 있고 주운 사람은 보상을 청구할 수 있다. 〈E.T.〉에서처럼 보상도 없이 멋대로 가져가는 일은 허용되지 않는다. E.T.의 주인은 국민으로서의 기본권을 침해당한 셈이다. 이런 경우는 침해당한 기본권의 구제를 받아야 한다.

어떤 개인이나 단체로부터 폭행을 당하거나, 빌려준 돈을 받지 못했다면 형사소송이나 민사소송을 통해 기본권을 구제받아야 한다. 하지만 국가로부터 침해당한 기본권은 구제 방법이 다르다. 침해당한 기본권에 따라 헌법소원, 위헌 법률심판, 행정소송, 행정심판, 국가에 대한 손해배상 청구 등의 방법을 사용할 수 있다. 그 외에도 국가인권위원회 또는 국민권익위원회 등에 진정을 하는 방법도 있다.

교칙은 헌법을 넘어설 수 있을까?
— 기본권의 침해

〈E.T.〉에서는 정부가 국민의 기본권을 침해했다. 살면서 E.T.를 만나는 것은 무척 어려운 일이지만, 기본권을 침해당하는 일은 일상에서 흔히 접할 수도 있다. 특히 우리 사회에서는 한 사람의 버젓한 인간이 아니라 아직 미숙한 인간으로 취급받는 학생들에게서 기본권 침해가 자주 발생한다.

헌법은 인간이 존엄을 지키며 자신이 원하는 가치에 따라 살 수 있도록 '기본권'을 보장해주지만, 이를 누구나 자기 마음대로 행사할 수 있는 것은 아니다. 먼저 사적인 권리는 '신의 성실의 원칙'과 '권리 남용 금지'의 원칙에 따라 제한될 수 있다.

노래를 부르는 것은 자유권에 의해 자기 마음대로 할 수 있는 사적인 권리다. 음치가 돼지 먹따는 소리로 부르는 것도 개인의 자유다. 노래방에서라면 아무리 크게 노래를 불러도 뭐라 할 사람이 없다. 음정, 박자가 맞지 않아도 얼마든지 부를 수 있다. 함께 간 사람들은 싫어하겠지만……. 하지만 거리에서 큰 소리로 노래를 부르거나, 한밤중에 아파트 단지에서 노래를 부르는 것은 권리 남용으로 본다. 다른 사람이 평온하게 살 수 있는 권리를 침해하는 일이기 때문이다. 그래서 고성방가죄로 벌금을 물 수 있다. 이런 것이 사적인 권리에 대한 기본권의 제한이다.

또 한 가지는 공적 권리의 제한인데 '국가 안전 보장, 질서 유지, 공공복리' 등 공익을 위해 필요한 경우에도 제한할 수 있다.

기본권의 존중은 중요하므로 기본권을 제한하는 데는 엄격한 기준이 따른다. 국민의 대표 기관인 국회에서 제정한 법률에 의해서만 가능하다. 피아노나 고성방가처럼 소음을 내는 행위는 국회에서 제정한 '소음진동규제법'에 의해 규제를 받는다.

산에 떨어진 운석이나 밭에서 발견한 도자기를 국가에서 대가를 지불하고 가져갈 수 있는 것도 '국가 안전 보장'이나 '공공복리' 때문이다. 운석 중에 인간에게 치명적인 바이러스가 든 것이 있을 수도 있는데, 자신이 주운 물건이니까 마음대로 하겠다는 것은 국가 안정을 위협하는 일이므로 재산권을 일부 제한하겠다는 것이다. 밭에서 캐낸 도자기가 국보급 문화재라면 박물관에서 많은 사람에게 보여줘야 하는데, 주운 사람의 밥그릇으로 쓰는 것도 아까운 일이므로 역시 재산권의 일부를 제한한다. 이런 기본권의 제한도 민법이나 문화재보호법 등 법률적인 절차에 의해 이루어져야 한다.

머리를 기르는 것은 헌법에서 보장하는 기본권에 속한다. 헌법 제10조의 행복추구권, 제12조의 신체의 자유, 제17조의 사생활의 자유, 제21조의 표현의 자유 등. 그런데 많은 학교에서 학생의 머리 길이를 제한하는 것은 수없이 많은 기본권을 침해하는 일이므로, 이런 일이 가능하려면 '기본권의 제한' 조건을 만족시켜야 한다.

머리를 기르는 일이 다른 사람의 기본권을 침해하는 일은 없다. 중고등학생이 머리를 기른다고 국가안보나 사회질서가 위협받거나 공공복리를 해치지 않는다. 그런데 어떻게 머리 길이를 제한하는 일이 가능할까?

학교에서 머리 길이를 정하는 것은 교칙에 의한다. 사립학교의 교칙은 학생과 학교 사이의 계약이므로 개인 간 계약의 효력 문제고, 공립학교의 교칙은 공권력의 행사라고 볼 수 있다. 그렇다면 사립이든 공립이든 교칙으로 헌법에 보장된 개인의 기본권을 제한할 수 있을까?

결론부터 말하면 대개의 경우 이는 기본권을 침해하는 일이다. 학교를 자유롭게 선택할 수 있고, 자유 의지로 두발 길이를 제한한다는 계약서에 서명한 경우가 아니라면 두발 제한은 정당한 기본권의 제한이 아닌 부당한 기본권의 침해가 된다. 학교 교칙은 물론이고 일반 법률도 헌법을 넘어서는 일은 할 수 없다. 헌법은 최고의 법률이기 때문이다.

우리는 수많은 법규범을 가지고 있다. 그 법규범들은 서로 충돌하기도 하고 조화를 이루기도 한다. 그래서 여러 법규범의 통일성을 확보하기 위한 몇 가지 원칙이 마련돼 있다. 법체계상 상위에 있는 법이 우선한다는 '상위법 우선의 원칙', 일반적 법률보다는 특별법이 우선한다는 '특별법 우선의 원칙', 새로 만들어진 법이 우선한다는 '신법 우선의 원칙' 등이 그것이다.

그리고 우리는 헌법이라는 최상위 규범을 두어 법질서의 전체적인 통일성을 확보하고 있다. 헌법은 모든 법을 지휘하는 일반적 규범을 담고 있는 최상위 규범으로서 한 국가 공동체의 근간을 정하고 있는 기본법이다. 그렇기 때문에 헌법은 법규범 중 유일하게 '국민투표'라는 가장 높은 수준의 민주적 절차에 의해 제정되거나 개정된다.

어떤 법률이나 규칙도 헌법 정신과 달라서는 안 된다.

법도 두발 자유를 허용하고 있을까?
– 기본권의 제한 요건

중고등학생들의 두발 자유가 종종 언론에 거론되는 것은 이것이 인권문제이기 때문이다. 국가인권위원회도 2005년 두발 자유가 기본적 인권임을 인정했다. 두발 자유가 기본권이라는 것은 엄청난 의미이다. 기본권을 제한하는 것은 굉장히 까다로운 기준을 만족시킨 후에야 가능하기 때문이다.

> **헌법 제37조 제2항**
> 국민의 모든 자유와 권리는 국가안전보장, 질서유지 또는 공공복리를 위하여 필요한 경우에 한하여 법률로써 제한할 수 있으며, 제한하는 경우에도 자유와 권리의 본질적인 내용을 침해할 수 없다.

기본권 제한과 관련해서는 몇 가지 중요한 원칙이 확립돼 있다. 우선 국민의 기본권은 법률로만 제한할 수 있다는 것이다. 따라서 법률상 근거도 없으면서 행정기관이 자의적으로 기본권을 제한할 수는 없다.

또한 법률에 의해 기본권을 제한하는 경우에도 그 법률은 몇 가지 요건을 충족시켜야 한다. 그 내용을 살펴보면 첫째, 법률의 규율대상은 일반적이어야 하며 특정한 개인의 기본권을 제한하기 위한 법률은 허용되지 않는다. 둘째, 기본권을 제한하는 법률의 내용이 지나치게 포괄적이고 광범위해서는 안 된다. 셋째, 기본권을 제한하는 법률은 내용이 이해 가능할 정도로 명확해야 한다.

그리고 기본권을 제한할 때에도 '과잉금지의 원칙'과 '본질적 내용 침해 금지의 원칙'이 지켜져야 한다. 과잉금지의 원칙은 다시 ① 목적정당성의 원칙, ② 방법적정성의 원칙, ③ 피해최소성의 원칙, ④ 법익균형성의 원칙으로 구성된다.

그리고 본질적 내용 침해 금지의 원칙이란, 말 그대로 침해행위로 말미암아 그 기본권이 유명무실한 것이 돼버리는 정도의 침해는 허용되지 않는다는 원칙이다(한마디로 정도껏 하라는 이야기다).

또한 기본권의 제한은 '명백하고도 현존하는 위험의 원칙'을 따라야 한다. 언론, 출판, 집회, 결사, 종교, 양심의 자유 등을 제한하려면 명백하고도 현존하는 위험이 있어야 하며, 단순히 장래에 위험을 발생할 염려가 있다는 것만으로는 기본권을 제한할 수는 없다. 머리를 기르면 학업에 지장을 초래할 것이라는 이유로 머리 길이를 제한할 수 없다는 것이다.

두발 자유가 기본권이자 인권이라면 책임 입증의 소재도 달라진다. 두발 자유가 당연한 상태이며 두발 규제는 두발 자유에 대한 제한이고 예외적인 경우임을 뜻한다. 이렇게 될 경우에는 두발 자유라는 인권을 제한하고자 하는 쪽에서 두발 규제가 필요한 이유가 무엇인지 입증할 책임을 지게 된다.

두발 자유를 주장하는 쪽에 두발 자유를 왜 해야 하는지 입증할 책임이 있는 게 아니라는 말이다. 즉, 학생들이 스스로 두발 자유가 탈선이나 사회질서 유지와 무관하다는 것을 입증하는 것이 아니라, 거꾸로 두발 규제를 주장하는 쪽에서 탈선이나 사회질서 유지, 공공복리와 관련이 있다는 것을 입증해야 하는 것이다.

두발 자유를 주장하는 학생들이 가장 애를 먹는 것은 그것이 성적과 무관하다는 것을 증명해내는 일일 것이다. 그래야 교사와 부모를 설득할 수 있으니 말이다. 하지만 실은 두발 자유는 그런 것을 증명할 필요 없이 누구나 당연히 누려야 하는 기본권이다(그렇지만 지금 이 순간에도 두발 제한은 존재한다. 그렇다고 학생들로 하여금 자발적으로 자신의 권리를 찾기 위해 노력하라고 할 수도 없는 노릇. 학생의 성적과 행실보다 기본권이 더 선행한다는 것을 교사들이 깨닫고 지켜주기만을 바랄 뿐이다).

영웅 그룹의 숫자는 왜 꼭 홀수일까?

《삼국지》속 헌법

"만 명을 먹여 살릴 인재가 필요하다!"

그동안 이름은 떨쳐왔지만 딱히 제후(諸侯) 축에도 끼지 못하고 유랑 생활을 거쳐 여기저기 빌붙어 오던 유비. 자신에게 부족한 것이 바로 인재였다는 생각에 인재 확보에 열을 올린다.

"형님, 그럼 우리는 뭐요? 지금까지 살아 있는 것도 우리 덕 아니오?"

"맞소, 형님. 언제는 한날 한시에 죽자니 뭐니 하더니 말이야."

"아…… 관우, 장비야, 너희들은 만 명이 아니라 10만 명 몫을 하고 있지 물론. 근데 우리가 브레인이 부족하지 않느냐."

"뭐…… 그건 그렇긴 하지만."

"내가 너희들은 끝까지 책임진다. 참모를 영입해도 너희들보단 아래가 될 테니까 걱정 말고."

그러다 유비는 와룡이라는 천재가 있다는 소식을 듣고 그를 찾아가지만 두 번이나 문전박대를 당한다.

"저기요, 유비님. 제가 지금까지 초야에 묻혀 오랫동안 공부한 건 조조 군단이나 손권 군단 같은 대기업, 아니 패자의 밑으로 들어가기 위한 거지 유비님 같은 중소기업, 아니 작은 세력에 들어가기 위한 게 아니거든요? 어딜 유비 군에서 저 같은 스펙을 데려가려 합니까?"

제대로 된 연봉과 복리후생을 보장할 수 없는, 그 이전에 언제 망할지도 모르는 위태로운 유비군에 들어오는 걸 계속해서 거절하는 와룡 제갈량. 유비는 어떻게든 제갈량을 끌어들이지 못하면 자신에게는 미래가 없다는 생각에 강수를 둔다.

"그럼 어떻소. 나에게 오면 CEO 자리…가 아니라 군사 자리를 주겠소."

순간 솔깃해진 제갈량.

"그 말씀은?"

"휴우…… 그렇소. 바로 내 밑인 2인자 자리를 약속하오."

비상한 두뇌로 이것저것을 재보던 제갈량. 괜찮은 조건이었다.

'조조나 손권에게 가면 내 위로 수없이 많은 고참들이 있고 나는 평생 일해봐야 중견급에 머물겠지. 그러나 유비군에서 처음부터 2인자로 시작해서 내가 잘해 나간다면? 흐흐……. 유비는 바지사장 아니 명목상 군주로 두고 내가 모든 걸 통제할 수 있겠군.'

"좋습니다."

"오오…… 고맙소. 자, 우리 군에 오면 어떤 식으로 천하를 노릴 셈이오?"

"천하삼분지계(天下三分之計)입니다."

"천하삼분지계?"

"조조와 손권의 힘이 미치지 않는 세력을 규합해 천하를 셋으로 나누면 균형이 잡힌 채로 섣불리 한쪽을 건들지 못하겠죠. 두 쪽이 싸우는 동안 한쪽이 힘을 모아 들이닥칠 걱정 때문에 천하는 태평성대로 흘러갈 것입니다."

"천하는 못 얻더라도 천하의 3분의 1은 얻는다는 말인가?"

"그렇습니다. 그게 우리가 나아가야 할 길입니다."

"이건 고기가 물을 만난 격이로군. 우리 열심히 해봅시다."

앞으로의 비전을 얻은 것 같아 유비는 한없이 기뻤다. 그리고 유비는 제갈량이 모르는 또 하나의 음모를 꾸미고 있었는데…….

'낄낄낄. 이제까진 두 아우 등쌀에 맘 편할 날이 없었는데 제갈량, 관우, 장비 셋을 견제시키면 우리 세력 속에서도 균형이 갖춰져 나의 권력이 좀 더 탄탄해지겠구나. 천하삼분지계란 참 좋은 것이로다.'

가장 여우는 바로 유비였던 것이다.

특수촬영 드라마 주인공들의 비밀
– 미국 헌법 수정 15조

주인공들이 가면을 뒤집어쓰고 지구를 지키는 내용의 드라마를 '특수촬영 드라마'라고 한다. 특수촬영 드라마는 일본에서 처음 시작되었으며 지금도 널리 알려진 작품의 대부분은 일본 것들이다. 일본에서는 '전대영웅물' 혹은 '슈퍼히어로 전대물(戰隊物)'이라고도 부른다. 전대를 한자 그대로 해석하면 '떼로 싸운다'로 말할 수 있겠다. 대표적인 전대물로는 〈전자전대 메가레인저〉, 〈백수전대 가오레인

미국은 흑인 노예제도가 있었던 곳이고 아직도 인종 간의 갈등이 심한 나라다. 그래서 〈파워레인저〉 시리즈를 리메이크하면서 주인공을 백인, 흑인, 히스패닉(남아메리카 계열), 동양인이 되도록 해 균형을 맞추도록 배려하고 있다.

저〉, 〈닌자전대 카쿠레인저〉 등이 있다.

TV에 나오는 전대물을 보면 5인 1조 체제가 인력 구성의 기본이다. 다섯 명이 각자의 색깔(적, 청, 황……)을 가지고 유니폼, 헬멧, 장갑, 부츠 등을 그 색으로 도배한다. 그리고 머신도 같은 색깔로 치장한다. 그런 다음 각자의 머신이 날아올라(혹은 뛰어올라) 거대 로봇으로 합체! 나쁜 세력의 괴수나 로봇과 싸워 이기는 내용이다.

국내에 가장 많이 알려진 전대물은 미국에서 만든 〈파워레인저〉 시리즈인데 이는 동명의 일본 전대영웅물을 리메이크한 것이다. 미국은 흑인 노예제도가 있던 곳이고 아직도 인종 간의 갈등이 심한 나라다. 그래서 〈파워레인저〉 시리즈를 리메이크하면서 주인공을 백인, 흑인, 히스패닉(남아메리카 계열), 동양인이 되도록 해 균형을 맞추도록 배려한 것이다. 또한 형제가 등장하지 않는다. 형제는 인종이 같기 때문에 모든 인종을 골고루 등장시킨다는 원칙을 지키기 어려워지기 때문이다.

우리의 헌법에는 인종에 관한 조항이 없다. 단일민족으로 이루어진 민족국가이기 때문이다. 하지만 미국의 헌법에는 인종에 관한 조항이 있다. 인종에 대한 배려는 미국 헌법에서 추구하는 중요한 가치 중 하나다. 미국 헌법은 1787년 필라델피아에 소집된 헌법제정회의가 새로 제정한 헌법이다. 이후 헌법을 개정한 적은 없지만 필요에 따라 수정 조항이 첨부되었다. 1870년에 추가된 수정 제15조는 '흑인의 투표권'에 관한 것이다.

수정 제15조 (흑인의 투표권)

제1절. 미국 시민의 투표권은 인종, 피부색 또는 과거의 예속 상태로 해서 미국이나 주에 의하여 거부되거나 제한되지 아니한다.
제2절. 연방 의회는 적당한 입법에 의하여 본 조의 규정을 시행할 권한을 가진다.

미국의 헌법은 필요에 따라 개정하기보다는 해석을 유연하게 하는 방향으로 진화해왔는데, 수정 제15조는 흑인의 투표권에 관한 것이지만 이제는 인종 차별 등 모든 차별을 철폐하는 방향으로 해석되고 있다.

정부에서 공무원을 뽑을 때 백인만 뽑는다면 큰 사회문제가 될 것이고, 헌법 정신에 위배된 것이므로 공무원 선발을 무효로 만드는 법적인 절차가 진행될 수 있다. 하지만 〈파워레인저〉에 백인만 다섯 명 등장시킨다고 해서 법적으로 문제가 되지는 않는다. 〈파워레인저〉를 만드는 것은 민간 기업이고, 민법의 3대 원칙 중 하나인 '사적 자치의 원칙'에 의해 스스로 결정할 수 있는 권리가 있기 때문이다. 법적으로 문제가 되지는 않지만 인종 구성에 대한 배려를 하는 것은 무엇 때문일까? 그것이 정의로운 일이고 헌법의 정신과 일치하기 때문일 것이다. 헌법의 정신은 그 시대가 공유하는 시대정신이라 할 수 있다. 헌법의 정신과 일치하지 않는 것, 시대정신에 역행하는 것은 사람들의 호감을 얻기 힘들다.

그런데 재미있는 것은 '여성의 선거권'을 보장한 것이 흑인의 선거권을 보장한 것보다 훨씬 뒤의 일이라는 점이다. '흑인에게 선거권을 준 것보다 50년 뒤인 1920년에야 여성의 선거권을 허용한다'는 수정 헌법 19조가 등장했다.

〈파워레인저〉도 헌법 수정 제19조의 정신을 존중한다. 그래서 다섯 명 중 두 명은 여자, 세 명은 남자로 구성하는 것이 보통이다.

참고로 요즘은 공식적으로 흑인이라는 말도 사용하지 않는다. 아프리카계 미국인(African-American)으로 부르는 것이 교양 언어다.

지구는 왜 꼭 다섯 명이 지켜야 할까?
– 주인공 숫자의 비밀

만화, 소설, 영화 속 주인공 숫자에는 일종의 법칙이 있다. 파워레인저는 왜 다섯 명일까? 파워레인저뿐이 아니다. 지구를 지켜온 또 다른 영웅인 독수리 오형제도 다섯 명이다. 왜 여섯 명은 없는 것일까? 영웅전대물인 〈라이브맨〉,〈선발칸〉,〈허리케인저〉 시리즈는 주인공이 세 명이었다. 주인공이 세 명인 경우는 몇 번 있었는데 네 명인 경우는 한번도 없었다. 다섯 명인 경우는 있는데 여섯 명인 경우는 없다. 왜 꼭 주인공들은 3이나 5 같은 홀수로 팀을 꾸리고 4나 6 같은 짝수로는 모이지 않는 것일까?

의문은 또 있다. 가수들 숫자도 묘하게 홀수가 많다. 카라 5명, 소녀시대 9명, 슈퍼주니어 13명, 빅뱅 5명, FT 아일랜드 5명, SS501 5명······. 이들의 공연 모습을 보면 알겠지만 홀수는 안정을 유지하

만화든 소설이든 영화든 주인공 숫자에는 일종의 법칙이 있다. 파워레인저는 왜 다섯 명일까? 지구를 지켜온 또 다른 영웅인 독수리 오형제도 다섯 명이었다.

는 숫자다.

반면 짝수는 분란을 일으키는 숫자다. 예를 들어 두 사람이 콤비를 이룰 경우 둘이서 싸우면 대책이 없다. 네 사람이 한 팀인 경우는 두 명씩 편을 갈라 싸우기 십상이다. 여섯 명인 팀은 세 명씩 편이 되어 싸운다.

홀수인 경우는? 세 사람이 한 팀이면 두 편으로 나뉘기 힘들다. 두 사람이 한 편이 되면 남은 한 사람을 제압하기 쉽다. 그런 일이 벌어지지 않도록 세 사람은 서로 주의하고 견제하는 관계가 된다. 다섯 명도 두 편으로 나뉘기 힘들다. 세 사람이 두 사람을 제압하기 쉽기 때문이다. 다섯 명도 서로 조심한다. 일곱 명은? 세 사람과 네 사람으로 편이 나뉠 수 있다. 세 사람 정도 되면 네 사람이 쉽게 제압하지 못한다. 그래서 주인공이 일곱 명인 경우는 많지 않다. 아주 오래된 영화인 〈황야의 7인〉이나 〈7인의 사무라이〉 정도다. 아홉 명은? 세 사람씩 편을 갈라 세 개의 편으로 나뉘기 쉽다. 세 팀이 있으므로 주인공이 세 사람인 것처럼 서로 견제하고 협력하기 때문에 분란이 심하지 않다.

주인공이 세 명인 경우는 꽤 안정적이다. 영화나 만화보다도 실제 역사에 많다. 〈삼국지〉는 세 나라가 싸우는 이야기다. 그 안에 유비, 관우, 장비라는 세 명의 의형제가 등장한다. 셋은 죽을 때까지 의형제 관계를 유지했다. 〈삼국지〉의 삼국시대는 꽤 오래 지속된다. 위,

일곱 명은? 세 사람과 네 사람으로 편이 나뉠 수 있다. 세 사람 정도 되면 네 사람이 쉽게 제압하지 못한다. 그래서 주인공이 일곱 명인 경우는 많지 않다. 아주 오래된 영화인 〈황야의 7인〉이나 〈7인의 사무라이〉 정도다.

촉, 오, 세 나라가 대립했던 중국의 삼국시대는 222년부터 280년까지 58년 동안 지속되었다. 서로 견제하다보니 쉽게 싸움이 끝나지 않는 것이다. 하지만 〈초한지〉에 나오는 초와 한이 대립했던 시기는 오래가지 않았다. 항우와 유방의 싸움은 불과 4년 만에 결판이 났다. 견제하고 연합하고 말 것도 없었다. 둘은 하나가 없어질 때까지 죽어라 싸움을 계속했다.

우리나라도 삼국시대가 무척 오래 지속되었다. 고구려, 백제, 신라가 정립하게 된 것은 백제가 건국된 BC 18년경이다. 삼국시대는 백제가 멸망한 660년까지 678년 동안 지속되었다. 백제가 멸망하고 난 뒤 남은 나라는 신라와 고구려다. 고구려가 멸망한 것은 668년으로 백제가 멸망한 지 8년 뒤의 일이다. 당나라 군대를 끌어들였다고는 하지만 이렇게 두 나라만 남으면 사생결단으로 싸우기 때문에 승부가 쉽게 끝난다.

어떤 것이 균형을 이루고 오래 지속되기 위해서는 최소한 셋이 필요하다. 다섯이면 더욱 좋다. 친구 관계도 마찬가지다. 오래오래 사이좋게 친구 관계를 유지하고 싶으면 단짝 친구와 둘이 다니지 않는 것이 좋다. 둘이 싸우고 절교하면 그뿐이다. 세 명이 어울려야 두 사람이 싸울 때 말려줄 사람이 있다. 네 명도 위험하다. 다섯 명이 좋다. 두 명, 두 명이 편을 갈라 싸워도 남은 한 사람이 싸움을 말리고 화해를 권할 수 있다.

권력은 어떻게 나눠야 할까?
– 삼두정치와 삼권분립

근대사회는 왕이 모든 권력을 독점하고 자신의 마음대로 하던 절대왕정에서 벗어나 일반 시민이 자유롭게 살 수 있는 사회로 진보했다. 왕처럼 권력을 독점하고 독재를 하는 사람이 나오지 않게 하려면 권력을 여러 사람이 나누어 갖도록 하는 것이 가장 좋다. 그런데 권력을 몇 사람이 나누어 가지면 될까?

　권력의 분산도 쉽지 않다. 잘못하다가는 '항우와 유방', '고구려와 신라' 꼴이 난다. 권력을 나누어 가진 두 사람이 권력을 혼자 차지하려고 사생결단으로 싸우게 된다. 왕 혼자서 권력을 독차지하는 것보다 더 나쁜 결과가 올 수도 있다. 두 사람이 권력을 나눠 가지면 툭하면 내전이 일어날 테니 말이다. 권력의 독점을 막고, 독재가 정권을 잡기 힘들게 하고, 그러면서 안정적인 상태가 오래 지속되려면 권력을 적어도 셋으로는 나눠야 한다. 이것이 그 유명한 삼권분립(三權分立) 사상이다. 권력을 셋으로 나누자는 것이다.

　이 사상을 처음으로 말한 것은 프랑스 계몽주의 시대의 정치사상가인 몽테스키외(Montesquieu)였다. 그는 자신의 저서 〈법의 정신〉을 통해 국가권력의 횡포로부터 국민의 자유와 권리를 보장하기 위해서는 국가권력을 셋으로 나눠야 한다고 주장했다.

　로마의 '삼두정치'도 권력을 세 사람이 나누어 가진 것이다. 제1차 삼두정치는 카이사르(시저)와 폼페이우스, 크라수스가 동맹을 맺은 것이다. 원로원에서 이들을 적대시하자 이들 셋은 동맹을 맺어 원로원에 대항한다. 제1차 삼두정치는 크라수스가 파르티아 원정에서 전사하고 폼페이우스가 원로원 측으로 돌아서면서 깨진다(하여튼 두 사람만 남으면 관계가 깨지기 쉽다). 그리고 카이사르와 폼페이우스가 파르살로스에서 맞붙고 카이사르가 이긴다. 제2차 삼두정치는 카이사르가 암살당한 뒤 카이사르의 양자인 옥타비아누스(후에 아우구스투스)와 안토니우스, 레피두스가 동맹을 맺은 것이다. 이들은 카이사르를 암살한 브루투스 일당을 제거하기 위해 동맹을 맺었다. 필립피 전투에서 브루투스 일당을 무찌른 이 사람들은 로마를 세 개로 나누어 다스린다. 하지만 레피두스는 곧 권력을 잃고 안토니우스는 이집트의 여왕 클레오파트라와 함께 옥타비아누스와 대립하게 된다(그러니까 둘이 남으면 안 된다). 악티움 해전에서 안토니우스와 클레오파트라 연합군이 옥타비아누스의 로마군에 진다. 안토니우스와 클레오파트라가 자살하고, 옥타비아누스는 아우구스투스라는 이름을 받고 황제가 되어 로마를 통치한다.

로마의 삼두정치가 이처럼 쉽게 무너진 이유는 무엇일까? 서로 권력을 나누어 가졌을 뿐 세 사람의 역할에 차이가 없었기 때문이다. 몽테스키외의 삼권분립 사상이 위대한 점은 국가의 권력을 나눌 때 단순히 세 사람이 나누어 갖는 것이 아니라 역할 분담을 해야 한다고 주장한 점이다. "국가에는 3종의 권력이 있다. 입법권, 집행권 및 재판권이 그것이다."

몽테스키외의 주장을 처음으로 받아들인 것은 1787년 미국연방헌법이었으며, 1791년 프랑스헌법 등도 이를 채택했다. 영국은 불문헌법국가이기 때문에 1688년의 명예혁명이 있을 때까지 대헌장·권리청원·권리장전 등에 의한 헌법적 원칙이 문서화됨으로써 이 원칙이 서서히 나타났다. 그 뒤로 삼권분립주의는 차차 헌법적 원칙으로 발전하고, 오늘날과 같이 보편화되기에 이르렀다(이런 오랜 역사를 가지고 그 효력을 입증해왔다는 점에서 삼권분립이란 정말 믿을 만한 시스템이라 생각되지 않는가? 물론 실제로 삼권분립이 이루어지고 있느냐는 별개의 문제이긴 하다).

요즘은 입법권은 입법권, 집행권은 행정권, 재판권은 사법권이라고 부른다. 지구상의 어느 나라든 자국이 민주주의라고 말할 수 있으려면 권력을 최소한 세 가지 즉, 입법, 행정, 사법으로 나누어야 한다.

공부도 민주적으로 이루어질 수 있을까?
― 공부와 삼권분립

대한민국 헌법 제1조를 보자.

헌법 제1조

① 대한민국은 민주공화국이다.
② 대한민국의 주권은 국민에게 있고, 모든 권력은 국민으로부터 나온다.

민주공화국은 민주주의를 실현하는 공화국을 말한다. 공화국이란 국민이 선거를 통해 일정한 임기를 가진 국가원수를 뽑는 국가 형태다. 우리나라의 국가원수는 대통령이다. 국가원수는 국가 내에서 제일 지위가 높은 사람을 의미하는 것이 아니라 대외적으로 국가를 대표하는 것을 뜻한다.

우리나라는 민주공화국이므로 헌법은 권력을 세 곳으로 나눈다. 입법권은 국회에, 행정권은 대통령을 수반으로 하는 정부에, 사법권은 법관으로 구성된 법원에 속하는 삼권분립주의를 실행하고 있다. 입법부는 4년 임기의 국회의원으로 구성된 국회이다. 국회는 법률을 제정하거나 개정하고 국가 예산을 심의하고 의결한다. 행정부인 정부는 법률을 집행하는 기관이다. 법률과 예산의 범위 내에서 치안, 국방, 행정, 교육 등의 제도와 정책을 수립하고 시행한다. 사법부인 법원은 법률을 해석하고 적용한다.

이런 이야기는 들어도 뭐가 뭔지 헷갈리기 십상이다. 삼권분립을 통한 민주주의를 공부에 비유해보자. 공부 역시 삼권분립이 잘 적용될 수 있는 영역이다. 그렇게 생각하면 3은 정말 마법 같은 숫자로 보인다.

엄마 공부해!
아이 했잖아!
엄마 그게 무슨 공부한 거니? 하려면 똑바로 해야지!
아이 똑바로 했잖아.
엄마 그게 무슨 똑바로 한 거야? 하려면 제대로 해야지!
아이 제대로 했다니까!

이런 설전이 오고가는 가장 큰 이유는 말싸움의 당사자가 두 사람이기 때문이다. 하여튼 두 사람은 반드시 싸우기 마련이다. 권력을 셋으로 나누면 이런 무의미한 싸움이 줄어들 수도 있다(말리는 시누이는 예외로 한다).

그럼 공부를 똑바로 한다는 것, 제대로 한다는 것은 무엇일까? 여기에는 세 가지 조건이 충족돼야 한다. 첫째, 공부를 똑바로 하는 것이 무엇인지 기준을 정하는 것(입법부). 둘째, 공부를 하는 것(행정부). 셋째, 공부를 한 결과가 기준에 맞는지 아닌지 판단하는 것(사법부). 이 셋이 분리되어야 민주적으로 공부할 수 있다. 공부의 기준을 정하는 것은 대개 엄마의 몫이다. 엄마가 공부 기준을 '하루 두 시간 열심히 하는 것'으로 정했다고 하자. 그래서 아이는 그 기준에 따라 두 시간 동안 공부를 했다. 그런데 엄마는 아니라고 한다.

엄마 무슨 두 시간을 공부했어? 책상에만 앉아 있었지. 공부는 안 하고 딴짓만 했잖아.
아이 무슨 딴짓을 해. 연습장 봐. 제대로 공부했어!
엄마 볼 필요도 없어. 엄마가 네 얼굴 보니까 딴짓만 한 게 딱 보여.
아이 아니라니까. 제대로 했다니까.

엄마가 기준을 정하는 것(입법권), 기준대로 했는지 판단하는 것(사법권)을 동시에 쥐고 있기 때문에 분란이 일어난 경우다. 아무리 열심히 공부를 해도 엄마가 자의로 얼마든지 딴짓만 한 것이라고 판단할 수 있다. 형식적으로 삼권분립이 이루어져도 실질적으로 두 가지 권력을 한 사람(혹은 하나의 기관)이 쥐게 된다면 독재가 이루어질 수밖에 없다. 이런 경우 판단을 내리는 것을 다른 사람에게 맡겨야 공정해진다. 이것이 삼권분립이고 민주주의의 시작이다. 최종 판단을 아빠에게 맡기면 어떨까?

엄마 무슨 두 시간을 공부했어? 책상에만 앉아 있었지. 공부는 안 하고 딴짓만 했잖아.
아이 무슨 딴짓을 해. 연습장 봐. 제대로 공부했어!
아빠 내가 보기에는 두 시간 동안 공부한 것 같은데? 중간에 5분 정도 딴짓을 하긴 했지만 그건 휴식 시간이라고 볼 수 있지. 학교에서도 50분 수업하면 10분 쉬잖아.

이것으로 상황 종결이다. 공부가 민주적으로 이루어지려면 기준을 정하는 사람, 공부를 하는 사람, 기준대로 했는지 판별하는 사람이 따로 있어야 한다. 엄마와 아빠가 그런 역할을 나누면 된다. 그런데 아빠가 너무 바쁘거나 아빠가 없는 가정이라면? 이때는 기준을 누구나 명확하게 판단을 내릴 수 있는 것으로, 주관적인 것이 아니라 객관적으로 판단할 수 있도록 정해야 한다. '하루 두 시간 열심히 공부한다'는 주관적인 판단이 가능한 기준이다. '다음 시험에서 80점을 받는다'는 누구나 쉽게 판단할 수 있는 객관적인 기준이다. 이것은 판단을 기계적인 처리에 맡기는 것으로 삼권분립이 이루어지는 민주적인 형태라고 할 수 있다.

> **엄마** 공부 기준을 하루 두 시간 열심히 하는 것으로 정하자.
> **아이** 그런 주관적인 기준으로는 엄마와 싸우게 되잖아. 다음번 시험에서 평균 80점을 받는 것으로 하자.
> **엄마** 그러자꾸나.
> (한 시간 뒤)
> **엄마** 왜 공부 안 하니?
> **아이** 시험 결과만 내면 되잖아. 내가 공부를 하는지 안 하는지는 시험 결과로 판단하자고.
> **엄마** 알았다. 그때 다시 얘기하자.

오! 정말 민주적인 공부 방법 아닌가(그렇지만 부모들은 권력을 자식과 나누려 하지 않잖아? 아마 안 될 거야).

삼권분립을 넘어 파워레인저 시대로
– 권력의 견제장치

입법부인 국회, 행정부인 정부, 사법부인 법원이 균형을 이뤄 독재를 방지하려면 서로 견제할 수 있는 장치가 있어야 한다. 이 역할을 하는 견제 장치는 꽤 많다. 중고등학생 시절, 사회 과목에서 이 부분이 시험 범위였을 때 공부하는 것이 무척 싫었을 것이다. 외워야 할 것이 너무 많기 때문이다. 하지만 견제 장치가 많은 것은 중고생을 괴롭히기 위해서가 아니라, 민주주의 실현을 통해 사람들이 자유롭게 살아갈 수 있도록 해주기 위해서이다.

  입법부는 국정감사, 탄핵소추권 등으로 행정부를 견제한다. 국정감사란 행정부가 나라의 살림을 잘하고 있는지 국회가 검사하는 것이다. 탄핵소추권은 대통령 등 탄핵법에 규정돼 있는 자가 업무 수행에 있어 헌법이나 법률을 위배할 때 탄핵을 소추할 수 있는 권리이다. 또한 입법부는 대법관(대법원장) 임명동의권 등으로 사법부를 견제한다. 대통령이 대법관이나 헌재 재판관으로 특정인을 지명할 때 국회의 동의를 얻어야 한다. 공정한 재판관을 선임할 수 있도록 하는 입법부의 권한이다.

  행정부는 법률안 거부권으로 입법부를 견제한다. 입법부가 만든 법률은 최종적으로 대통령의 승인을 얻어야 법률로 확정되는데 국회를 통과한 법률안을 대통령이 거부하는 것이다. 쉽게 말해 대통령이 '이것은 법으로 못하겠다'고 하는 것이다. 그러면 법률안은 다시 국회로 넘어가 재적 2/3 이상의 찬성을 얻어야만 법률로 확정된다. 일반적으로 과반수 출석과 출석 과반수의 동의만 얻으면 법률이 되는 것과 비교하면 상당히 엄격한 기준을 통과해야 한다. 또한 행정부는 사면으로 사법부를 견제한다. 법원에서 유죄 판결을 받은 사람의 형벌을 행정부가 없애주는 제도이다. 사법부를 구성하는 재판관도 사람이기 때문에 실수를 할 수 있다. 잘못된 사법부의 판단으로 인한 형벌을 대통령이 없애주는 제도다. 사법부가 재판을 똑바로 하

표 3-1 삼권분립에 필수적인 권력 간의 견제 장치

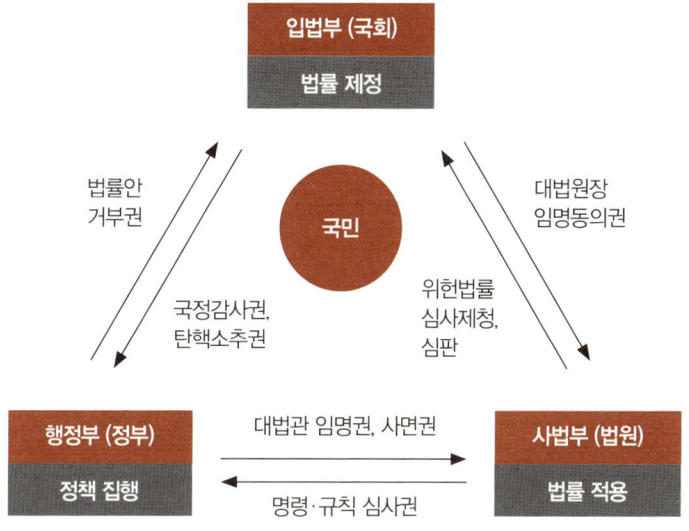

라는 대통령의 경고일 수도 있다.

사법부는 위헌법률심사권으로 입법부를 견제한다. 입법부가 만든 법률이 헌법에 위반되는지 여부를 심사해 헌법에 위반되는 것으로 판단될 경우 해당 법률을 없애는 제도이다. 국회가 법을 만들 때 국민의 권리를 침해하지 않도록 주의를 하라는 의미가 강하다. 또한 사법부는 명령·규칙 위헌 심사권으로 행정부를 견제한다. 법률을 만드는 곳은 국회지만 대통령, 국무총리, 기타 각부 장관은 법률의 밑에 있는 명령이나 규칙을 만들 수 있다. 명령이나 규칙 또한 헌법의 범위 안에서 제정되어야 하기 때문에 이들이 만든 명령이나 규칙이 헌법에 위반될 경우 해당 명령이나 규칙을 폐지시키는 제도이다.

몽테스키외가 삼권분립을 외친 것은 셋이 이상적인 숫자이기 때문이 아니다. 민주주의가 실현되고 개인의 자유가 보장되려면 권력이 더 많이, 더 잘게 나누어지는 것이 바람직하기 때문이다. 현대사회에서는 입법, 행정, 사법을 견제할 수 있는 새로운 힘이 속속 등장하고 있다. 대표적인 것이 언론과 시민단체다. 이들은 권력이 부당한 힘을 발휘하지 않도록 견제하고 대항하는 능력을 갖추고 있다.

우리는 지금 몽테스키외의 삼권분립을 넘어 파워레인저의 '오권분립' 시대를 살아가고 있는지 모른다. 진정한 민주주의를 위한 '빅뱅'이자, 여성들이 진정한 평등을 누리는 '카라' 시대로 나가고 있다고 말할 수 있다. 사회가 진보하면 할수록 권력이 더 많이 나누어질 것이다. 권력이 9개로 나눠지는 '소녀시대' 시대(어쩔 수 없이 시대가 두 번 반복된다), 권력이 13개로 쪼개지는 '슈퍼주니어' 시대가 올지도 모른다. 그 궁극적인 형태는 권력이 4천9백만 국민에게 골고루 나누어지는 '온 국민' 시대라고나 할까.

피터팬은 웬디와 결혼할 수 있을까?

〈피터팬〉 속 헌법

런던의 캔싱턴 공원, 유모차에서 떨어진 후 미아가 되었던 아이는 요정들의 도움을 받아 네버랜드로 오게 되었다. 엄마가 보고 싶어 다시 집으로 찾아갔지만 엄마는 이미 동생을 낳았고 자신을 그리워하지 않음을 알게 된다. 배신감을 느낀 그는 다시 네버랜드로 돌아오고 이전의 이름을 버리고 스스로를 피터팬이라 부르게 된다.

"어른들은 전부 더러워. 난 영원히 아이로 남을 거야."

피터팬은 부모에게 버려진 아이들을 네버랜드로 데려와 어린이들의 낙원을 만들려 한다. 나이를 먹지 않아도 되고 타락하지 않아도 되는 곳. 그러나 피터팬의 낙원은 오래 지나지 않아 후크 선장에게 위협을 당하게 된다. 갈 곳 없는 어린이들의 마지막 보금자리를 탐내는 어른의 욕망을 본 피터팬은 자신은 더더욱 어른이 되지 않겠다고 결심을 굳힌다.

오랫동안 후크 선장과 지루한 싸움을 벌이던 피터팬은 웬디와 두 동생을 네버랜드로 초대하게 되는데, 요정 팅커벨은 피터팬이 새로운 친구에게 관심을 보이는 것을 질투한다. 그걸 알아챈 후크 선장은 그녀에게 접근한다.

"이봐. 요정 아가씨, 나랑 얘기 좀 하지?"

"당신하고는 할 말 없어요."

"요새 새로 나타난 여자아이 때문에 피터팬이 너랑 놀아주지도 않는다면서?"

"……."

팅커벨은 배신감을 느끼고 있었다. 미아가 되어 죽을 뻔한 것을 구해준 생명의 은인이자 가장 오래된 친구인 자신을 외면하는 피터팬. 그리고 그 피터팬에게 시종일관 가증스러운 웃음을 짓는 웬디. 팅커벨의 머릿속에서 웬디는 순수한 피터팬을 타락시키는 암적인 존재였다.

"그 여자를 내가 없애주지."

"없애준다고요?"

"그럼 너는 다시 피터팬과 사이좋게 지낼 수 있을 거 아니야? 가엾은 아가씨를 대신해 내가 기꺼이 그 여자를 쫓아내주겠다고. 단, 조건이 있어."

"조건이 뭐죠?"

"피터팬의 기지를 알려줘. 그래야 거기로 가서 그 여자를 없애버릴 수 있으니까."

"그 여자 말고 다른 친구들은 건드리지 않을 거죠?"

"물론이지 물론. 크크크."

후크 선장은 팅커벨을 구슬려 피터팬의 본거지를 알아내 아이들을 사로잡게 된다. 아이들이 인질인 이상 피터팬은 더 이상 싸울 방법이 없었다. 후크 선장은 싸움의 마지막에 흥취를 더하고 싶었다.

"피터팬, 배 위에서 나와 결투를 하자. 네가 이긴다면 모두 풀어주도록 하지. 그러나 진다면 모두 내 부하가 되는 것이다."

"좋다!"

이는 굳어진 승리를 즐기기 위한 세레모니와도 같았다. 아무리 피터팬이라도 노련한 싸움꾼인 후크 선장의 상대가 될 수는 없는 노릇. 쥐를 가지고 노는 고양이마냥 후크 선장은 피터팬을 쉼없이 몰아붙였다. 후크의 부하들은 환호성을 올렸다. 그런데 그때……

째깍째깍.

후크의 얼굴이 새파랗게 질렸다. 예전에 자신의 손목을 물어뜯은 악어가 내는 특유의 소리. 마침 승부의 순간 그 악어가 주위에 나타난 것이다. 심적으로 흔들리는 후크의 빈틈을 피터팬은 놓치지 않았다.

"악어 밥이나 되라!"

피터팬의 혼신의 일격. 후크는 배에서 떨어져 악어에게 먹혀버리고 만다. 절체절명의 순간에 일어난 기적 같은 역전이었다.

위기를 극복하고 승리를 얻어냈지만 피터팬의 머릿속은 복잡했다. 밤이 깊었는데도 잠을 이루지 못하고 달을 바라보고 있던 피터팬. 그 모습을 보고 웬디가 다가와 옆에 앉는다.

"무슨 고민 있어?"

"지금까지 내가 잘못 생각한 것 같아. 팅커벨이 배신을 하다니. 나도 언젠가는 팅커벨처럼 타락하는 게 아닐까?"

"피터팬, 순수란 마음의 문제야. 어른이 되어도 마음만 잃지 않으면 언제까지나 지금 이 모습일 수 있어."

"그럴까?"

"나와 같이 가자, 피터팬. 어른이 되는 걸 무서워하지 마. 어른이 되어서도 순수할 수 있다는 걸 증명하는 거야."

"그렇지만 난 가족도 없고 갈 데도 없는걸."

"나랑 결혼하면 되잖아?"

"뭐?"

"처음 봤을 때부터 네가 좋았어. 너도 마찬가지잖아. 우리 타락한 요정들이 판치는 이 마계를 떠나서 현실 세계에서 행복하게 살자. 응?"

웬디의 설득(혹은 선동)에 의해 피터팬은 웬디와 결혼하기로 마음을 먹는다. 런던으로 돌아간 피터팬은 웬디의 부모들에게 인사를 올리고 혼인신고를 하러 가는데, 과연 피터팬은 웬디와 결혼할 수 있을까?

결혼을 담당하는 법률은 무엇일까?
– 개인의 권리

스티븐 스필버그 감독의 영화 〈후크〉는 원작 소설인 〈피터팬〉에는 나오지 않는 뒷이야기를 담고 있다. 어른이 된 피터팬이 웬디의 손녀와 결혼해서 낳은 두 아이들이 후크 선장에게 납치당해서 다시 네버랜드로 돌아간다는 내용이다. 피터팬 이야기를 아는 사람들의 대부분은 혹시 뒷이야기가 있다면 피터팬이 나중에 웬디와 결혼할 것이라고 상상했을 텐데 〈후크〉는 이런 상상에 뒤통수를 친다.

웬디든 웬디의 손녀든 피터팬은 결혼할 수 있을까? 결혼을 담당하는 법률은 민법이다. 법은 결혼처럼 사람이 행복한 삶을 추구할

스티븐 스필버그 감독의 영화 〈후크〉는 어른이 된 피터팬이 웬디의 손녀와 결혼해서 낳은 두 아이들이 후크 선장에게 납치당해서 다시 네버랜드로 돌아간다는 내용이다.

권리도 보장한다. 개인의 권리는 사적인 권리, 공적인 권리, 사회권으로 나눌 수 있는데 그중 사적인 권리에는 인격권(개인의 얼굴이나 이름, 신체, 명예 등 인격과 관련된 권리), 재산권(개인이 경제적 이익을 위해 자신의 재산을 자유롭게 사용할 권리), 신분권(부모와 자녀 사이에 관계, 상속 등 가족관계에서 나오는 권리) 등이 있다.

 이런 사적인 권리의 대부분은 민법에 의해 보호된다. 결혼도 신분권의 일종이므로 민법에서 다룬다. 또한 어떤 사람이 가족을 포함한 친족이 되는지, 어떤 권리를 갖는지, 가족 중의 누군가 사망했을 때 유산은 어떻게 상속되는지를 다루는 것은 민법의 신분권과 관련이 있다.

괴물을 물리친 용사는 공주와 결혼할 수 있을까?
– 결혼의 법적 조건

서양의 동화에는 괴물이나 용에게 공주가 납치됐을 때 왕이 '공주를 구해온 자에게 나라의 절반을 주고 사위로 삼겠다'고 하는 약속이 종종 나온다. 이 경우 공주를 구해온 사람에게 약속을 지켜야 할까? 약속이나 계약 중 일부가 문제인 경우는 일부만 책임지고 무효인 것은 책임지지 않아도 된다. 나라의 절반을 주겠다는 것은 '자유계약의 원칙'에 합당한 것이므로 약속을 지켜야 한다. 하지만 사위로 삼겠다는 것은 공주와 결혼을 시킨다는 이야기인데, 이런 경우는 무효이다. 공주 본인의 의사를 묻지 않았기 때문이다. 자신을 구해준 용사라고 해서 결혼을 해야 할 의무는 없다.

남녀가 결혼해 법률상의 보호를 받기 위해서는 세 가지 조건이 필요하다. '본인 간에 혼인의사가 있을 것, 법률상 혼인장애 사유가 없을 것, 혼인신고를 할 것'이다. 남녀가 결혼식을 올리고 함께 산다고 법적으로 부부가 되는 것은 아니다. 법적인 부부로 인정받으려면 혼인신고를 해야 한다. 이를 '법률혼'이라고 한다. 혼인신고를 하지 않고 함께 사는 부부는 '사실혼'이라고 한다. 사실혼은 일정한 범위 내에서만 법적인 보호를 받는다.

세 가지 조건 중에 가장 중요한 것은 본인의 혼인의사다. 현재의 법률로는 본인의 의사와 반대되는 결혼은 모두 무효다. 그래서 동화 속의 결혼은 대부분 무효다. 특히 전래 동화에 나오는 결혼은 거의 무효라고 할 수 있다. 여자의 경우 본인이 아니라 본인의 아버지가 결정하는 일이 많기 때문이다. 아버지가 딸을 멋대로 주거나 결혼시키는 일이 동화 속에 자주 나오는 것은 근대 이전의 사회가 '가부장제' 사회였기 때문이다. 가부장제는 가부장이 가족에 대한 지배권을 행사하는 가족 형태를 말하는데, 가부장이 될 수 있는 사람은 할아버지, 아버지, 장남 등 대개 그 집안에서 가장 나이가 많은 남자였다 (마초들이 그렇게 되돌아가고 싶어 하는 영광의 시대랄까?).

가부장이 가족에 대해 갖는 지배권은 한마디로 가족을 물건처럼 취급할 수 있는 권리였다. 부인이나 자식을 물건처럼 사고팔고 누구에게 주는 일이 가능한 것이다. 그러나 근대사회는 이런 권리를 인정하지 않는다. 부인도 자식도 동일한 권리를 지니고 있다. 그러나 아직도 아버지의 힘이 강해서 아버지 마음대로 집안의 일을 처리하는 가정도 많은데, 이런 가정은 가부장제의 잔재에서 벗어나지 못한 것이다. 가족 모두가 자유롭게 자신의 의견을 말하고, 의견을 수렴해서 결정하는 가정이 민주 가정이고 선진 가정이고 현대적인 가정이다. 현대 가정이라면 당연히 딸은 아버지가 권하는 결혼을 거부할 권리가 있다. 하지만 딸이 아버지가 권한대로 결혼을 하고 혼인 생활을 유지했다면, 결혼의 의사가 있었던 것으로 본다. 한참 살아보고 난 뒤에 무효라고 주장할 수는 없는 것이다.

동화 속의 결혼은 대부분 무효일까?
– 결혼을 위한 약취

전래 동화 〈반쪽이〉 이야기다.

  힘이 장사인 반쪽이가 호랑이를 잔뜩 잡아서 호랑이 가죽을 갖고 산에서 내려온다. 호랑이 가죽은 무척 비싼 물건이다. 그것을 본 영감 하나가 딸을 걸고 내기를 하자고 한다. 자신이 지면 반쪽이에게 딸을 주고, 자신이 이기면 호랑이 가죽을 달라고 했다. 영감은 장기 세 판을 연달아 졌는데도 약속을 어기고 딸을 주지 않자 반쪽이가 머리를 써 딸을 업어다 결혼해서 산다는 내용이다. 반쪽이의 행위는 법률적으로 허용될 수 있을까? 턱도 없는 일이다. 딸을 업어온 것은 납치에 해당하는 중대한 범죄다. 반쪽이는 감옥에 가야 한다.

형법 제291조 (결혼을 위한 약취, 유인)

결혼할 목적으로 사람을 약취 또는 유인한 자는 5년 이하의 징역에 처한다.

법률에서는 납치나 유괴를 '약취, 유인'이라고 부른다. 약취는 폭행이나 협박 따위의 수단으로 타인을 자기의 지배하에 두는 것을 말하고, 유인은 주의나 흥미를 일으켜 꾀내는 것을 말한다. 힘으로 끌고 가거나 칼을 들이대 협박해서 데려가는 것이 약취라면, 과자를 사주겠다며 데려가는 것은 유인이다. 반쪽이는 힘으로 업어갔으므로 약취에 해당하고 5년 이하의 징역에 처해져야 한다. 그런데 반쪽이가 업어간 딸은 아무리 봐도 스무살이 넘어 보이지 않는다. 이럴 경우는 더 무거운 형벌을 받는다.

형법 제287조 (미성년자의 약취, 유인)

미성년자를 약취 또는 유인한 자는 10년 이하의 징역에 처한다.

딸이 미성년자라면 반쪽이는 10년 이하의 징역에 처해질 것이다. 이 모든 것이 반쪽이가 장기에서 이겼기 때문에 벌어진 일이다. 그런데 만약 반쪽이가 장기에서 졌다면 호랑이 가죽을 줘야 할까? 주지 않아도 된다. 애초부터 딸을 주겠다고 내기하는 것 자체가 사람을 물건 취급하는 일로 법률적으로 무효다. 내기 자체가 성립할 수 없으므로 내기에 졌어도 호랑이 가죽을 주지 않아도 된다.

뱀파이어와 결혼하는 것은 가능할까?
– 법률상의 혼인장애 사유

동화 속에서는 특별한 결혼이 무척 자주 등장한다. 〈개구리 왕자〉, 〈우렁각시〉, 〈인어공주〉처럼 동물과 사람이 결혼하기도 하고, 〈미녀와 야수〉처럼 괴물로 변한 왕자와 결혼하기도 한다. 이 중 법적으로 허용되는 결혼은 어느 것일까? 이것은 결혼의 두번째 조건인 '법률상 혼인장애사유가 없을 것'을 묻는 문제다. 확실하게 허용되는 것은 〈미녀와 야수〉의 경우다. 아무리 얼굴이 괴물로 변했어도 사람은 사람이고, 사람인 이상 법적으로 인권을 보호받는다.

뱀파이어와 결혼하는 것도 아무 문제가 없다. 뱀파이어에게 물려 뱀파이어가 되어도, 여전히 인간으로서의 권리를 보호받는다. 뱀파

동화 속에서는 특별한 결혼이 무척 자주 등장한다. 〈개구리 왕자〉, 〈우렁각시〉, 〈인어공주〉처럼 동물과 사람이 결혼하기도 하고, 〈미녀와 야수〉처럼 괴물로 변한 왕자와 결혼하기도 한다.

이어는 법률적으로 병에 걸린 사람이다. 다른 사람을 무는 일은 상해죄에 해당한다. 물어서 상처를 입힌 것도 상해지만 사람을 물면 병에 걸린다는 것(뱀파이어가 되는 것)도 상해이다. 사람을 문 것 정도로는 감옥에 가지 않지만, 치명적인 병에 걸릴 것을 알고도 문 것은 죄질이 나쁜 상해이므로 교도소에 갈 것이 확실하다. 그래도 결혼은 가능하다. 백혈병에 걸린 사람도 결혼할 수 있는 것처럼 뱀파이어가 된 사람도 결혼할 수 있다. 감옥에서 결혼을 하는 사람도 있다. 둘이 결혼을 하기로 합의하고 혼인신고를 하면 결혼이 성립된다. 이런 것을 '옥중결혼'이라고 한다. 결혼을 한다고 해도 형을 마치고 감옥에서 나올 때까지 함께 살 수는 없지만, 결혼을 하는 것 자체는 가능하다.

그러나 개구리 왕자와 결혼하는 것은 확실히 안 되는 일이다. 동물과 인간은 결혼할 수 없다. 동물은 법적으로 물건이므로, 사람이 냉장고나 TV와 결혼할 수 없는 것처럼 동물과는 결혼할 수 없다(얼마 전 한 오타쿠 청년이 게임 속 캐릭터와 결혼식을 올리려 했지만 법적으로 불가능한 일이다). 미묘한 것은 우렁각시나 인어공주다. 이들이 변신한 모습을 보면 영락없는 사람이기 때문에 결혼을 하겠다면 허용하지 않을 길이 없다. 누군가 결혼을 반대하는 사람이 나타나 '저것은 사람이 아니다'라고 주장하고, 유전자 감식으로 이를 증명하면 결혼을 무효로 만들 수 있다. '법률상 혼인장애 사유가 있는 것'의 대표적인 예는 나이가 어린 사람과의 결혼이다. 일정 나이에 이르지 못하면 약혼도 결혼도 할 수 없다.

약혼은 사랑하는 남녀가 결혼을 약속하는 것이다. 보통 부모님을 모시고 반지를 교환하는 등의 행사를 치른다. 이런 형식을 갖추지 않고 "우리 결혼하자"라고 말로만 약속하면 약혼은 성립되지 않는다. 초등학생 어린이들이 손가락을 걸고 약속하는 것도 법적인 효력을 갖지 않기 때문에 약혼이 아니다. 약혼을 할 수 있는 나이는 법으로 정해져 있다. 남자, 여자 모두 만 18세 이상일 경우 부모의 동의를 얻어야 약혼할 수 있다. 그보다 나이가 어리면 부모가 동의를 해도 약혼을 할 수 없다. 그리고 만 20세 이상일 경우에는 부모의 허락 없이도 약혼할 수 있다. 약혼을 하면 가까운 장래에 결혼할 의무가 있기 때문에 별다른 이유 없이 결혼을 오랫동안 미루거나 취소할 경우에는 손해배상 책임을 질 수도 있다. 결혼도 약혼과 마찬가지로 만 18세가 되었을 때 부모의 허락을 받아 결혼할 수 있다. 만 20세부터는 허락 없이도 결혼할 수 있다.

　동물과의 결혼은 분명 안 되는 일인데, 가끔 해외토픽을 보면 부자가 자신의 유산을 키우던 강아지나 고양이에게 물려줬다는 기사가 나온다. 법적으로 물건에 해당하는 동물과는 결혼을 할 수 없는데 어떻게 유산을 물려주는 일은 가능할까? 혹시 냉장고에게 유산을 물려주는 일도 가능한 건 아닐까? 유산을 물려주는 것은 '상속'이고 상속을 받는 사람은 '상속인'이라고 한다. 상속인이 되는 요건은 법에 명문으로 규정돼 있는데, 이를 법정 상속인이라고 한다. 별도의 유언이 없을 경우 법에서 정한 비율대로 가족들이 재산을 분배받게 된다. 민법에서는 재산을 상속할 수 있는 순위와 비율을 정해놓았다. 예를 들어 아버지가 돌아가셨을 경우 어머니는 자식보다

50퍼센트 많이 상속받게 돼 있고, 자식들은 모두 똑같은 비율로 상속받는다. 아내가 있고 자녀가 둘인 남자가 7억 원의 재산을 남기고 죽었다면, 자녀들은 둘이 2억 원씩 물려받고, 어머니는 자녀들보다 50퍼센트 많은 3억 원을 상속받게 된다.

살아 있을 때도 유언으로 재산을 다른 사람에게 줄 수 있는데 이를 유증이라고 한다. 유증의 대상은 사람과 법인(주식회사 같은 곳) 등이지 동물은 아니다. 유언으로 애완견에게 재산을 주라고 했더라도 그 유언은 무효이다. 그럼 해외토픽에 나오는 경우는 어떤 것일까? 법인을 만들고 그 회사에 유증을 한다. 그리고 그 회사가 상속받은 재산으로 강아지를 돌보게 한다. 이렇게 하면 강아지에게 재산을 물려준 것과 같은 효과를 볼 수 있다.

피터팬을 기다리는 비참한 결말은?
– 속인주의와 속지주의

처음 질문으로 돌아가자. 과연 피터팬은 웬디의 손녀와 결혼할 수 있을까? 먼저 피터팬이 사람인지 아닌지가 중요하다. 하늘을 날아다니는 걸로 봐서는 사람인지 요정인지 의심이 가지만, 본인이 사람이라고 주장하면 반박하기 힘든 타입이다. 하늘만 날아다니지 않는다면 아무리 봐도 사람으로 보인다.

두번째는 만 스무 살이 되었냐는 점이다. 피터팬의 나이는 정확히 알 수가 없다. 어쩌면 수백 살이 되었을지도 모른다. 웬디의 손녀가 스무 살 이상이라면 두 사람의 의사로 결혼할 수 있고, 스무 살이 안 되었다면 웬디의 딸과 사위(손녀의 부모)의 동의를 얻어 결혼할 수 있다.

하지만 마지막으로 커다란 장애가 남는다. 피터팬은 무국적자 즉, 국적이 없는 사람이다. 사람은 대개 어느 나라 소속이라는 국적을 지니고 있다. 국적을 얻는 것은 나라마다 법이 조금 다른데, 크게 나누면 '속인주의'와 '속지주의'로 나눌 수 있다. 속인주의는 사람에 따라 법을 적용하는 것이고, 속지주의는 장소에 따라 법을 적용하는 것이다. 대부분의 법은 속인주의를 따른다. 대한민국 사람은 대한민국 법을 따라야 한다. 외국에 나가 있을 때도 대한민국의 법을 지켜야 한다. 한국에서 죄를 짓고 외국으로 도망간다고 죄를 면할 수 있는 것도 아니고, 외국에서 사람을 해친다고 한국의 법 적용을 받지 않는 것도 아니다.

하지만 어떤 법은 속지주의를 택할 수밖에 없는 것도 있다. 우리나라는 자동차를 운전할 때 우측통행을 해야 한다. 하지만 일본이나 영국은 좌측통행을 한다. 그런 나라에서 운전을 할 때는 현지의 법에 따라야 하며, 좌측통행을 했다고 우리나라에 돌아왔을 때 도로교통법에 의해 처벌받지는 않는다.

국적을 얻는 것에 속인주의를 택하는 나라도 있고, 속지주의를 병행하는 나라도 있다. 우리나라는 속인주의를 택한다. 대한민국 국민의 자녀로 태어나면 자동으로 대한민국 국적을 갖게 된다. 외국에서 태어나도 부모가 대한민국 국적을 갖고 있다면 대한민국 국적을 갖는다. 미국으로 이민을 간 부모가 대한민국 국적을 포기했다면 그 자녀는 아무리 한국말을 유창하게 하고 김치를 좋아해도 법적으로 대한민국 국민이 아니다. 부모 중 한사람이 대한민국 사람인 경우도 자녀는 대한민국 국적을 가질 수 있다. 이런 국제결혼의 경우 양쪽 부모의 국적을 모두 취득해 이중으로 국적을 가질 수도 있다. 그리고 성인이 되었을 때 두 개의 국적 중 하나를 선택할 수 있다.

속인주의로 국적을 정하므로 외국인 부부가 한국에서 아이를 낳아도 대한민국 국민이 아니다. 그런데 미국의 경우는 속인주의와 속지주의를 병행한다. 미국 국적의 사람이 자녀를 낳으면 미국에서 낳았든 외국에서 낳았든 미국 국적을 갖게 된다. 외국인도 미국에서 아이를 낳으면 그 아이는 미국 국적을 갖는다. 속지주의를 병행하고 있기 때문이다. 설사 여행 중에 미국에서 아이를 낳아도 그 아이는 미국 국적을 가질 수 있다. 그래서 한국 국적을 가진 사람이 미국에서 낳은 아이는 모두 이중국적 즉, 한국과 미국의 국적을 갖고 있다가 성인이 될 때 둘 중 하나를 선택한다.

다시 피터팬을 보자. 그는 어느 나라 사람일까(네버랜드는 지구에 존재하는 곳이 아니라는 점을 잊지 말자)? 결혼을 하기 위해서는 어느 나라 것이든 국적을 가져야 한다. 국적이 없는 사람은 국외로 추방당하기 때문이다. 피터팬은 결혼은커녕 웬디의 손녀와 데이트하는 것도 힘들다. 무국적자와 비슷한 처지에 놓인 사람으로는 불법체류자가 있다. 불법이라는 단어 때문에 범죄자처럼 무시무시한 사람을 연상하거나 편견을 지니기 쉽지만, 불법체류자라고 부르는 것은 단지 법을 어기고 한국에서 살고 있다는 의미다.

외국인이 국내에서 생활하려면 우리나라에 들어와도 좋다는 비자를 받거나, 비자를 면제해주는 나라의 국민이어야 한다. 비자에는 여러 종류가 있는데 여행을 허가하는 여행비자, 유학을 허가하는 학생비자, 일을 해도 좋다는 취업비자 등이 있다. 비자에는 기간이 있어서 그 기한이 다하면 우리나라를 떠나거나 비자를 연장해야 한다. 특히 일을 하는 것은 꽤 까다로워서 여행비자나 학생비자로 들어온 사람이 취직해서 돈을 버는 것은 허용되지 않는다. 비자를 면제받는 나라의 국민도 일을 하려면 취업비자를 받아야 한다. 여행은 마음대로 해도 좋지만, 일을 하려면 허가를 받으라는 말이다.

불법체류자의 대부분은 우리보다 경제 수준이 낮은 나라에서 온 사람들이다. 쉽게 말해서 돈을 벌기 위해 온 사람들인데, 취업비자를 받는 것이 힘드니까 여행비자로 들어와 취업을 하는 일이 많다. 불법이라고 하지만 법을 어긴 것은 이 정도다. 사람을 때리거나 해치는 것처럼 파렴치한 불법과는 전혀 다른 의미다. 불법이라는 말의 이미지 때문에 인권을 존중하는 사람들은 '이주노동자'라는 말을 사용한다. 불법체류자는 정부의 단속에 적발되면 국외로 추방당한다. 이 점은 무국적자와 같지만 무국적자는 훨씬 더 비참하다. 불법체류자는 돌아갈 나라라도 있지만 무국적자는 돌아갈 곳이 없다. 미국으로 추방하면 미국에서 또 다른 나라로 추방할 것이고, 그 나라에서는 또 다른 나라로 추방할 것이다. 결국 어느 나라에도 속하지 못하고 바다 위 배에서 생활하는 보트피플이 될 수밖에 없다. 그 어떤 나라의 법으로도 보호받지 못하고, 따라서 인간으로서의 존엄과 인권을 보장받지 못하는 비참한 생활을 하게 된다. 피터팬이 딱 이런 경우다. 웬디의 손녀와 결혼해서 행복하게 살기는커녕 무국적자가 되어 바다 위를 떠돌며 비참하게 생활하는 보트피플이 될 것이다. 불쌍하지 않는가? 피터팬을 구할 방법은 없을까?

'피터팬 법'으로 모두가 행복해지는 사회
– 인간의 존엄과 가치 및 행복 추구권

피터팬이 만일 한국에 왔다면 결혼은커녕 국외로 추방당하고 보트피플이 됐을 것이다. 다행인 것은 웬디의 손녀가 영국인이라는 점이다. 영국은 자국에서 태어나 10살이 될 때까지 거주한 아동에게는 부모가 불법체류자라도 국적을 준다. 프랑스도 11살 이후 5년 동안 거주한 사실이 증명되면 프랑스 국적을 주고 있다. 오랜 제국주의의 역사 속에서 식민지 국민들의 이주를 겪으면서 얻은 지혜다. 속지주의를 택하는 미국은 미국의 영토에서 태어난 모든 아동에게 신분을 불문하고 국적을 준다.

하지만 한국은 강력한 혈통주의에 기반한 속인주의 원칙만을 고집하고 있어서, 피터팬이 한국 국적을 지닐 가능성은 전혀 없다. 문제는 우리나라에 피터팬 같은 무국적자 아이들이 무척 많다는 점이다. 피터팬은 하늘을 날아 동화 속 세상으로라도 갈 수 있지만, 현재 우리나라의 무국적자 아이들은 하늘을 날 수도, 돌아갈 곳도 없다. 한국에서 살아야 한다. 하지만 국적이 없기에 학교를 다니기도 힘들고, 의료보험의 혜택도 못 받고, 성인이 되어도 취직을 할 수가 없다. 인간의 존엄과 인권을 보장받지 못하는 것이다.

어째서 이런 무국적자 아이들이 생기게 된 것일까? 우리나라에는 불법체류 노동자가 50만 명 가까이 된다. 그들은 우리나라 사람들이 하기 싫어하는 궂은일을 하면서 살고 있다. 불법체류자가 된 이유는 취업비자를 얻기 힘들기 때문이다. 그러나 이런 사람들에게도 인권을 존중받고 행복을 추구할 권리는 있다. 이유는 간단하다. 인간이기 때문이다. 인간은 어른이든 아이든 우리나라 사람이든 외국 사람이든 그 자체만으로도 존엄을 존중받아야 한다. 그것이 바로 헌법 10조가 선언한 "인간의 존엄과 가치 및 행복 추구권"이다.

이주노동자들도 행복한 생활을 위해 결혼을 하고 아이를 낳을 권리가 있다. 하지만 그 아이들은 태어나자마자 불법체류자이자 무국적자가 된다. 부모가 국적이 있기는 하지만, 불법으로 체류하고 있으므로 자기 나라에 출생신고를 하고 국적을 얻는 일이 불가능하다. 이런 복잡한 일련의 과정으로 어디에도 소속되지 못하는 사람이 계속 생겨나고 있는데도 이를 바로잡으려는 노력은 미진한 실태다.

그래서 어느 나라에서 태어났든 한국에서 체류한 사실이 인정되는 아이에게는 한국 국적을 줘야 한다는 주장이 나오고 있다. 지난 2006년에는 '이주아동 합법체류보장 촉구연대'가 국내에서 태어난 이주아동에게는 부모의 체류 신분과 상관없이 국적을 주고, 외국에서 태어난 이주아동이라 하더라도 국내에 들어와 3년 이상 머문 사실이 인정되면 영주권을 주는 것을 뼈대로 한 '이주아동권리보장법'

의 입법을 시도했다.

　미등록 이주노동자 자녀에게 국적을 줘야 한다는 주장은, 그 아이들이 한국에서 안정적으로 살 수 있는 기반을 마련하고 교육·의료와 같은 기본권을 한국 국적의 아이들과 동등한 수준으로 받게 하는 게 목적이다. 하지만 이 법안은 국회에서 통과되지 못했다. 국회의원들 중에 이런 일에 관심을 갖는 사람이 거의 없기 때문이다. 2008년 초에도 41개 인권단체가 이주아동에게 국적을 줘야 한다는 주장을 폈다. "이주아동에 대한 인권·교육권·사회권 보장을 위한 '이주아동권리보장법'을 제정하라"고 다시 촉구한 것이다. 하지만 정부는 별다른 움직임을 보이고 있지 않다.

　2003년 1월, 유엔 아동권리위원회는 한국 정부에 '모든 외국인 어린이에게도 한국 어린이들과 동등한 교육권을 보장하라'고 권고한 바 있다. 한국이 가입한 유엔 아동권리협약은 18살 미만 아동이 어떠한 이유로든 차별을 받아서는 안 된다고 규정한다.

　현재 무국적자로 있는 아이들은 동화 피터팬 같은 처지이다. 우리 사회가 네버랜드 같은 낙원은 아니지만, 최소한 이 땅의 아이들에게 주어지는 권리는 함께 누려야 하지 않을까? 이주아동권리보장법을 '피터팬 법'이라고 부르고 싶다. 그럼 이 법이 사람들의 관심을 더 많이 받을 수 있을 테니까. 피터팬 법이 성립할 때 우리 사회는 헌법 제10조의 정신에 한 발 더 나아가 그만큼 더 살기 좋은 사회가 될 수 있을 것이다.

데스노트에
이름을 쓰면
살인죄일까?
대중문화 속 법률을 바라보는 어느 오타쿠의 시선

초판 1쇄 발행 2011년 4월 28일
개정판 1쇄 발행 2019년 5월 27일
개정2판 1쇄 발행 2025년 10월 13일

지은이 김지룡 갈릴레오 SNC
펴낸이 이범상
펴낸곳 (주)비전비엔피 · 애플북스

기획편집 차재호 김승희 김혜경 한윤지 박성아
디자인 김혜림 이민선 인주영
마케팅 이성호 이병준 문세희 이유빈
전자책 김희정 안상희 김낙기
관리 이다정
인쇄 위프린팅

주소 우)04034 서울특별시 마포구 잔다리로7길 12 (서교동)
전화 02)338-2411 | **팩스** 02)338-2413
홈페이지 www.visionbp.co.kr
인스타그램 www.instagram.com/visioncorea
이메일 visioncorea@naver.com
원고투고 editor@visionbp.co.kr

등록번호 제313-2007-000012호

ISBN 979-11-994411-1-8   03360

· 값은 뒤표지에 있습니다.
· 잘못된 책은 구입하신 서점에서 바꿔드립니다.